U0894757

本书受到内蒙古自治区科技成果转化2018年重点项目（项目号：CGZH2018042）的资助

教育装备理论的哲学分析

艾伦 刘保卫 著

中国社会科学出版社

图书在版编目（CIP）数据

教育装备理论的哲学分析 / 艾伦，刘保卫著. —北京：中国社会科学出版社，2023.7

ISBN 978-7-5227-1926-9

Ⅰ.①教… Ⅱ.①艾…②刘… Ⅲ.①教学设备—研究—中国
Ⅳ.①G484-53

中国国家版本馆CIP数据核字（2023）第085435号

出 版 人 赵剑英
责任编辑 高 歌
责任校对 李 琳
责任印制 戴 宽

出 版 中国社会科学出版社
社 址 北京鼓楼西大街甲158号
邮 编 100720
网 址 http://www.csspw.cn
发 行 部 010-84083685
门 市 部 010-84029450
经 销 新华书店及其他书店

印刷装订 三河市华骏印务包装有限公司
版 次 2023年7月第1版
印 次 2023年7月第1次印刷

开 本 710×1000 1/16
印 张 21.5
插 页 2
字 数 332千字
定 价 109.00元

凡购买中国社会科学出版社图书，如有质量问题请与本社营销中心联系调换
电话：010-84083683
版权所有 侵权必究

前　言

教育装备是教书育人的必要条件，对教育装备的研究就是要使其在教育教学中发挥更大的作用，以达到更加优化教育教学的目的。教育装备的研究必须从经验化走向科学化和理性化，教育装备理论体系的建立和发展充分反映出教育装备科学理性发展的成熟度，而教育装备哲学体系则是教育装备理论体系的最高形态。

研究教育装备哲学的意义不仅是对教育装备理论体系的贡献，更重要的作用是使得人们从一个全新的视角去审视教育本身，人们会发现，从教育出发对教育的研究，确实不如从教育装备哲学角度出发对教育的研究，它使得人们对教育的理解与诠释更加深入，研究更加透彻。

马克思主义认为“劳动创造人类”，但劳动的本质是人类对工具的制造，制造工具使得人类从自然意识走向自为意识，进而成为主体，而教育装备的哲学本质正是它所具有的工具性特征，教育装备哲学研究也正是从这点出发的。

教育装备哲学体系由教育装备本体论、教育装备认识论、教育装备方法论以及教育装备历史观等哲学范畴构成，本书的内容涉及了上述所有这些问题。对教育装备哲学理论的阐释是在哲学的逻辑性、思辨性和理性的基础上展开的，通过对教育的哲学分析、工具/装备的哲学分析，最终得出对教育装备的哲学分析。

教育装备目前还没有形成一个完备的学科，它仅仅是教育学这个一级学科中教育技术学这个专业下的一个研究方向。但是，教育学确实需要建立起教育装备学这个专业（二级学科），因为它是从教育资源（含教育人力资源、教育物力资源与教育智力资源）的角度对教育管理理论做出的补充，教育装备哲学理论体系的建立，对于教育装备学专业的建立是具有十分重要的意义的。

目　　录

导　言

教育装备理论的哲学分析就是用哲学思想来研究教育装备的基本理论问题，它是教育装备理论体系中最为重要、最为根本、最为基础的部分，本书将教育装备理论的哲学分析简称为“教育装备哲学”。为了能将其重要性阐释清楚，导言部分欲从教育装备哲学是什么、为什么要研究教育装备哲学、研究教育装备哲学要做什么、研究教育装备哲学要怎样做几个方面问题入手和展开讨论。

一　何为教育装备哲学

何为教育装备哲学是解决“是什么”的问题。研究哲学问题需要发问，需要不断地提出一系列的问题，而其中最根本的问题就是“它是什么”。

（一）哲学之概念

关于对哲学的概念界定，作者在此采用被称为“中国哲学王子”的复旦大学王德峰教授在他《哲学导论》一书中的论述[①]。王教授在该书开始“哲学的定义问题”一节中虽然并未给哲学下一个十分确切的定义，但是通过对哲学问题、哲学意义、哲学类型以及哲学境界的说明将哲学之概念清楚地展现出来，因为王教授知道，让人们对哲学概念深刻理解比能背诵其定义更为重要。汉语中原来并没有“哲学”一词，1862 年，日本哲学家西周把英文“philosophy”一词译为“哲学”，后传到了中国（与此类似的还

① 王德峰：《哲学导论》，复旦大学出版社 2014 年版，第 1—4 页。

有“装备”一词，它是于20世纪初由日文“装備”转译到中国的[①])。英文“philosophy”源于希腊文“Φιλοσοφια”，拉丁文为“philosophia”，其中“Philia”表示动词“爱”，“Sophia”表示名词“智慧”，合起来就是“爱智慧”的意思，其中具有对智慧“永远无法达到”的含义。

认真读完王教授的《哲学导论》之后，基本上可以对哲学之概念作出如下描述：

（1）哲学不是知识体系，哲学是“爱智慧”；但智慧不是聪明才智，智慧是人的“德行”，而最美的德行表现就是“善”。

（2）“哲学不能用来烤面包”；哲学不是用来解决日常具体生活琐事的，哲学是要通过深入的思考来探究人生那些诸如生存价值、生存目的、生存意义等根本问题。

（3）哲学要证明“善”的可能性；善是需要证明的，否则人类将是不安的，善是可以证明的，伟大的德国哲学家康德（Kant，1724—1804）在他的《实践理性批判》中就充分地论证了善的必要性和可能性。

（4）哲学是人文学科（humanities，注意是学科，不是科学），它既不同于自然科学（natural science）也不同于社会科学（social science），它的思维范式与科学的思维范式不同，它的研究方法也与科学的研究方法不同。

（5）哲学最主要的研究对象是人的精神世界，是人自身；但哲学与人类学不同，它不是从生物学角度研究人类；哲学也与心理学不同，它不是从生理反应的角度研究人的思维活动。

人类研究哲学问题具有很长的历史，在社会形成之初，人类也许就开始了最原始的哲学思考（例如：关于人的生死问题），到公元前5世纪，无论是在西方（代表人物古希腊的苏格拉底）还是在中国（代表人物春秋战国时期的孔子）就都已经正式建立起了较为完备的哲学体系。所以，哲学思考是人类最为长久的思维活动，哲学问题最为深邃、最为全面、最为彻底，这也就是人们在其他领域的研究中往往采用哲学

---

① 艾伦：《教育装备研究方法》，首都师范大学出版社2018年版，第33页。

原理和哲学方法来进行问题探究的主要原因。

（二）教育哲学

教育哲学就是用哲学原理和哲学方法来探究教育问题。其实，除了教育学科外，还有许多学科和研究领域都采用这样的处理方式，例如：数学哲学、法哲学、艺术哲学、历史哲学，等等。但是，它们之间存在着差异性，其中数学哲学属于数学的分支学科，因为它是用哲学的原理和方法研究数学，法哲学属于法学的分支学科，它也是用哲学的原理和方法研究法学；而艺术哲学和历史哲学都属于哲学的分支学科，因为它们分别是从艺术的角度和历史的角度来研究哲学。

《教育大辞典》（顾明远主编，增订合编本上卷）中对教育哲学（educational philosophy；philosophy of education）的解释为："教育科学分支学科。具有方法论性质的基础学科。对教育理论和教育实践中的一些根本问题进行哲学探讨，以为教育理论和教育实践的指导。具有概括性、规范性和批判性等特点。……其所涉及的主要问题大致有教育与哲学的关系，人性论与教育，价值观与教育，认识论或知识论与教育，伦理学与教育、美学与教育等。……在体系上，有的从哲学体系出发来确定其学科体系，……论述论理学与教育、伦理学与教育、美学与教育三个问题；有的则对本质论、目的论、价值论、方法论等教育根本问题进行哲学分析，并兼及对各教育流派的评价。"

显然，教育哲学被定位于教育学的分支学科，而不是哲学的分支学科。这样的学科定位使得我们有理由也更有利于在讨论教育装备哲学问题时能够按照教育哲学的体系展开，这是因为教育装备学一旦形成一个学科，它也必然应该是教育学的分支学科。

（三）教育装备哲学

同样，教育装备哲学就应该是用哲学思辨和哲学方法来探究教育装备问题。但是，教育装备哲学具有它的特殊性，这是由于教育装备本身所具有的工具/装备（关于"工具/装备"这一联合词汇的使用原因请详见本书第一章第一节教育装备与工具）特性造成的，即在自然世界和社会世界中工具/装备具有既非主体亦非客体的特征，而且它不是自然生成，而是由主体人类制造出来的。

1. 工具/装备与哲学

在哲学的研究领域，研究对象有时是世界逻辑体系的主体人类自己（即研究“心灵中的道德律令”），有时是世界逻辑体系的客体大千万物（即研究“头顶上的灿烂星空”），但是作为既非主体亦非客体的工具/装备却一直没有作为重要的研究对象。人类在发展和进步的过程中，工具/装备起着关键性的作用，一个重要的哲学观点是劳动创造了人类，而按照黑格尔（Hegel，1770—1831）对劳动概念的界定，劳动的本质正是工具/装备的制造。黑格尔认为：“劳动是受到限制或节制的欲望，亦即延迟了的满足的消逝，换句话说，劳动陶冶事物。对于对象的否定关系成为对象的形式并且成为一种有持久性的东西，这正是因为对象对于那劳动者来说是有独立性的。”① 人与动物都具有“果腹”的欲望，面对食物，如果他们直接去获取，则不是劳动。但是，当人类限制或节制了当下满足的这种欲望，他们做到先去制作获取食物的工具，再去得到食物，则这个“延迟了的满足的消逝”的过程就称为劳动，那个被劳动陶冶的事物就是工具/装备。

决定人类社会发展的几次工业革命本身就是人类对工具/装备的改造。工具/装备对于人类如此重要，而哲学却未将工具/装备作为对象进行重点研究，不得不说这是一个遗憾。所以工具/装备哲学的建立是迟早的事，对工具/装备的哲学研究必然会成为哲学体系的组成部分。

2. 教育装备与哲学

工具/装备是人工资源，是人类赖以生存的条件；教育装备是教育的人工资源，是教育赖以生存的条件。所以，教育哲学必须将教育装备哲学纳入其研究范畴。这样考虑后，教育装备哲学就应该被定位于教育学的一个分支学科，它不属于哲学的分支学科，因为它是运用哲学原理和哲学方法来研究教育装备问题，而不是用教育装备的原理和方法来研究哲学问题。从严格意义上讲，教育装备哲学应该属于教育装备学的一个分支学科，但是由于目前教育装备还只是一个研究领域，还没有建立起一个学科，所以教育装备哲学就只能成为教育学的分支学科。

---

① ［德］黑格尔：《精神现象学》（上卷），贺麟等译，商务印书馆 1979 年版，第 130 页。

二 研究教育装备哲学的必要性

研究教育装备哲学的必要性是解决“为什么”的问题，即为什么要研究它，或者说研究它的目的和意义在哪里。此处主要从理论体系建设、实际应用研究和哲学研究意义这三个方面对此进行分析。

（一）理论体系建设

无论是一个学科还是一个研究领域，其理论体系的建设与发展都是十分重要的工作。在这个理论体系中，首先要论证清楚的是该学科或研究领域的研究对象（即“是什么”），接下来就要解释对它进行研究的目的与意义（即“为什么”），还要确定具体的研究内容（即“做什么”）以及对它的研究方法（即“怎么做”）。但是，当人们将这些研究做更深入的思考，而进一步发问：对这些研究内容何以这样想、何以这样做，即考虑这些研究最根本的依据在哪里的时候，人们的研究就开始进入了哲学范畴，思维就开始走进了哲学殿堂。教育装备理论研究就是这样“身不由己”地走进了探索教育装备哲学问题的历程。

作者在所著《教育装备论》一书中阐释了教育装备理论研究的对象、目的和意义（即“是什么”与“问什么”的问题），在所著《教育装备研究方法》一书中介绍了教育装备的研究内容与研究方法（即“做什么”与“怎么做”的问题）。另外，作者还在所著《中国教育装备理论发展史》一书中讨论了教育装备发展和其理论发展的历史，希望能够解决“前人怎样想”与“前人怎样做”的问题，达到以史为鉴、助推发展的目的。所有这些研究还都十分肤浅，对于一个学科或研究领域的理论体系建设是远远不够的，不仅还需要拓宽它的研究内容，更需要加深它的研究水平，于是对于教育装备哲学研究的问题就不得不被提了出来。

（二）实际应用研究

理论是为了指导实际工作的，它会使得实际工作目标更明确、方向更精准、方法更科学、效果更显著。为了能够证明这种作用，此处通过一个教育装备研究内容的实例作解释。

如何准确定位教育装备作用和推广教育装备应用将是学校教育能够

健康而科学发展的有力保障。2016 年 7 月发布了《教育部关于新形势下进一步做好普通中小学装备工作的意见》（教基一［2016］3 号），该文件明确指出："教育教学装备是教书育人的必要条件，是实现教育现代化的重要支撑，是培养学生创新精神和实践能力、促进学生全面发展的重要载体。"将教育装备定位在学校教育教学的"必要条件"上，而没有提及该条件具有充分性（即"没有它不行，而有它不一定行"）。这个定位是准确的，说其准确是因为这个判断符合了教育装备理论与教育装备哲学对教育装备本体、本质、功能、价值、目的、道德等一系列问题的科学阐释，或者说是教育装备理论与教育装备哲学的研究才使得这个定位如此精准，而这一精准定位才能正确地指导教育装备的发展和教育装备在教育教学中的作用发挥。

教育装备哲学告诉我们，教育资源体系的逻辑结构是由多个部分组成的（详见图 0－1），其中每个部分都单独成为支撑教育教学的必要条件，它们对于教育教学来说是缺一不可的，即"没有它不行"。但是，当每一个部分单独作用于教育教学时则不能保证一定具有最终效果，即"有它不一定行"。当所有资源都具备了，这些必要条件就共同实现了条件的充分性，此时条件才是完备的。

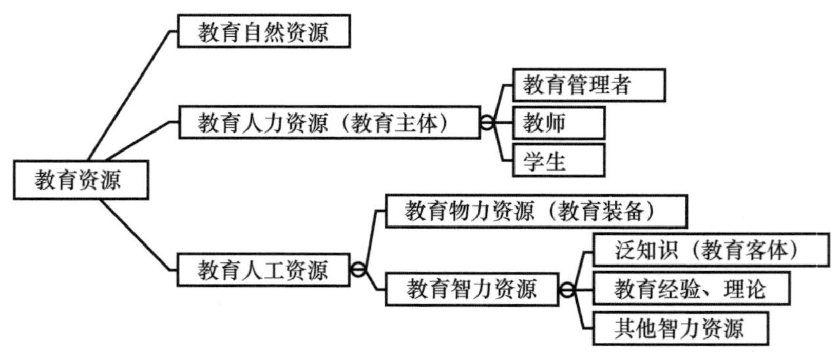

图 0－1　教育资源体系逻辑结构

同时教育装备哲学还指出，教育装备除了具有既非教育系统主体亦非教育系统客体的结构性特征外，还具有人工制造的本质特征，而最为重要的特征是教育装备是教育教学资源的重要构成。中国教育现代化战略中义务教育阶段定位在优质均衡发展上，均衡性是教育公平性的组成部分，教育公平主要体现在教育机会均等和教育资源均衡两个方面，义务教育均衡实质上是教育资源均衡配备，其中包括教育人力资源（教师）的均衡配置和教育人工物力资源（教育装备）的均衡配备以及教育人工智力资源（课程）的均衡配备。这一均衡性要求的本质和理论依据是被教育装备哲学分析揭示出来的。

（三）哲学研究意义

目的是在事物发生之前，而意义则是在事物发生的过程中或说是事物发生之后。教育装备哲学研究具有一个重要的现实意义，当人们真正进入哲学领域来研究教育装备时，突然发现在哲学研究中还有许多问题没有得到重视，许多重要问题还未得到解决，例如在世界逻辑体系结构中的工具/装备，它既非主体亦非客体，所以它一直没有成为重要的研究对象，但是它在人类发展过程中又起着十分关键的作用，不得不说这是哲学研究的一个遗憾。

工具/装备在人类发展进程中具有重要的地位，科学的发展体现在人的思维上，而技术的发展则体现在工具/装备上，反映人类科学进步的几次重大工业革命事件本质上都是工具/装备的技术变革，而标志人类文明时代进程的生产力改造本质上也都是工具/装备技术的发展。对工具/装备的哲学研究具有重要的理论意义，但是这一研究是在教育装备哲学研究的启发下产生的，教育装备哲学研究的重要意义就在于此。

三　教育装备哲学的研究内容

讨论教育装备哲学的研究内容是解决“做什么”的问题。教育装备哲学将涉及：教育装备本体论（或存在论）、教育装备本质论、教育装备起源论、教育装备概念论、教育装备价值论、教育装备目的论、教育装备道德论、教育装备美学、教育装备方法论以及教育装备历史。以下对这样的内容定位作出解释。

（一）哲学研究的主要问题

厘清哲学研究的主要问题对于教育装备哲学研究问题的确定具有指导意义。本书在此还是引用王德峰教授所著《哲学导论》中涉及的哲学问题作为论证依据，表0－1开列了《哲学导论》一书的目录，从中可以清楚地看到哲学研究所关心的一系列问题。

表0－1　**《哲学导论》目录**

章	节
一、哲学：人类文明精神的精华	1. 哲学的定义问题
	2. 文明与自然
	3. 精神与自然意识
	4. 精神的本性
	5. 观念的真实性
	6. 由实际到真际：哲学证明人的理想
	7. 哲学问题的基本性质
二、哲学的诞生	8. 泰勒斯：古希腊第一个哲学家
	9. “穷神知化”：中国哲学的起源
	10. 哲学的民族性与世界性
三、本体论与形而上学	11. ontologie 及其汉译问题
	12. 世界本原学说
	13. 本体论的开创
	14. 思维与存在
	15. 一元论与二元论
	16. 道与名器
	17. 死亡问题与终极关怀
	18. 克服虚无的道路：哲学与宗教
	19. “形而上学”释义
	20. 自由与决定论
	21. 目的论与决定论
	22. 身与心
四、认识论与先验哲学	23. 真理与认识论问题
	24. 通达真理之路：感觉？抑或理智？
	25. “休谟问题”
	26. 理性的隐秘判断
	27. 现象界与智思界的二分

续表

章	节
五、历史哲学	28. 历史之为真理的过程
	29. 历史与逻辑
	30. 历史中的偶然与必然
	31. 历史与自然

从表 0 – 1 可见，哲学问题讨论最多的，也是《哲学导论》一书所占篇幅最多的部分是哲学本体论（ontology）问题（第 11 节至第 22 节）；其次是认识论问题，其中包括了人们对哲学的认识（第 1 节至第 7 节）和哲学理论中对世界的认识（第 23 节至第 27 节）；最后是历史问题，其中包括了哲学思想的发展史（第 8 节至第 10 节）和哲学理论中的历史观（第 28 节至第 31 节）。这些内容的展示对教育装备哲学问题研究内容的确定是一个体例借鉴同时也是一个范畴规定。

（二）教育哲学研究的主要问题

教育装备哲学研究问题内容的确定还需要参照教育哲学问题研究的内容与方法，于是作者在超星发现网站（http：//www. zhizhen. com）上对教育哲学论著作了检索，选取了被引次数居于前位的《教育哲学通论》作为研究对象，该书到 2021 年 3 月 31 日其被引次数为 2434。表 0 – 2开列了《教育哲学通论》一书的目录，其中第一编与第二编详细章节略去，因其内容与本书的论述关系不大。

表 0 – 2　**《教育哲学通论》目录**①

编	章
第一编　中国传统教育哲学思想	略
第二编　现代西方教育哲学流派	略

① 黄济：《教育哲学通论》，山西教育出版社 1998 年版，目录页。

续表

编	章
第三编　教育哲学的基本问题	第十四章　教育哲学学科的建立和发展
	第十五章　教育本质论
	第十六章　教育价值论
	第十七章　教育目的论
	第十八章　知识论与教学
	第十九章　道德论与道德教育
	第二十章　美学与美育
	第二十一章　宗教与教育
	第二十二章　教育哲学研究及其未来

从表 0－2 可见，《教育哲学通论》中对教育哲学的基本问题仅定位在认识论的范畴，其中教育的本质论、价值论、目的论、知识论、道德论，以及教育美学等都属于教育哲学的认识论问题，而教学问题、道德教育、美育等都是教育问题而不应属于教育哲学问题。并且，内容上未涉及教育本体论与教育历史观等相关问题。在参考其为教育装备哲学研究问题内容定位时应注意这些差异性。

（三）教育装备哲学的主要问题

参照《哲学导论》对哲学问题的界定与《教育哲学通论》对教育哲学问题的界定，可以将教育装备哲学主要研究问题定位为于这些内容：教育装备本体论（存在论）、教育装备本质论、教育装备起源论、教育装备概念论、教育装备价值论、教育装备目的论、教育装备道德论、教育装备美学、教育装备方法论、教育装备发展史。应该指出，方法论也是一个重要的哲学范畴，在进行教育装备哲学问题讨论时要有所体现，教育装备方法论问题的被列出就是希望能够做这个补充。

以下将教育装备哲学问题归纳为四个大的范畴，并对每个范畴的问题做出解释。

1. 本体论（ontology）

本体论亦称存在论、本源论等，哲学上是讨论存在物何以存在的理由或依据。教育装备本体论主要应该涉及：教育装备的存在形式、教育装备的主客体关系、教育装备的范畴属性等相关问题。

2. 认识论（epistemology）

《教育大辞典》中对认识论概念的界定为："研究人类认识的来源、结果以及发展过程的哲学学说。认识是人类永恒的活动，但认识论则是同哲学的产生和发展相联系的。……近代认识论上出现的经验论和唯理论两大派别，对教育的影响很大，成为实质教育和形式教育的理论基础。"教育装备认识论范畴涉及问题比较宽，主要有教育装备本质论、起源论、概念论、价值论、目的论、道德论以及教育装备美学等相关问题。

3. 方法论（methodology）

《教育大辞典》中对方法论概念的界定为"关于研究的方法、方式的学说；也指在某一门科学上所采用的研究方式、方法的总和。与世界观基本上是统一的，有什么样的世界观就会有什么样的方法论。……目前在方法论上可以分为哲学方法、科学方法和具体方法等不同的层次。应用在教育科学研究上，也有哲学基础、新的科学方法和具体的研究方法等不同的层次。"教育装备方法论主要探讨教育装备研究方法的属性问题，而并非具体的研究方法。

4. 历史观

历史观有时也被称为哲学史观，是从哲学角度探讨社会发展历史的属性问题。教育装备历史观是从哲学史观的角度出发，研究教育装备发展史的属性，它是教育装备哲学问题中不可或缺的重要组成部分。

四 教育装备哲学的研究路径

讨论教育装备哲学的研究路径是解决"怎么做"的问题之一。这里所说的研究路径是指教育装备哲学问题研究应该沿着西方哲学的研究路径还是沿着中国古典哲学的发展路径。

（一）中西方哲学的不同

人们研究问题的学科分类被设定为三个大的类型：自然科学、社会科学和人文学科（注意不是人文科学）。其中，自然科学是不分中西方的，即自然科学不具有民族性，例如没有西方物理和中国物理之分，没有西方化学和中国化学之分等。人文学科具有强烈的民族性，例如西方哲学与中国哲学、西方历史与中国历史、西方文学与中国文学，它们之间存在着巨大的差异性，有着本质上的不同。社会科学居于两者之间，有些学科中西方差异性较大（如社会学），而有些学科差异性较小（如教育学）。

中西方的古典哲学有完全不同的体系，西方古典哲学建立在逻辑学的基础上，强调概念的建立与范畴的规定；而中国古典哲学则建立在人的生命情感上，强调人的生存感受。但是，中国的“五四”新文化运动提倡科学与民主，同时将西方的科学思想和哲学思想引进中国，开始研究西方哲学和接受西方哲学的研究思路，特别将西方哲学研究的逻辑、理性、思辨原则应用到中国社会问题的研究上。教育装备哲学研究需要逻辑的论证、理性的思考和哲学的思辨，所以教育装备哲学就引用了西方哲学研究的路径，从事物的本体论出发，对事物的本质、起源、概念、价值、目的、道德以及美学顺序进行讨论，并对方法论和历史观做研究。

（二）“西学东渐”对我国教育与教育装备的影响

目前我国学校教育的形制其实是引进西方教育思想和模式的结果。捷克教育家夸美纽斯（J. A. Comenius，1592—1670）所著的《大教学论》（*Magna Didactica*，1632 年）的出版意味着教育学形成独立学科，同时也促使了西方学校形制和学制的确立。随着我国明代开始的“西学东渐”，西方形制的学校也逐渐在我国建立。1839 年在澳门创办了中国第一所教会学校——马礼逊学堂，1864 年在山东登州（现蓬莱市）建立了中国第一所教会大学——登州文会馆；而清末的“废科举、兴学校”促使我国大办近现代学校的同时也引进了西方的教育教学装备，如班级课桌椅、实验仪器设备等①。

现代学校教育教学装备的配备在形制上与西方学校几乎毫无差别，在管理上也采用了西方学校的管理模式，高等院校在这一点上更加明显。中西方学校教育教学形制和学制上的融合也使得对于教育装备理论的研究不得不采用中西方共通的自然科学、社会科学以及人文学科的研究方法。

---

① 艾伦：《中国教育装备理论发展史》，首都师范大学出版社 2016 年版，第 53 页。

（三）西方哲学研究路径的特点

西方哲学建立在逻辑学的基础之上，具有非常缜密的逻辑思路，其研究路径在黑格尔的《小逻辑》中具有很好的体现，表 0 – 3 开列了《小逻辑》一书的目录。

表 0 – 3 《小逻辑》目录①

编	章
导言	
逻辑学概念的初步规定	略
第一篇　存在论	A. 质
	B. 量
	C. 尺度
第二篇　本质论	A. 本质作为实存的依据
	B. 现象
	C. 现实
第三篇　概念论	A. 主观概念
	B. 客体
	C. 理念

从表 0 – 3 可见，人们对事物的认知是从存在论（即本体论）开始，接着讨论它的本质（但一定与起源有关），最后确定它的概念。虽然这个目录并没有涵盖哲学相关问题全部问题，但是已经将最根本的一些问题展现出来，而且最为关键的是展现出了它们的逻辑顺序。

（四）教育装备哲学研究路径的选取

路径也可称为路数、套路，是将事物研究展开的逻辑顺序，作者在此按照西方哲学问题的逻辑顺序将教育装备哲学涉及的问题展现出来，并开列在表 0 – 4 中。

① ［德］黑格尔：《小逻辑》，贺麟译，商务印书馆 1980 版，目录页。

表0－4 教育装备哲学问题集

范畴	问题
本体论	教育装备本体论
认识论	教育装备本质论
	教育装备起源论
	教育装备概念论
	教育装备价值论
	教育装备目的论
	教育装备道德论
	教育装备美学
方法论	教育装备研究方法属性
	教育装备研究方法分类
历史观	教育装备理论起源与终结
	教育装备理论发展

表0－4中列出的问题，基本上都在杂志上不同时期的文章中逐一做了讨论。本体论在哲学中是最为核心同时也是最难以理解和最难于表述的问题，曾被王德峰教授喻为数学学科中的数论，也被誉为“皇冠上的那颗钻石”。教育装备本体论在教育装备哲学研究中的重要性和表述难度之高显而易见，作者将在本书中第二章中详细探讨这个问题。

五 教育装备哲学研究呈现方式

讨论教育装备哲学研究呈现方式也是解决“怎么做”的问题之一。这里所说的呈现方式是指在讨论具体教育装备哲学问题时，其行文应该按照什么样的逻辑顺序将问题展开。

教育装备属于教育资源，同时又具有工具/装备的属性，教育装备无论从其词义还是从其哲学意义出发分析，它都是在教育这个背景下的工具/装备问题，所以对它具体内容的讨论就绝对离不开哲学、教育哲学、工具/装备哲学，最终一定要聚焦到教育装备哲学。其呈现顺序为：哲学→教育哲学→工具/装备哲学→教育装备哲学。

例如：教育装备目的论就必须从哲学目的论出发，讨论教育的目的论、工具/装备的目的论，最后得出教育装备目的论的结论；而教育装备道德论也是从道德哲学出发，讨论教育道德论、工具/装备道德论，最后得出教育装备道德论的结论。这种典型的问题呈现方式出现在教育装备哲学各个具体讨论中，并将一直继承下去，以这种方式完成全部教育装备哲学问题的讨论。

上升到哲学层面是一个学科或者一个研究领域必然要面对和经历的过程，这是在将研究深入进行时所无法绕开的。教育装备理论体系在逐步建立，教育装备哲学问题也就逐渐展现在人们面前。教育装备哲学问题的研究对象、研究目的、研究内容以及研究的方式方法都应该在逻辑上阐述清楚，这是学术研究的态度，也是教育装备理论体系建立的必须。

第一章　教育装备导论

本章主要讨论教育装备在教育教学中的作用和地位以及教育装备作为一个研究领域的研究现状，特别是对教育装备的工具属性进行了较为深入的分析，为教育装备哲学问题的讨论做一个前期准备工作。

第一节　教育装备与工具

教育装备属于工具，但它是一种特殊的工具，各个领域的发展强烈地依靠该领域工具（或装备）的发展。虽然各个领域都需要重视装备、发展装备，但是它们的装备却因为作用对象的不同而存在着巨大的差异。先说一下工业装备的情况，工业包括重工业（能源工业、钢铁工业、机械工业等）、化学工业和轻工业（纺织工业、烟草工业、加工工业等），从这些行业名称中就能够看出，它们的生产工具装备的作用对象多为无机物或有机物而非生命的物质。广义的农业则是指包括种植业、林业、畜牧业、渔业、副业五种产业形式，所以农业生产工具装备的作用对象多为植物或动物而非人类的生命体。军事装备的打击对象是敌人和敌人的设施，所以军事装备的作用对象是以人为主并兼有非人类的东西，而且与其他建设性装备相比它具有破坏性、摧毁性的性质。医疗装备、体育装备、教育装备的作用对象都是人类本身，并且都是建设性的作用。

虽然教育装备的作用对象与医疗、体育装备一样都是人类本身，但是进一步分析就会发现它们在本质上也有不同。医疗、体育装备的作用对象基本上是针对人体的生理机能与健康，而教育装备的作用对象则更多地是为了人类心理的健康、思想的进步、知识的丰富、头脑的强健。教育装备的定位以及教育装备与工具的关系是本节主要讨论的问题。

一 装备与工具

要了解教育装备与教育工具的关系，首先应该从装备与工具的关系开始分析。分析的角度主要有三个方面：词源分析、本质分析、历史分析。

（一）装备的概念

装备最突出的一个特点是人工制造性，它不是天然形成或生成的，这一点可以从“装备”一词的起源、装备的本质属性、装备的发展历史中清晰地反映出来。

1. “装备”一词的起源

“装备”一词对应的英文名词为 equipment 或 accoutrements，对应的英文动词为 equip 或 accouter。其中 equip 与 equipment 来源于 16 世纪时期的法语，而动词 accouter 则来源于古老的拉丁语 accosturare，在拉丁语中该词是缝合的意思，它强调了人为加工制作的内涵。

中文“装备”一词来源于日语，而日语“装備”则是对英语中的相关词汇进行的翻译。中国最早出现“装备”一词的时间为 1915 年，中国《科学》杂志于 1915 年 1 月在上海问世，该杂志 1915 年第 4 期刊出胡明复一篇名为“晚近行军三要素：编制，装备，训练”的文章中多次使用了“装备”一词。当时的“装备”一词主要用于对军事配备情况进行描述①。

《辞海》中对“装备”一词的解释为：“军队用于作战和作战保障的各种器械、器材等军事装备的统称”。《现代汉语词典》中对“装备”一词的解释为：“（1）［动］配备（武器、军装、器材、技术力量等）：这些武器可以一个营。（2）［名］指配备的武器、军装、器材、技术力量等：现代化”。百度百科对“装备”一词的解释为：“装备指配备的

---

① 艾伦：《教育装备论》，首都师范大学出版社 2016 年版，第 37 页。

一些设备”①；而维基百科则将“装备”一词直接解释为“工具”②。

从上面的分析可以看出，“装备”作为名词所描述的事物具有明显的物化特点，而且是为了某些目的（在中国特别关注的是军事目的）而由人工制作（或制造）出来的。我国对这个词汇的应用始于军事，但早期在西方和现代在世界范围内该词汇应用的范围要宽泛得多，它所表征的事物已经成为人类生存、社会生产、人们生活中必不可少的物质构成。

2. 装备的本质

事物的本质在于它的存在价值。装备的存在是由于它是人类赖以生存的条件，即生存资源（living resources），没有它，人类难以生存。人类赖以生存的资源可以大致分为三种类型（详见表 1－1）：第一是自然形成的条件，称为自然资源（natural resources），如阳光、空气、河水、植物、动物等；第二是人力条件，称为人力资源（human resources），因为人类生存总是以社会形态出现，人们的相互作用、相互依存就成为人类生存的一个必要条件，而人类本身也就成为一种资源；第三是人工条件，称为人工资源（artificial resources），人工资源也可称为技术资源，就是人工打造的资源或具有技术含量的资源，包括各种生产资料和生活资料。装备则属于人类生存资源中人工资源的一部分。

表 1－1　**资源的分类**

	类型	举例	备注
资源	自然资源	阳光、空气、水、植物、动物、矿藏	非人工制造
	人力资源	社会中的人	人类自身
	人工资源	衣物、房屋、弓箭、斧头、知识、理论	人工制造

判断事物本质的一个办法就是假设该事物的不在场。如果人类生存资源中的自然资源（阳光、空气、水等）不存在了，人类将无法生存；

① http：//baike. baidu. com/view/193622. htm，2021 年 12 月 21 日。

② https：//wiki. hk. xileso. top/wiki/%E5%B7%A5%E5%85%B7，2021 年 12 月 21 日。

如果人力资源（即人类自身）不存在则该命题将没有意义；而如果人工资源不存在了，人类为了继续生存将会重新制造出新的人工资源来，人工资源具有制造性、创造性以及重塑性。装备属于人工资源，所以它也具有明显的人工制造特征。

但是装备不等于人工资源，装备只是人工资源中的一个重要的组成部分。从根本上讲，人类能够制造或创造的资源可以分为两类：一类属于物质世界，另一类属于精神世界。属于物质世界的资源为物化的人工资源，它就是装备，亦称物力人工资源（如衣物、房屋、武器等）；而属于精神世界的资源为智力的人工资源，亦称智力人工资源（如知识、经验、理论等）。所以“装备 ∈ 人工资源”且“装备 = 物力人工资源”。

3. 装备的起源

如果将装备界定为物力人工资源，那么在人类刚刚出现时就应该同时出现了装备，这是因为装备属于人类生存的必要资源或物质条件，没有这个条件人类无法生存。

上述这个判断实际上还隐含了一个命题：能够制造装备应该是人类与动物的重要区别，或者说区别人类与动物就在于它们是否会制造装备。“装备”是一个整体概念，衣物、房屋、弓箭、斧头等都属于装备，但不等于就是装备本身。“白马非马”是说白马是具体的马，它属于概念“马”中的一个个案，但它不是马的概念本身。人与动物的区别在于能否制造装备，这是一个整体概念，而不去纠缠是否有些动物会制作某种简单的衣物、简单的房屋、简单的工具和武器。所以可以认为，自从有人类起，就有了装备，装备与人类是同源的。

（二）工具的概念

与装备相比，工具的特点有三个：第一，它是人类身体器官功能的延伸；第二，人类通过它作用于其他的事物；第三，它既有人工制造的（技术类）也有非人工制造的（非技术类）。

1. “工具”一词的解释

《辞海》中对“工具”一词的解释为：“（1）泛指从事劳动、生产的器具。有用在手工操作的，也有用在机器上的。如木工用的刨、凿，机械工人用的车刀、铣刀、砂轮、量具、虎钳，农业生产用的锄、犁等。（2）用以达到某种目的的手段。如语言是人们交流思想的工具。”《现代汉语词典》中对“工具”一词的解释为：“（1）进行生产劳动时所使用的器具，如锯、刨、犁、锄。（2）比喻用以达到目的的事物：语言是人们交流思想的。”两个词典对“工具”一词的解释基本上集中在两点：第一，作为生产的器具，工具是人类身体四肢的延伸；第二，用以达到目的的手段，人类通过工具作用于其他事物。虽然词典中解释“工具”一词所举例子都属于人工制造，但是在解释中并没有强调这一点。

《汉英词典》（姚小平主编，外语教学与研究出版社 2009 年 11 月版）中对“工具”一词的解释为：“工具［名］tool；instrument；implement ；means：运输 means of transport／语言是交流思想的”。“Language is a means for exchanging thoughts.”显然，英语中与汉语“工具”一词的对应词汇一共有 4 个，只不过英语中将工具的概念界定得更加精细了一些。进一步查阅《牛津高阶英汉双解词典》（A. S. Hornby 原著，牛津大学出版社、商务印书馆 2004 年版），tool 表示有助于做工或完成某事的事物（A thing that helps you to do your job or to achieve something），它来自古日耳曼语 tōl；instrument 表示用于特定任务的工具或装置，尤指用于精细或科学工作的工具或装置（A tool or device used for a particular task，especially for delicate or scientific work），它来自拉丁语 instrumentem，古法语早期为 estrument；implement 常用来表示简单的户外用具或仪器（a tool or an instrument，often one that is quite simple and that is used outdoors），它来自古拉丁语 implementem；means 表示完成某事的方式、方法、途径（An action，an object or a system by which a result is achieved；a way of achieving or doing something）。可以看出，英语词汇中只有 tool 一词所表示的工具有可能不为人工制作，或者说 tool 包括了天然的工具。

2. 工具的本质

装备的本质是与人类生存相关的，工具的本质同样涉及人类的生存。无论是哲学家还是人类学家，在研究人类本身时一直是将使用工具和制造工具作为人与动物的根本区别或重要区别。但是，动物学家却发现许多动物（如灵长类、鸟类动物）不仅能够使用工具甚至可以制作简单的工具。虽然工具不能作为上述判断的依据，但是却反映出工具的存在对于人类的生存和发展确实具有重要的意义。工具的本质同样在于它的存在价值，工具与装备一样都是人类赖以生存的物质资源。

最新的研究则给予工具以新的涵义。2008 年 1 月 28 日美国《科学》杂志电子版（AAAS Science）的每日新闻（NOW Daily News）刊登了资深科学记者迈克尔・巴尔特（Michael Balter）一篇名为《工具的使用是大脑的一个诀窍》（*Tool Use Is Just a Trick of the Mind*）的文章①。这篇文章中指出“一项针对猴子的新研究表明，大脑的诀窍是把工具当作身体的另一部分”，这意味着工具已经不是简单地将身体的一部分延长，而是它要直接受到大脑的支配。文章强调，“当灵长类动物学会使用工具时，它的大脑必须对神经元进行编码，不仅要移动手，还要让工具操纵一个物体，这是一项更为复杂的认知任务”。并且，“在人类身上，这种代表大脑工具的能力，加上创新能力，‘无疑是技术发展的一个根本步骤’”。

可以从上述这篇文章中获得两个重要信息：（1）人们对工具的认识发生了本质上的变化。以前人们只是将工具看成是人类身体的延伸，但是现在被认为是大脑支配的延伸；这为工具的使用带动了人类的发展和进步这一学说提供了生物学意义上的理论支持。（2）上述文章英文原文中用于表示“工具”的单词使用了 tool，这意味着文中所述各种实验中所采用的工具既有人工制造的，也包括天然形成的。

3. 工具的起源

在对人类本身及人类社会起源与发展的研究中，人们特别关注了人类文化的起源与发展，并且认为劳动与工具是对人类文化的产生与发展起到关键性作用的。在讨论这一类问题时，人们总是将劳动与工具放在一起，反映出它们之间存在着必然的联系，是不可能分割的。恩格斯在

① *Science AAAS NOW Daily News*，https：//www. sciencemag. org/news/2008/01/tool-use-just-trick-mind，2022 年 10 月 5 日。

1876 年所著的《劳动在从猿到人转变过程中的作用》中用科学的方法论证了劳动创造人的原理。虽然他论证的依据并不符合达尔文进化论而是拉马克进化论的反映，但是其“劳动创造人本身”的观点是被马克思主义认可的。并且被认为，人类劳动是从制造工具开始的，从人类心中工具理念的角度出发，制造和使用劳动工具是人类不同于动物的根本标志①。

德国哲学家黑格尔（G. W. F. Hegel）给劳动下的定义为：“劳动是受到限制或节制的欲望，亦即延迟了的满足的消逝，换句话说，劳动陶冶事物。对于对象的否定关系成为对象的形式并且成为一种有持久性的东西，这正是因为对象对于那劳动者来说是有独立性的。”② 人与动物都具有“果腹”的欲望，面对食物，如果他们直接抓取并食用，则这一系列活动不属于劳动。但是，当人类限制或节制了当下满足的这种直接食用欲望，他们能够通过先去寻找或制作获取食物的工具，再使用工具去得到食物，则这个“延迟了的满足的消逝”的过程才能称为劳动。其中那个被劳动陶冶的事物就是劳动工具，它可以是被人类寻找到自然形成的工具，也可以是被人工通过劳动制造的工具。而人工制造工具的过程就是对制造工具原材料这个对象的否定，使它“成为一种有持久性的东西”，即工具本身。

黑格尔和恩格斯对劳动和工具的描述都与人类的产生和发展紧紧联系在一起，所以可以认为，自从有人类起，就有了工具，工具与人类是同源的。

（三）装备与工具的异同

从起源上讲，装备与工具都是与人类同源的；而从本质上讲，装备的特征是具有人工制造性，工具的特征则体现在人体器官功能的延伸性上。

1. 装备与工具的相同点

在人类活动中，装备与工具永远不可能成为主体，只有人才是主

① 艾伦：《教育装备论》，首都师范大学出版社 2016 年版，第 39 页。

② ［德］黑格尔：《精神现象学》（上卷），贺麟、王玖兴译，商务印书馆 1979 年版，第 130 页。

体，装备与工具有可能成为客体，但也有可能既非主体也非客体。人之所以成为主体不是由谁赋予的，正是由于人具有思维，将混沌的万物进行聚类，建立了各自的概念（概念是人对事物本质的思维规定），于是才有了各种有序的事物，人类面对这些被赋予了各自定义的有序事物自然就成为了主体。装备与工具的概念也是由人类通过思维建立起来的，当人们讨论它们、制造它们甚至寻找它们时，它们是人们讨论、制造、寻找等这些工作的对象，所以它们被称为客体；而当人们使用装备与工具来改造其他事物时，其他事物这个改造对象就成为客体，装备与工具在这个过程中即非主体也非客体。这就是装备与工具本质上的相同点。

前文讨论了工具有人工制造的也有天然形成的，而装备则一定是人工制造的，例如：耕作时使用的木犁，加工工件时使用的车床，出行时使用的车辆，等等，这些人工制造的工具都应该属于装备，因为它们也是人类赖以生存的人工资源。这是装备与工具在具象化后表现出的相同点。

2. 装备与工具的不同点

因为装备本质上具有人工制造的特征，所以非人工制造的工具就不属于装备。典型的天然形成而非人工制造的工具如：一根可以当作杠杆工具的树棍，一块可以当作锤子工具的石头，一张可以当作遮阳工具的芭蕉叶，等等，它们显然都不属于装备。

与此同时，因为工具本质上具有人体器官功能延伸的特征，所以那些不具有人体器官功能延伸作用的装备也就不属于工具。典型的人工制造而非人体器官功能延伸的装备如办公桌椅、乒乓球台、图书馆室等设施设备，虽然有时它们被人们习惯地称为工具（如办公工具、运动工具等），但是从工具本质出发界定的概念考虑，它们并不是严格意义上的工具。

3. 装备与工具的关系

从上述分析可见，装备中有一部分属于工具，而工具中有一部分属于装备，图 1－1 显示了它们之间的关系。

图 1－1 中，左边的圆 A＋B 代表了工具；右边的圆 B＋C 代表了装备；两个圆相交的部分 B 代表了装备与工具相同的部分，即人工制造

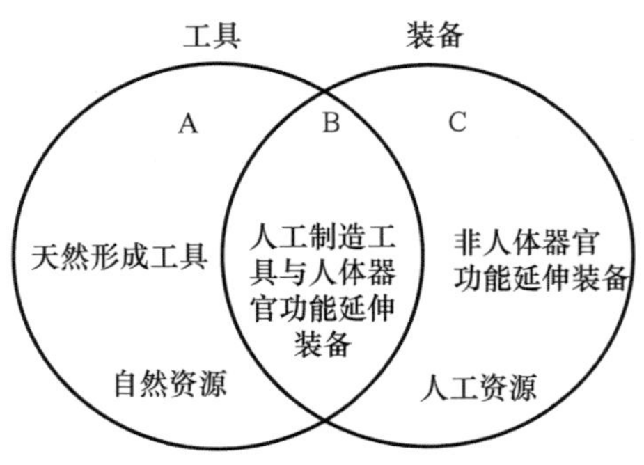

图 1-1 装备与工具的关系

的工具同时也是具有人体器官功能延伸作用的装备；A 代表了天然形成的工具，而 C 代表了非人体器官功能延伸的装备。如果从人类生存资源的角度分析，A 属于自然资源（非人工制造），而 B + C 属于人工资源（人工制造），它们的关系请见表 1-1。

（四）天然形成工具与非人体器官功能延伸装备

为了能够把装备与工具在人类活动中的作用阐述得更加清楚，此处需要对图 1-1 中 A、B、C 这三个部分做出进一步的解释。

1. 天然形成工具的非主导作用

天然形成的工具在人类产生与发展过程中并不占有主导地位，它们的作用不明显、不突出。无论是在马克思主义对“劳动创造人本身”观点的阐释中，还是在黑格尔给劳动概念赋予的定义中，与人类劳动息息相关的工具通常被理解为是人工制造的工具。人类使用的工具总是经过打造的，即使是遥远的石器时代，人类也是要对天然形成的石器进行打制或磨制，使其成为人工制造工具。一点儿人工打造痕迹都没有的工具在人类社会的发生与发展过程中几乎不可能出现。

2. 非人体器官功能延伸装备的概念引申

非人体器官功能延伸的装备有时也被人们赋予了工具的概念，例如前文提到的办公桌椅、乒乓球台、图书馆室等设施设备，虽然它们不具有人体器官功能延伸特征，但是也被人们习惯地称为办公工具、运动工具、获取知识的工具等名称。这样，人工制造工具或非人体器官功能延伸装备的概念就被进一步引申，使得人工制造的工具与人工制造的物力资源等同起来。

3. 边界概念问题

虽然图 1－1 中 A、B、C 这三个部分是经过严格区分和界定的，但是面对许多具体的事物，其实 A 与 B 的边界以及 B 与 C 的边界都不是非常清晰的。例如：对于 A 与 B 的边界，早期人类在用一根树枝去掏蚁洞时，顺手将树枝上一个碍事的树叶揪掉，这个树枝是否就可以被界定为人工制造的工具。又例如：对于 B 与 C 边界，作为装备的服装是否可以被界定为人体皮肤御寒功能的延伸，从而也就成为人工制造的工具了。

从上述分析能够看出，在探究人类发展的过程时，促进社会历史发展的关键动力——工具，是完全可以用装备取代的。只是人们习惯于使用“工具”一词而不是“装备”罢了，但将工具概念混同于装备是完全可行的。

二　教育装备与教育工具

前文分析了装备与工具的概念、本质、起源以及它们之间的异同，在此基础上对教育装备与教育工具的相关问题进行讨论。

（一）教育装备与教育工具的本质

从词面上分析，“教育装备”与“教育工具”是分别在“装备”与“工具”前面加上了限定词“教育”。一个概念其原词语一旦加上限定词后，它所表达概念的范围就会被限定在一个相对小一些的范围或领域之内，所以，教育装备与教育工具的概念被限定在了教育领域，而不再是人类活动的全部范围。这种限定，一般会对原词语所表达的概念发生影响，会使得原词语表达的概念在本质上、起源上以及异同点上发生偏移。

教育装备与教育工具相对于装备与工具在本质、起源以及异同点上会产生哪些偏移是需要进行认真分析和谨慎认定的重要问题，因为它们是本书讨论的核心内容。教育装备、教育工具的本质不仅与装备、工具的本质有关，也与教育的本质有关。

1. 教育资源本质属性

教育装备与教育工具同属于教育资源，教育资源是教育赖以生存的条件。教育资源与人类资源一样分为教育自然资源、教育人力资源和教育人工资源，具体分类请见表1－2。

表1－2 **教育资源的分类**

<table>
<tr><th></th><th colspan="2">类型</th><th>举例</th><th>备注</th></tr>
<tr><td rowspan="4">教育资源</td><td colspan="2">教育自然资源</td><td>阳光、空气、水、植物、动物</td><td>非人工制造</td></tr>
<tr><td colspan="2">教育人力资源</td><td>教育教学管理人员、教师、学生</td><td>人类自身</td></tr>
<tr><td rowspan="2">教育人工资源</td><td>教育物力人工资源（教育装备）</td><td>黑板、投影机、教科书</td><td rowspan="2">人工制造</td></tr>
<tr><td>教育智力人工资源</td><td>教育理论、教育经验</td></tr>
</table>

教育装备属于教育人工资源，因为它们具有人工制造的属性。但是，这并不意味着教育装备就是教育人工资源，其实，教育装备不等于教育人工资源，而是教育装备∈教育人工资源（即教育装备隶属于教育人工资源），或者应表示为：教育装备＝教育物力人工资源。在教育人工资源中除了被称为教育物力人工资源的教育装备以外，还有被称为教育智力人工资源的部分（如教育理论、教育经验等），它们也具有人工制造的属性，但不同于教育装备。

在教育物力人工资源（即教育装备）中，有一部分为教育工具，它们不仅具有人工制造的特征，同时还具有人体器官功能延伸的特征，这部分人工制造的教育装备亦称教育工具。另外，还存在一些教育工具是天然形成的，有时人们也称它们为天然教具，例如一根用于在沙地上书写的树枝。

2. 与教育的同源性

教育装备或教育工具是与教育同源的，伴随着教育的出现，教育装备或教育工具就同时出现了。对教育的起源有四种学说：教育的生物起源说、教育的心理模仿起源说、教育的劳动起源说、教育的社会需求起源说。这些学说从质上讲都认为教育的目的是为了增进人们的知识和技能，影响人们的思想品德。正如《教育大辞典》（顾明远主编，上海教育出版社 1998 年版）对教育（education）的解释："传递社会生活经验并培养人的社会活动。通常认为：广义的教育，泛指影响人们知识、技能、身心健康、思想品德的形成和发展的各种活动。产生于人类社会初始阶段，存在于人类社会生活的各种活动过程中。"

所以，从这四种起源出发，知识的传播最开始是通过口耳传诵的方式，但口耳传诵会产生误差和丢失信息，所以在文字发明以后就采用文字记录的方式，而用于文字记录的泥板、竹简、兽皮、书本等就成为早期的教育装备或教育工具；技能的传授也必须借助一些实物进行，这些实物也就是教育装备或教育工具；影响人的思想品德是通过语言说教、榜样行为、制度约束与文化传承，这一过程同样需要依赖信息的承载物，即教育装备或教育工具。所以，教育装备或教育工具一定是与教育、装备（或工具）两者是同源的，即自有人类社会起就存在有意识、有组织的专门教育，自有人类起就存在了人工制造的装备或工具，所以自有人类社会起就存在教育装备或教育工具。教育装备或教育工具是人类教育的需求，是人类智慧和劳动的产物与具体体现。

3. 教育装备与教育工具的异同性

前文对装备与工具异同的分析完全适用于对教育装备与教育工具异同的分析，图 1 - 1 所展示的内容只需贴上教育的"标签"就可以在这里用于区分教育装备与教育工具的各自特点和相互之间关系。教育装备与教育工具的共同点反映在它们的相交处，即人工制造的教育工具同时也是具有人体器官功能延伸作用的教育装备。不同点一个是天然形成的教育工具，另一个是非人体器官功能延伸的教育装备。

（二）天然教育工具的非主导作用与非人体器官功能延伸教育装备的概念引申

在人类教育发展的过程中，天然教育工具是非主导性的，它们所起的作用微乎其微，完全可以忽略不计，人们更加关注的仍然是人工制造的教育工具。例如：空中飞舞的蝴蝶和山间散落的矿石在人们没有对其进行加工时它们可以成为讲课所需天然教具，但是为了教学的方便性和有效性，人们更希望将其加工成教学用的标本，这些标本由于具有人工制造的特征，于是成为教育装备。

非人体器官功能延伸作用的教育装备其实也往往被人们视为人工制造的教育工具。前文所述作为教育装备的标本，本没有人体器官功能延伸的特征，但是人们仍然习惯性地将它们称为教具或学具，教具就是教师教学时使用的教学工具，学具就是学生学习时使用的学习工具，它们被人们默认为人工制造的教育工具，也就与人体器官功能延伸作用的教育装备完全概念混同。

（三）教育装备与教育工具的概念混同

前文讨论了相对于人类发展过程中所起的作用，装备与工具是可以概念混同的，进而分析了相对于人类的教育，天然教育工具的作用可以忽略，而非人体器官功能延伸作用教育装备与人工制造教育工具之间的界限趋于模糊。其实，由于教育的本质是要对人的头脑或心智发生作用，其所依赖的工具必然会具有人类大脑器官功能延伸的特征，这与其他领域的工具所具有人体四肢以及视听器官功能延伸的特征有着本质的区别，而美国《科学》杂志电子版刊登的迈克尔·巴尔特《工具的使用是大脑的一个诀窍》的文章也恰好证实了这一点。在实际应用中，人们可以将教室中的扩音机解释为教师发声器官功能的延伸，但是对于投影机、教科书这些教育装备就无法轻易地界定出它们起着教师哪个器官功能的作用，而它们确实是为了知识的呈现或者干脆说是大脑思维的具体呈现。于是，非人体器官功能延伸作用教育装备与人工制造教育工具之间的界限越发地不清晰，将教育装备与教育工具对教育发展过程中所起的作用概念混同起来是完全可行的。

（四）教学装备与教学工具

《教育大辞典》将教育界定为：“传递社会生活经验并培养人的社会活动。通常认为：广义的教育，泛指影响人们知识、技能、身心健康、思想品德的形成和发展的各种活动。狭义的教育，主要指学校教育。”《教育大辞典》将教学界定为：“以课程内容为中介的师生双方教和学的共同活动。学校实现教育目的的基本途径。特点为通过系统知识、技能的传授与掌握，促进学生身心发展。”因为教学是“学校实现教育目的的基本途径”，所以教学应附属于教育，它是教育的一个基本内容或重要的组成部分，教育是个大概念，教学是教育下的一个子概念。

教学装备与教学工具显然应该是附属于教育装备与教育工具的那些装备与工具，它们继承了教育装备与教育工具的本质特征，只是被限制在了学校教学活动的范围之内，是用于学校以学科课程内容传递为中心目的的装备与工具。所以，对于教学过程，教学装备与教学工具同样可以被概念混同。

三　讨论教育装备与工具关系的意义

本书从分析教育装备与教育工具的异同出发，最后得出教育装备与教育工具概念混同的结论，其目的在于用教育装备概念来取代教育工具概念，而其意义在于对教育装备的基础理论研究可以借助人类社会活动中人工制造工具发展的规律展现教育装备的发展。

（一）教育装备基础理论研究的需要

长期以来在教育装备研究领域与实践领域人们最为关注的基本上都属于研究方法问题，对于最为基础性的研究介入甚少，从哲学层面对教育装备展开的理论研究几乎没有涉及。而教育装备研究要想发展就必须建立在牢固的基础理论之上，必须探究到它产生与发展的根源，教育装备哲学就是要解决或完成这些问题。

从本质上讲，人们的研究对象有两个，正如康德所说："有两种东西，我对它们的思考越是深沉和持久，它们在我心灵中唤起的惊奇和敬畏就会日新月异、不断增长，这就是我头上的星空和心中的道德定律。"人类面对的一个是自然世界，就是那"头上的星空"，另一个则是人类世界，就是造成"心中的道德定律"的那个人类自身。但无论是自然世界还是人类世界，对这些概念与规律的建立都是通过人的思维规定，而正是由于人类通过逻辑思维规定了这两个研究客体，人类也就自然而然成为了这个研究体系中的主体。构成这个研究体系的除了主体和客体以外，还有一个不能忽略的要素，那就是即非主体也非客体的工具或装备，如图 1－2 所示。在图 1－2 展示的研究体系三元构成中，客体为研究对象，工具或装备在此起着非常重要的作用。但是应该特别指出，当人们的研究对象是工具或装备时，工具或装备便成为客体。

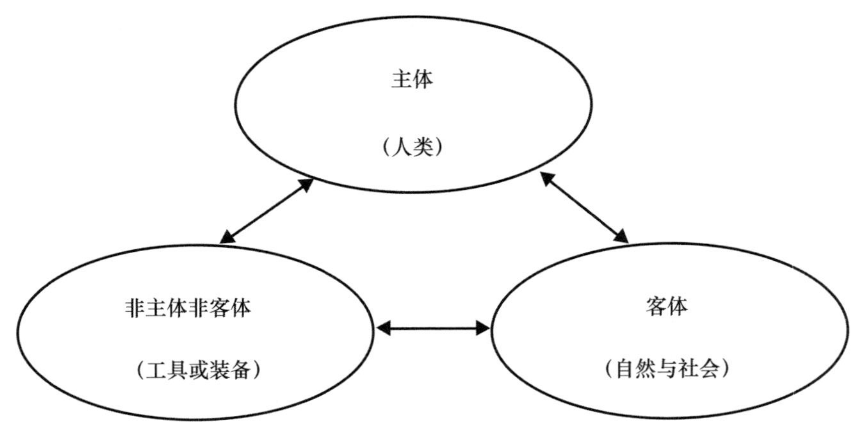

图1－2　研究体系三元构成

人类在进行针对自然与自己的研究时，工具的作用是非常重要的，工具的发展和进步直接影响着人类社会的发展和改造自然的能力。从前文提及关于马克思、恩格斯以及黑格尔的论述可见，哲学研究中绝对不能缺少对工具的研究，而其实工具的理论研究在哲学研究中确实占有重要的地位。教育装备的哲学研究必须借鉴和引用哲人们大量的研究成果和结论，但教育装备概念的出现又非常迟（是近年提出的概念），所以将装备与工具形成关联，建立教育装备与教育工具内在关系就显得十分必要了。

（二）将教育装备与教育工具概念混同的必要性

在哲学研究与教育哲学研究中，人们提及和关注的是工具，不是装备与教育装备，建立教育装备哲学要借助前人对哲学与教育哲学的研究结论和成果就不得不将装备与工具、教育装备与教育工具的关系首先建立起来。在本章分析的基础上，将装备与工具的概念混同，将教育装备与教育工具的概念混同是十分必要的，这样就可以将哲学和教育哲学中关于工具和教育工具作用的研究结论直接用于装备和教育装备，对教育装备哲学体系的建立和深入研究都是具有非常重要的意义的。

（三）将教育装备与教育工具概念混同的可行性

将装备与工具的概念混同、教育装备与教育工具概念混同是完全可行的，本书论述的重点就在这里。但是，将装备与工具的概念混同、教育装备与教育工具概念混同的结论并不是一开始就轻易给出的，本书详尽地分析了装备与工具、教育装备与教育工具的相同点和不同点，指出它们的差异性，并充分论证这些差异可以被忽略的原因以及可行之处，这样做才不失理论研究的严谨性。

在今后即将开展的教育装备哲学研究的过程中，借助哲学和教育哲学的研究基础，直接将工具称为装备，或者使用联合词汇“工具/装备”来表达工具与装备概念的混同；同时也直接将教育工具称为教育装备，探讨它们在人类社会发展和自然科学进步中所起的关键作用，研究教育装备的本质论、价值论、目的论、知识论、工具论、方法论、道德论等相关领域和范畴，都将是万分必要和可行的。

教育装备的研究经历了概念的建立、方法的梳理、经验的总结以及历史的考证，但是如果不将它上升到哲学层面，教育装备的基础理论体系就永远无法构成。为了突破这一瓶颈，作者试图从教育装备与工具关系的研究出发，希望用装备取代工具，让教育装备取代教育工具，拓展出一条独特的路径，将教育装备哲学研究开展起来、深入下去。

第二节　教育装备与教育

2016 年教育部发布的《关于新形势下进一步做好普通中小学装备工作的意见》（教基一［2016］3 号）中明确指出：“教育教学装备是教书育人的必要条件，是实现教育现代化的重要支撑，是培养学生创新精神和实践能力、促进学生全面发展的重要载体。”教育装备在教育教学中、在教育信息化发展中以及在教育现代化发展中起着至关重要的作用。

一　教育装备的教育功能

教育装备是教育资源中的人工资源部分。而教育装备的最主要功能则是帮助教学系统中的主体（学生）来认知教学系统的客体（知识）。但是，教育装备还担负着其他方面的功能任务。本书是要通过对教育装备功能分类的讨论进一步发现它们的规律，为新时期教育装备的发展和其标准化工作的优化提供理论支持。

（一）教育装备功能与分类法

辅助认知功能是教育装备最主要的功能，除此之外教育装备还具有优化学校环境和支持教育管理的辅助功能。

1. 辅助认知功能类

辅助认知功能可以认为是教育装备的第一功能，具有辅助认知功能的教育装备也是其中品种最多的一个类型，是构建教学基本条件的装备。在对教育装备的概念进行深入讨论时，我们将它与一些相关概念做了比较，其中有教学装备、教育技术设备、教学工具（详见图 1 –3）。其实在这些讨论中我们都仅是强调了它们的辅助认知功能，或者说其中的教学装备（例如：黑板、粉笔以及酒精灯、烧杯等实验室仪器设备）、教育技术设备（例如：计算机、投影机、电子白板、助学软件等）、教学工具（教具：如，挂图、机械模型、钢琴等；学具：如，圆规、直尺、铅笔等）都是具有辅助认知功能的教育装备，即属于其中辅助认知功能类。每当提起教育装备，我们首先想到的就是这一类型的事物，这是因为在我们的认识中总是将学校教学活动当作在校教育的最主要内容。

对教育装备辅助认知功能的要求突出地表现在它的教学适用性方面。教育装备在教学系统中对教学主体应该具有生理、心理、认知、教师、学生、时间、空间、文化八个方面的适用性，这一规定实质上是在辅助认知功能上的具体要求。

从教学系统三分论的角度去分析，辅助认知功能类的教育装备起着知识载体的作用，是将教学系统中的客体——知识（含隐性知识）传递到系统的主体——学生端的工具，反映在图 1 –3 中就是 C、D、E 三个区域。图中 B 区所限定的事物为非人工制造，所以不属于装备，当然也就不属于教育装备；A 区所规定的事物则属于环境优化功能类和教育管理功能类教育装备。

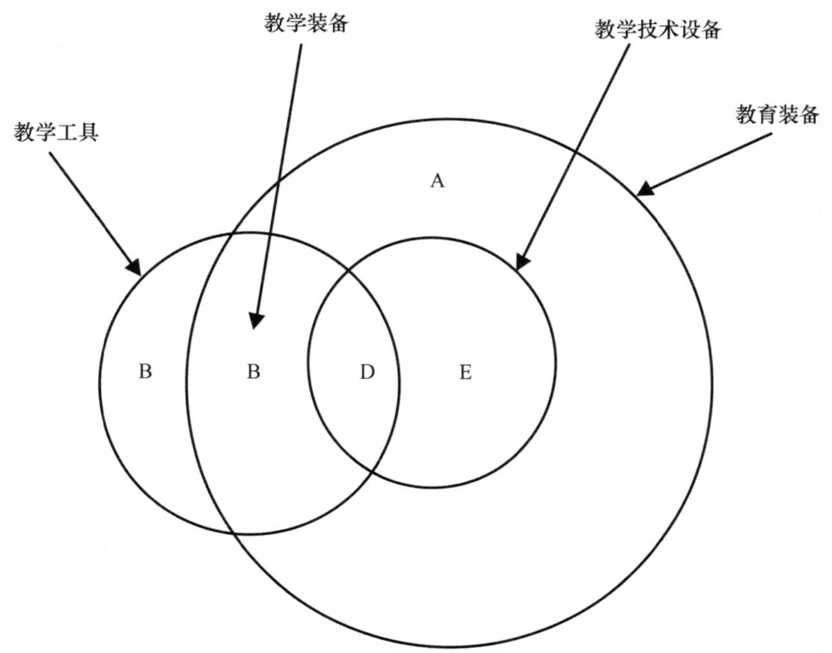

图 1－3 与教育装备相关的概念

2. 环境优化功能类

环境优化功能类的教育装备是为保障学生健康成长，构建学校安全学习生活环境的装备。随着中国社会生活水平的快速发展，人们对学校中这方面的条件与设施要求也愈来愈高，绿色文化校园、无污染环境、恒温恒湿教室、智能学习空间等新兴概念不断涌现。

环境优化功能类与辅助认知功能类的教育装备有着本质上的不同，对于教师教学与学生学习来说它们不是必须的，虽然它们也会影响到学生的学习心理，但不会直接对学生认知发生作用。例如，舒适协调的课桌椅会影响到学生的学习行为，可席地而坐的教育也曾产生过众多大家；对于现代化的学校它们是必要的，而对于学生认知来说它们不具有必要性。这看似前后矛盾的一句话其实是一个正确的命题，在充分性与必要性条件论证中，必要性是可以证伪的条件，即“有一例不成立则原命题不成立”，席地而坐的成功教育便是那使其不成立的一个特例。

3. 教育管理功能类

教育管理功能类教育装备是保障学校工作正常运行，构建学校教育科学管理环境的装备。从数量上看，它们在教育装备中所占比例最小，这是因为学校中的管理者比起学生主体来说毕竟是少数。学校里的办公设备、网络管理平台等都属于此类装备。

对于环境优化功能类和教育管理功能类的教育装备其实不存在教学适用性方面的要求，但是不得不承认环境优化功能类装备对生理、心理、空间以及文化适用性确实存在着一定的影响力。需要说明的是：这一影响力与辅助认知功能类装备在教学适用性上的影响力在作用目标和作用强度上有着本质的不同。

4. 教育装备分类法

作者在《教育装备元标准建立的必要性》一文中对教育装备分类做了较为深入的讨论，文章提出了教育装备具有行业分工分类、装备功能分类、研究领域分类和装备属性分类四个分类方法（详见表1-3）。该文为了充分说明教育装备元标准建立的必要性而特别强调指出了装备属性进行分类法的作用，即作为教学内容、辅助教学和构成教育环境装备的特点及其作用。而在本书所讨论的问题中，则是采用了装备功能分类法的分类。

表1-3 **教育装备分类列表**

分类法	类型	举例
行业分工分类	教学设施设备	教室、黑板
	实验仪器设备	示波器、铁架台
	学科设施设备	体育场、乐器
	信息化设施设备	校园网、计算机
	图书设施资料	图书馆、图书
	后勤设施设备	食堂、饮水机
装备功能分类	构建教学环境的装备	课桌椅、投影机
	构建教育管理的装备	校长室、校园网
	构建生活环境的装备	学生宿舍、床位

续表

分类法	类型	举例
研究领域分类	教学装备	显微镜、烧瓶
	教育技术装备	计算机、投影机
	教具与学具	挂图、算盘
装备属性分类	作为教学内容的装备	教材、标本
	辅助教学的装备	计算机、投影机
	构成教育环境的装备	教室、实验台

（二）教育装备功能分类与标准化

《中华人民共和国国民经济和社会发展第十三个五年规划纲要》（以下简称“十三五”规划）第五十九章（推进教育现代化）提出了九项教育现代化重大工程，其中在第一项“（一）义务教育学校标准化”中规定：“实施加快中西部教育发展行动计划，逐步实现未达标城乡义务教育公办学校的师资标准化配置和校舍、场地标准化。”将义务教育学校的标准化放在“十三五”期间教育现代化发展重大工程的第一位，可以看出国家对教育与教育装备标准化问题的重视。规定中所提到的义务教育公办学校标准化问题有两个方面，一是师资标准化配置，二是校舍与场地标准化建设。其中师资标准化问题不属于我们讨论的范围，学校校舍与场地的标准化是本书应该关注的内容。

从前文关于教育装备的功能分类可知，学校校舍与场地属于环境优化功能类的教育装备。国家“十三五”规划中没有提及辅助认知功能类和教育管理功能类装备的标准化问题，这有两种可能性：第一，这两类装备的标准化问题已经解决；第二，这两类装备标准化问题的解决为时尚早或目前没必要解决。作者倾向于第二种可能性，因为辅助认知功能类装备种类繁多，新品种又层出不穷，且它们的教学适用性问题尚在研究和讨论阶段，成为达标装备配置的时机并不成熟，而对其元标准的制定应该成为首要任务。教育管理功能类装备与环境优化功能类相比毕竟是少数，作用地位也较低，在教育资源并非十分充裕的情况下放缓标准化是正确的决策。

（三）教育装备标准与均衡性

作者的《标准化的目标取向与条件取向——英国教育标准对我国教育装备工作的启示》一文中讨论了教育标准化的两种不同取向，并指出了中国教育装备标准化的条件取向特点，而条件取向的标准化恰好表现在义务教育阶段的均衡性发展方面。所谓目标取向的标准化是仅对通过教育使学生所应达到的目标进行标准制定；条件取向的标准化则相反，是对可能达成这一目标的各种条件进行标准制定。

《中华人民共和国教育法》第十九条规定："国家实行九年制义务教育制度。各级人民政府采取各种措施保障适龄儿童、少年就学。适龄儿童、少年的父母或者其他监护人以及有关社会组织和个人有义务使适龄儿童、少年接受并完成规定年限的义务教育。"此处特别指出了国家各级政府要为义务教育采取各种保障措施，教育的均衡性就是让全国各个地区学校的这些保障措施（或教育教学条件）尽量达到一个平均、一致、标准化的水平。

国家"十三五"规划第五十九章的第一节标题为"加快基本公共教育均衡发展"，关于标准化问题其中提道："科学推进城乡义务教育公办学校标准化建设，改善薄弱学校和寄宿制学校办学条件，优化教育布局，努力消除城镇学校'大班额'，基本实现县域校际资源均衡配置，义务教育巩固率提高到95%。"可以看出，国家为加快义务教育均衡发展而采取的标准化工作是为了改善办学条件的决策，具有明显的条件取向特点。明确这一点具有十分重要的实际意义，它为我们科学地制定具体的标准化文件指明了方向。

（四）中英教育装备类型发展对比分析

在英国，与中国的"教育装备"（Educational Equipment）相对应的一个词汇是"教育科技"，它的英文原词是"Educational Technology"，这与中国"教育技术"一词的英文名称相同（美国的"教育技术"一词使用"Instructional Technology"），但意思相差甚远。解释这些词意的目的是为了阐明：在英国使用的教育科技就等同于中国的教育装备。但是，英国使用教育科技这个名词来代替教育装备，这本身就反映出他们对辅助认知功能类与教育管理功能类的装备更加重视，并投入了更多的力量，而将环境优化的装备放在了次要的位置上。并且，他们对辅助认知功能类与教育管理功能类软件开发与使用的工作要远大于硬件建设。这个认识并非主观猜测，它是通过实际调研得出的结论。

“中英教育技术与教育装备比较研究”课题组于 2016 年 10 月和 2017 年 1 月曾两次赴伦敦进行了英国中小学办学条件的实地考察。其间共走访了 6 所学校，并特别关注了这些学校的教育科技配备与使用、校舍与场地现状等情况。这些学校都是公立学校，属于伦敦市，只有一所名为“逻辑工作室”的学校（Logic Studio School）在伦敦希思罗区的费尔特姆镇，距离市中心 20 多公里，其他都在市中心。所以，将这些中小学校的情况与中国北京市的中小学校相比较应该是具有可比性的。

课题组首先考察了这些学校的教育信息化情况，注意到相对于中国教育信息化“三通两平台”的建设目标，英国伦敦所有这些学校在互联网接入方面基本上都实现了校校通，但是不具有班班通与人人通，而北京市的所有中小学校在 2016 年基本上都实现了“三通”。英国伦敦这些学校的计算机配置情况相对于北京市较差，不仅计算机配置水平低，数量也少很多，考察组通过观察进行测算，伦敦这些学校的平均生机比估计在 20∶1 至 15∶1，而北京市中小学校的平均生机比在 2015 年已经达到 5.33∶1。在教学资源与教学管理平台软件应用方面，英国伦敦这些学校的情况表现非常出色，学科学习、作业管理、能力测评、知识搜索、图书借阅、教师评价、学籍管理等软件应用十分广泛，配置不够充分的信息化硬件设备在充分地发挥着它们的作用。

课题组发现英国伦敦这 6 所学校的校舍与场地的现状相差较大。其中逻辑工作室学校（Logic Studio School）是 2016 年新建校（学校性质类似于中国的职业高中），校舍为一层临时建筑，由于学生人数不多，所以教室面积也不大，均在 20 平方米左右；校园场地有自然草皮的足球场和运动场，环境优越。哥本哈根小学（Copenhagen Primary School）则是于 1886 年建校，目前使用的校舍仍然是 1886 年的楼式建筑，教室面积在 40 平方米左右；学校的场地不大，但充分利用了现有空间，在旧楼的楼顶平台上开辟出了一块学生参加自然活动的“空中花园”。伊斯特利社区学校（Eastlea Community School）是一所全日制公立学校，校舍与场地相对其他学校都比较宽裕和充分，教室面积有 70—90 平方米，学校内有自然草皮的运动场。东伦敦科学学校（East London Science School）的校舍是在一座 1776 年建立的潮汐动力水磨坊的仓库当中，房屋陈旧但牢固，教室面积有 30 多平方米；学校没有自己的场地，学生需要到社区的操场上去活动。摄政高中（Regent High School）位于市中心，校舍设施较为先进，教室面积有 60—80 平方米，但学生活动场地有限。马尔伯勒小学（Marlborough Primary School）的校舍是一个废弃的工厂车间，经改造后的环境很适合学生学习活动，教室面积在 30 平方米左右，但学校内缺少学生运动场地。

对于上述这些教育装备，英国及伦敦政府没有统一的标准化要求，学校的各种设施设备的配备完全由校长决定。总的来看，英国中小学校环境优化功能类的教育装备（如：校舍与场地等）很不一致，但不存在均衡性矛盾。这一点上与中国之间存在巨大差异，分析原因有三个方面：（1）中英的建筑具有本质上的不同，英国古代建筑皆为石材楼式，结构牢固，可常年使用；中国建筑以砖木结构为主，相比英国校舍更新周期要短得多。（2）20 世纪以来，英国的教育改革经历了“进步”“平等”和“卓越”三个阶段，到 20 世纪 80 年代后开始进入了“卓越”期，在“平等”阶段时教育均衡问题已经基本解决，所以政府对校园环境的均衡与标准化问题并不关心。（3）英国教育标准化具有目标取向的特征，对条件取向的标准化没有具体政策。

将教育装备按照功能特点进行分类对理解和研究教育装备科学管理具有十分重要的实际意义。新时期教育装备工作更加关注均衡性问题、标准化问题、信息化管理问题、科学设计开发问题、深入应用与深度融合等问题的研究，而这些研究都与教育装备的功能有着直接的关系，本书则希望通过对其功能分类、中外对比等论述使其概念更加清晰、意义更加明确、方法更加有效、成果更加丰富。

二　教育装备与教育信息化

教育信息化的概念从 20 世纪 90 年代被提出，如今已经有 30 多年的历史了。但是，教育信息化的本质是什么这个问题至今还鲜有文章作出充分、深入的论述。本书将从教育的构成与信息化的构成出发，讨论教育信息化的本质，其目的是希望对教育信息化概念理解更加清晰，使人们能够在教育信息化发展进程中看清方向，在今后教育智能化发展的进程中把握目标。

从字面上讲，“化”可以理解为“使之成为”，信息化即为“使之成为信息的”，教育信息化就应被解释为“使教育成为信息的”。而“使教育成为信息的”这句话似乎并不完整，意思表达也不够清晰。其实信息具有信息科学（information science）与信息技术（information technology，缩写 IT）两种形态，如果将教育信息化理解为“使教育成为信息科学的”和“使教育成为信息技术的”，则这个概念就会变得清晰了一些。但是，在其中主语“教育”没有被解析之前，教育信息化的概念还是不能完全表达清楚。以下将对这个问题作详细的分析。

（一）教育的构成

从不同的研究目的出发，对教育的构成可以有很多种区分方法。为了能够解答本书提出的问题，这里仅对教育系统逻辑构成和教育资源体系构成作分析。

1. 教育系统逻辑构成

任何一个系统，其逻辑构成都是图 1－4 所示的形式，其中主体部分一定是人类，而工具/装备则既非主体也非客体。人类之所以能够成为主体不是由谁来指派的，这是因为人具有思维能力，并将整个初始混沌的客观世界做了思维规定，运用聚类区别了不同的事物，并赋予了它们各自的概念；既然整个已知的客观世界都是通过人类的思维规定而建立起来的概念世界，则人类就自然而然地成了这个客观世界的主体，而除了人类本身以外，他所面对的这个客观世界中林林总总的一切被思维

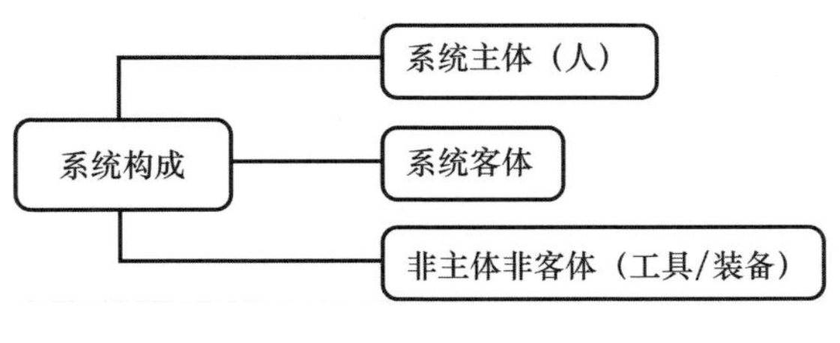

图 1－4 系统逻辑构成

规定了的事物就都成了客体。客体部分较为复杂，不同系统的客体构成不同，有时部分人也可能作为客体出现。

教育系统与其他系统一样，其逻辑构成也是三个部分：教育系统主体、教育系统客体以及既非主体亦非客体的教育装备。本书在这里区分它们的目的是为了在后面要将这个问题论述清楚，即教育信息化是对教育系统的主体信息化，是对教育系统的客体信息化，是对既非主体亦非客体的教育装备信息化，还是对教育系统全部信息化。

2. 教育资源体系构成

资源是人类赖以生存的条件，人类资源可以分为三大类：自然资源、人力资源和人工资源。教育资源是教育赖以生存的条件，教育资源与人类资源一样也可分为三大类：教育自然资源、教育人力资源和教育人工资源，其中每类资源又可以进一步细分，详见图0－1。图中仅对教育人力资源和教育人工资源进行了细分。教育人工资源中又分为教育人工物力资源和教育人工智力资源两个部分，而教育人工物力资源即教育装备。

本书在这里区分教育资源的目的同样是为了在后面要讨论教育信息化的对象，即教育信息化是对教育人力资源信息化还是对教育人工资源信息化，在教育人工资源中，教育信息化是对教育人工物力资源信息化还是对教育人工智力资源信息化。当然，对教育的自然资源（阳光、空气、土地、动植物等）进行信息化显然是不成立的。

（二）信息化的构成

信息作为一个研究领域可以分为信息科学与信息技术，所以此处就将信息化的构成分成了信息科学化与信息技术化两个部分。

1. 科学与技术

科学与技术是人类两种不同活动表现，它们之间存在着根本性的区别。有研究①分别对科学与技术的本质进行了界定：（1）从表现形态上区分,科学表现为思维形态（知识形态），而技术则表现为物质形态；

① 朱高峰：《论科学与技术的区别——建立创新型国家中的一个重要问题》，《高等工程教育研究》2010 年第 2 期；蔡曙山：《论技术行为、科学理性与人文精神——哈贝马斯的意识形态理论批判》，《中国社会科学》2002 年第 2 期；张华夏、张志林：《从科学与技术的划界来看技术哲学的研究纲领》，《自然辩证法研究》2001 年第 2 期。

（2）从活动目的上区分,科学的目的是探索客观世界的各种事物和寻求其规律，而技术的目的是创造新的事物以满足人类社会的需要；（3）从研究对象上区分,科学的研究对象是客观世界的自然物，而技术的研究对象是人工打造的人造物；（4）从活动行为特征上区分,科学具有超验性，而技术具有现实性；（5）从活动最终成果上区分,科学活动的最终成果体现在理论观点；而技术活动的最终成果体现在人工制造。

将上面的论述归纳一下，可以看出科学与技术各自的最重要特征：科学主要表现在意识层面，而技术则主要表现在物质层面。其实当人类刚一出现时，科学思想就在人类思维中逐渐建立，同时，人类制造的各种工具也就都包含了技术成分，所有的工具/装备都可以称为技术工具或技术装备，所以技术呈现在物质装备中，而科学呈现在人类思想中。于是信息体系的构成就成为如图 1－5 所示的结构。

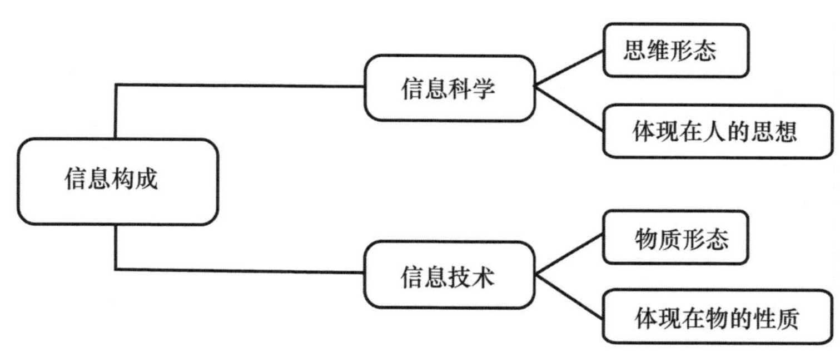

图 1－5　信息体系的构成

2. 信息科学与信息技术

信息科学与信息技术分别继承了科学与技术的特征，即信息科学应该呈现在人的思维意识中，而信息技术则应该呈现在物质的工具/装备中。

在高等学校的学科专业目录中，有一个信息科学技术专业（学科代码 071206W）。该专业的培养目标为：培养具有扎实的数学、物理、电子和计算机的基础知识，系统地掌握光学信息处理技术、现代电子学技术和计算机应用技术的基本技能，能在光通信、光学信息处理以及相关的电子信息科学、计算机科学等信息技术领域、特别是光机电算一体化产业从事科学研究、产品设计和开发、生产技术或管理的面向21世纪的高级专门人才。从培养目标的描述中可见，该专业的教学目的重点还是在于学生对信息技术的掌握，仅在基础知识要求方面略微体现了对信息科学的学习。显然，在目前各个领域的信息化建设中，人们注重的仍然是信息技术，而基本不涉及对于信息科学的认知和应用。可见，目前各个领域的信息化其本质是信息技术化。

3. 信息科学化与信息技术化

如前所述，科学体现在的人的思维或意识中，科学活动的目的是建立科学思想和发现科学规律；信息科学化的目的也在于使人们建立信息科学思想和发现信息科学规律。技术体现在人类制造的工具/装备中，技术活动的目的是设计制造各种用于生产的工具和用于制造工具的装备；信息技术化的目的也在于使人工打造的工具/装备具有信息技术含量。

从时代发展的角度考察，工业化时代的工具/装备是被工业技术化的，电气化时代的工具/装备是被电气技术化的，信息化时代的工具/装备则是被信息技术化的。当人类进入智能化时代，工具/装备将是被人工智能化的；人类进入任何一个时代，总是要将当时的工具/装备进行新的技术化，同时，工具/装备的技术化也反映了时代的发展。

从行业或领域角度分析，当人类进入信息化时代，农业装备、工业装备、商业装备、医疗装备、科研装备、军事装备以及教育装备等都会被信息技术化，各个行业或领域工具/装备的信息技术化也标志着信息化时代的特征。

（三）教育信息化特征

人们普遍将教育信息化分为技术层面和教育层面来进行特征考察，从技术层面看教育信息化具有数字化、网络化、多媒化、智能化等特点，从教育层面看教育信息化具有开放性、共享性、交互性与协作性等特点。

1. 教育信息化在概念界定上的特征分析

概念是人对事物本质的思维规定，而定义是人们对概念的语言表达，“概念”与“定义”是两个完全不同的概念，在对事物讨论时，概念必须趋同，定义可以存异。人们对教育信息化的定义上有着各种不同的表述，但是在概念描述上基本是一致的，说明虽然对教育信息化的语言表达不同，但是对于教育信息化的理解，人们处于相同的语境之中。

（1）政策文件

政府公布的政策文件中对教育信息化具有明确指示和规定的文件主要有《国家中长期教育改革和发展规划纲要（2010—2020 年）》（2010 年 7 月发布）、《教育信息化十年发展规划（2011—2020 年）》（2012 年 3 月发布）、《教育信息化 2.0 行动计划》（2018 年 4 月发布）和《中国教育现代化 2035》（2019 年 2 月发布）。但是，这些文件中都没有给教育信息化一个确切的定义。

在《国家中长期教育改革和发展规划纲要（2010—2020 年）》的第十九章“加快教育信息化进程”部分规定：“信息技术对教育发展具有革命性影响，必须予以高度重视。”在《教育信息化十年发展规划（2011—2020 年）》的序言部分提出：“教育信息化充分发挥现代信息技术优势，注重信息技术与教育的全面深度融合”。在《教育信息化 2.0 行动计划》的“第一部分重要意义”中说道：“教育信息化 2.0 行动计划是充分激发信息技术革命性影响的关键举措。”在《中国教育现代化 2035》的“（八）加快信息化时代教育变革”部分指出：“推动信息技术在教学、管理、学习、评价等方面的应用，全面提升教育信息化水平和师生信息素养”。可见，在这些政策文件中都是将教育信息化定位于教育教学的信息技术化。

（2）权威论述

作者在中国知网（CNKI）上以“教育信息化”为关键词进行搜索，选取了下载数量最多同时也是引用率最高的两篇权威性文章，两篇文章的作者都是我国教育信息化的著名领军人物，一篇是华东师范大学祝智庭教授于 2001 年在《中国电化教育》杂志上发表的《教育信息化：教育技术的新高地》（至 2020 年 12 月 31 日，该文下载数量 5219，被引数量 793），另一篇是北京师范大学何克抗教授于 2011 年在《中国电化教育》杂志上发表的《我国教育信息化理论研究新进展》（至

2020 年 12 月 31 日，该文下载数量 19346，被引数量 718）。

《教育信息化：教育技术的新高地》一文中，祝智庭教授在“一、关于教育信息化的概念”一节中写道：“作者认为 IT in education 语义范围与教育信息化相近。”而“IT in education”在该文中被作者译为“教育中的信息技术”①。

《我国教育信息化理论研究新进展》一文中，何克抗教授在“二、关于教育信息化内涵的界定”一节中对教育信息化做了内涵定义：这样，我们就可以把“教育”和“信息化”所组成的复合名词“教育信息化”的涵义顺理成章地理解为：“信息与信息技术在教育、教学领域和教育、教学部门的普遍应用与推广。”这正是“教育信息化”这一术语的比较全面而准确的基本内涵。②

两篇权威文章的论述中，对教育信息化有一个共同的认定，即教育信息化是让信息技术在教育中起作用，或者说，教育信息化是教育的信息技术化。

（3）文献统计

2020 年 12 月 31 日作者在中国知网（CNKI）上输入“教育信息化”进行全文搜索，搜索到的全部文献数量共计 124109 篇；以“教育信息化 & 信息技术”进行全文搜索，搜索到的文献数量为 72200 篇，约占搜索到全部文献总数的 58.17%；以“教育信息化 & 信息科学”进行全文搜索，搜索到的文献数量为 2856 篇，约占搜索到全部文献总数的 2.30%。显然，人们对教育信息化的认识基本上倾向于是教育的信息技术化，而对于教育信息化中教育的信息科学化问题则不太认可或不够重视。

从上述情况可以看出，在我国人们对教育信息化概念的界定具有非常好的一致性，人们公认教育信息化就是对教育教学的信息技术化。

2. 教育信息化在教育结构上的特征分析

上面讨论了我国教育信息化就是教育的信息技术化，但是对于教育

---

① 祝智庭：《教育信息化：教育技术的新高地》，《中国电化教育》2001 年第 2 期。

② 何克抗：《我国教育信息化理论研究新进展》，《中国电化教育》2011 年第 1 期。

来说过于笼统，并没有区别在整个教育结构中信息技术化的重点在哪里。本书对教育做了两种结构上的划分，一种是教育系统逻辑结构，另一种是教育资源体系结构。

（1）教育系统主体的信息化

在教育系统逻辑结构中，教育系统主体是人，而在教育资源体系结构中，教育的人力资源是教育系统主体，他们是一致的。所以在对教育信息化做结构分析时，对于教育主体或者教育的人力资源部分只能进行信息科学化处理，即使得人们在意识上形成信息科学的思维范式。但是如前所述，教育的信息科学化问题显然不是教育信息化的重点，则教育系统主体的信息科学化问题也不是教育信息化的本质体现。

这里需要强调指出，信息科学思维范式是一种科学认知体系架构，它并不是信息素养，信息素养属于一种操作技能，是对信息技术掌握与使用的习惯养成。教育系统主体的信息科学化与教师学生的信息素养要求是两个不同的概念，不可混淆。

（2）教育系统客体的信息化

教育系统逻辑结构中的系统客体是“泛知识”（“德、智、体、美、劳”五育），而“泛知识”在教育资源体系结构中呈现在教育的人工智力资源部分。知识是人类通过智力活动创造来的，知识本身即为信息，将知识信息化也就是对信息进行信息化、“使信息成为信息的”，这在逻辑上是不能成立的。所以，教育系统客体既不存在信息技术化问题也不存在信息科学化问题。

这里需要强调指出，知识即信息，信息本身是不能再被信息化的，而承载知识或信息和传递知识或信息的介质是可以被信息技术化或数字化的，例如将纸质教材转变为数字光盘教材、将教学时的声波转变为音频数据流等，这些都是将知识或信息承载物进行信息技术化的典型。但是应该明确，这些数字化的知识或信息承载物已经不再是信息本身，由于它们是人工制造物，又是教育人工物力资源的一部分，所以它们属于教育装备的范畴。

（3）教育工具/装备的信息化

教育系统逻辑结构中的教育工具/装备具有既非教育系统主体亦非

教育系统客体的特征，但是它们是人工制造物，对它们进行信息技术化改造是必然的和必须的。教育工具/装备在教育资源体系结构中属于人工物力教育资源，其物质化特征使得它们可以被信息技术化，教育装备的信息技术化实质上就是数字化、网络化、多媒化、智能化。

这里需要强调指出，教育装备的智能化严格意义上属于智能化时代的产物，不应该被列为信息化时代的特征。但是，由于智能技术初期被纳入了信息技术的范畴，所以智能化就成为了信息化的特征之一。随着人类逐步进入智能化时代，教育装备的智能化问题必将被突出出来，智能教育装备发展势在必行。

3. 教育信息化的本质是教育装备的信息技术化

现对前面的分析结果做一个逻辑上的判断：教育信息化的主要功能是教育的信息技术化，而信息技术化只能对教育资源中的人工物力资源即教育装备产生作用，所以可以得出结论，教育信息化的本质是教育装备的信息技术化。

得出的这个结论与人们目前对教育信息化的认识似乎不大一致，人们对教育信息化的认识还停留在技术的表现层面与教学的应用层面，而没有上升到技术的本体层面和教育的本体层面、技术的结构层面和教育的结构层面以及科学技术与教育教学的内在关系层面。另外，得出的这个结论与教育信息化的发展方向并不会发生矛盾，因为这个结论正是从教育信息化发展的各种研究中提炼出来的。

（四）研究意义

一个研究领域理论成熟的标志是能够自我否定，能够在更高的境界认识自己。教育信息化要想健康、有序、科学地发展就应该不断地在理论研究上提高。本书提出对教育信息化本质的讨论就是希望在教育信息化研究上能有新的发现，其意义将是十分重大的。

1. 对“深度融合”的判断

《教育信息化 2.0 行动计划》总体要求的基本原则部分提出要“发挥技术优势，变革传统模式，推进新技术与教育教学的深度融合”。其中，“发挥技术优势”是对教育装备提出的要求，而“变革传统模式”是对教育教学系统主体提出的要求，这两个要求中哪个才是最为关键、最为根本的需要人们做出判断，否则在对信息技术与教育教学的“融合度”这个衡量指标进行测量评价时将没有依据、没有标准。

《教育信息化 2.0 行动计划》的重要意义部分提出，目前我国教育信息化发展中表现出“数字教育资源开发与服务能力不强，信息化学习环境建设与应用水平不高，”和“教师信息技术应用能力基本具备但信息化教学创新能力尚显不足，信息技术与学科教学深度融合不够，高端研究和实践人才依然短缺。”这段阐述的前半部分指出了教育装备信息技术化水平上存在的问题，后半部分则指出了教育系统主体（教师）的信息技术能力不足问题和教育信息化的人力资源匮乏问题，这两个方面是影响信息技术与教育教学深度融合的主要原因。

人类在发展过程中不断地改造外界环境的同时也不断地改造着自己，改造外界环境是为了让这个环境构成的系统更加适用于人类生存，改造自己是为了更能适应那些不能加以改造的外部环境系统，是强调系统对人的适用性还是强调人对系统的适应性完全由系统的本质来决定。教育信息化就是要构建一个外部的教育教学环境系统，这个系统在这里统称为教育装备，既然教育信息化的本质是教育装备的信息技术化，那么教育信息化的工作主要应该放在教育装备的信息技术改造上，而不是放在教育系统主体的改造上。

教育信息化的本质是教育装备的信息技术化，信息技术与教育教学深度融合的要求主要是针对教育装备信息技术改造提出的，信息技术化水平高的教育装备应在性能上表现得“了无痕迹”，在功能上表现得“智能涌现”。教师在使用这些教育装备及构成的系统时，就像在使用传统的粉笔和黑板一样，不必时时想着粉笔怎样拿和黑板怎样擦。同时，教师也没有必要为了适应那些蹩脚的教育装备而费尽心思改变自己熟悉的教学模式，教师的价值应该体现在对学生的教育教学活动中，绝不能将他们的精力浪费在对付教育装备的使用上。另外，每当人们创建一个新的教学模式时都不得不将学生作为新模式的实验品，这其实已经违背了教育主体即教育道德主体的伦理道德一致性要求。

2. 对教育信息化绩效的考核

我国教育信息化建设已经进行了 30 多年，教育信息化的投入非常巨大，但是对教育信息化绩效的考核评价的结论如何尚无深入的研究结论和有力的数据支持。绩效考核就是计算投入产出比，教育信息化的投入变量容易选择也容易量化，而产出变量的选择和量化却是一件非常困难的事情。如果将学生的学业成绩作为产出变量，则有可能毫无效果或具有助推应试教育之嫌。而如果将学生的能力水平作为产出变量，则对能力变量的测量与量化目前还没有很好的方法。

明确教育信息化的本质是教育装备的信息技术化，这为教育信息化绩效的测量和评价提供了新的思路。产出变量可选信息化教育装备的教育教学适用性水平，对教育装备教育教学适用性的评价是对教育装备功能性质量的判断，教育装备教育教学适用性指标体系由图 1－6 所示的内容构成。其中 1 级指标为教育教学适用性，2 级指标分人机适用性、认知适用性和生态适用性，3 级指标一共有 9 个，评价时可对指标体系中的 3 级指标进行量化打分，每个 3 级指标可为 5 级分度量化（好、较好、中、较差、差）。

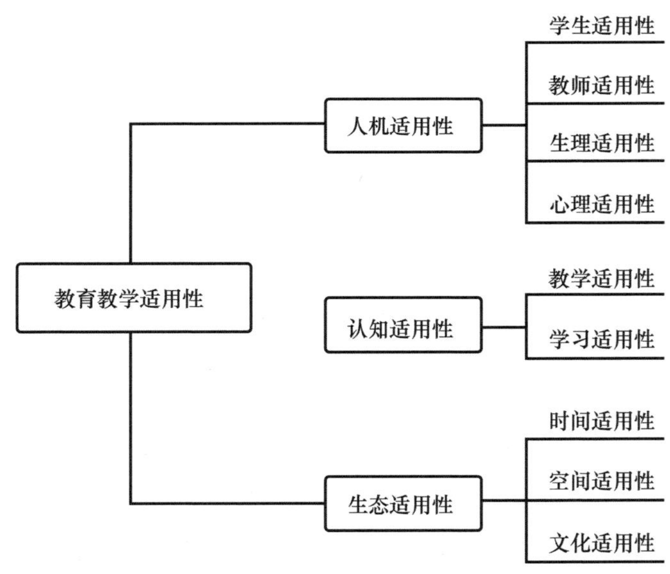

图 1－6 教育装备教育教学适用性指标体系构成

3. 对智能教育装备发展的借鉴

人类经历了数千年的农业化时代、数百年的工业化时代、数十年的信息化时代，即将进入智能化时代。智能化社会是从信息化社会脱胎出来的，信息技术必将被人工智能技术取代，取代的过程是渐变的，如图1－7所示，图中的IT为信息技术，AI（T）为人工智能技术。教育现代化需要反映它当前所处时代的特征，信息化时代的教育应该表现为教育信息化，智能化时代的教育必然应该表现为教育的智能化。人工智能同样包括人工智能科学和人工智能技术，智能化也就必然包括人工智能科学化与人工智能技术化，所以教育智能化的本质也就必然是教育装备的人工智能技术化。人工智能技术化的教育装备简称智能教育装备，智能教育装备的发展体现着教育智能化的本质，教育智能化发展必须借鉴教育信息化发展的经验和理论。

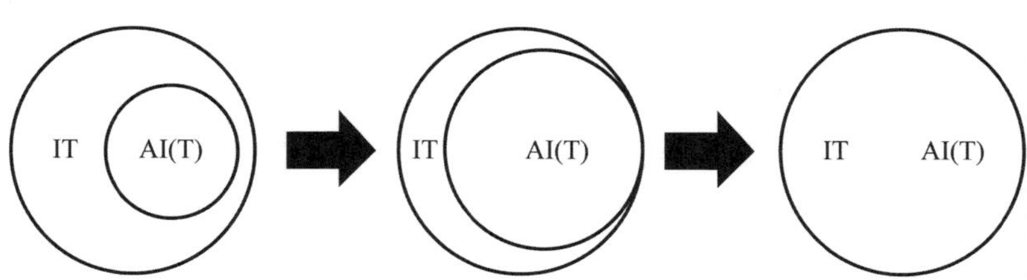

图1－7　人工智能技术与信息技术的渐变关系

本质与现象是揭示事物内部联系和外部表现相互关系的一对基本哲学概念，本质是事物的内部联系，是决定事物性质和发展趋向的东西；现象是事物的外部联系，是事物本质在各方面的外部表现。能够透过事物现象看到事物本质是进行理论研究的基本素质，而揭示事物的本质又是理论研究的基本内容。掌握了事物的本质后，对于控制和引导事物的进一步发展是十分必要的，理论无实践则空，实践无理论则盲，教育信息化要健康而科学地发展，没有基础理论支持是不行的。揭示教育信息化的本质是推进教育信息化发展的有力保障。

三 教育现代化与教育装备现代化

教育的现代化依靠教育装备的现代化是从逻辑理性与历史理性两方面论证的。从逻辑性方面考虑，“教育教学装备是教书育人的必要条件”，这里强调了必要性而不是充分性，这意味着对于教育现代化来说没有教育装备的现代化是不行的，但是仅有教育装备的现代化也是不行的，教育现代化除了教育装备这个条件外还必须具备其他条件。对必要条件的解释就是“没有它不行，但有它不一定行”，只有当必要性和充分性都具备的情况下事物才具有了完备性。从历史性方面考虑，则存在一个非常典型的案例：中国古代东汉时期中央集权，当时只有官学而不存在民校。到西汉时期诸侯割据，作为当时教育装备的兵器、乐器、礼器、车马等器物散落民间，民校具备了办学条件，民办教育兴起，于是才有了孔子办学和此后中国的教育发展。教育的发展必须依靠教育装备的发展，教育的现代化也必然依靠教育装备的现代化，这是个不争的事实。

（一）教育装备现代化是一个过程

教育装备现代化不是一个目标，而是一个发展过程，这涉及对“现代化”的理解。其中“化”是“使之成为”的意思，“现代化”就是“使之成为现代的”，教育装备现代化就是“使教育装备成为现代的”。“教育教学装备是教书育人的必要条件”，所以人们普遍认为教育的现代化依靠教育装备的现代化。但是，如果问什么样的教育装备才是现代的，则这是一个没有量化指标、无法进行科学测量、不好做出客观评价的事物。因此，它不能成为一个目标，而只是在发展过程中呈现出不同阶段的特点。

现代的事物应该具有现代性，德国哲学家、社会学家马克斯·韦伯认为社会现代性的本质在于它的理性化。而理性化又可以分为工具理性（或科技理性）、历史理性与人文理性三个方面。其中，工具理性是从科学技术发展的角度反映事物的现代性，历史理性是从历史发展的角度反映事物的现代性，人文理性则是从人性发展的角度反映事物的现代性。以下我们从这三个不同的角度来描述教育装备的现代化发展进程。

（二）教育装备现代化的发展进程

无论从哪种理性化角度去分析教育装备的现代化发展，都可以将它分为三个阶段，分别描述如下。

从工具理性出发，教育装备现代化发展可以分为三个阶段：（1）教育装备现代化1.0，也可称为教育装备的电气化阶段，其代表性事件是“三机一幕”（录音机、电视机、光学投影仪、投影幕）进课堂以及计算机辅助教学（CAI，Computer Aided Instruction）。（2）教育装备现代化2.0，也可称为教育装备的信息化阶段，其代表性事件是基于互联网（Internet）的远程教学或网络教学，MOOCs、微课程、翻转课堂等新科技和新模式都是这个阶段的典型产物。（3）教育装备现代化3.0，也可称为教育装备的智能化阶段，其预期的代表性事件是教学软硬件智能机器的出现，大数据、云计算、智能终端教学设备等将会在教育教学中发挥重要作用。

从历史理性出发，教育装备现代化发展也可分为三个阶段：（1）教育装备前现代阶段，它对应教育装备现代化1.0时期。（2）教育装备现代阶段，它对应教育装备现代化2.0时期。（3）教育装备后现代阶段，它对应教育装备现代化3.0时期。这一阶段划分的方法仅是在概念上的操作，并没有太大的实际意义。真正能够反映教育装备现代化发展本质的阶段划分应属于人文理性的现代性描述。

从人文理性出发，教育装备现代化发展体现着其人本主义的渐进过程，它仍可分为三个阶段：（1）简单教育装备阶段。该阶段的典型教学装备代表就是黑板与粉笔，它们结构简单、容易掌握，可以很快地与使用者完美地融合在一起，在整个教学过程中它们显得渺无痕迹。该阶段，人们在观念上并没有必要将这些简单装备加以重视。（2）复杂教育装备阶段。该阶段的最大特点是由于科学技术水平的提高，大量电气化、信息化的教学装备进入校园，它们功能强大但结构复杂，对使用者的要求高，使用时必须具有一定的专业知识和技能才能够熟练操作。同时，为了能够使它们在教学中真正发挥作用，人们花费了大量心血，对教师和学生提出了装备与教学整合、融合以及高度融合的要求。教育装备的复杂性也将它的配备采购和日常管理人员带入了困境，人们在为学校教育装备的建设、配备、采购、使用、管理的各个方面投入了大量的精力。这个阶段的教育装备显然不是以人为本的，因为它们的出现不是立刻适用于人，而是要求人要主动适应它们。该阶段，人们在教育装备发展的观念上出现了混乱，将大量教学装备闲置和不能充分发挥教学作用的问题归咎于教师和学生的应用水平以及管理者的管理水平。从人文理性角度考虑，这样的教育装备不是人本主义的，而是表现出以物为中心的思维观念。目前，人们开始从这种观念中逐渐脱离出来，教育装备发展正在走向更加高级的阶段。(3) 高级教育装备阶段,它对应着教育装备现代化3.0，也可称为教育装备后现代阶段，该阶段可以视为教育装备发展的最高境界。

（三）教育装备发展的最高境界

对教育装备发展理论的研究可称为“教育装备之论道”，即从人文本性上对教育装备做出概念与价值界定。“形而下者谓之器，形而上者谓之道”，一个事物发展的最高境界必然是使其处于“无形”之中。教育装备的发展也是这样，它发展到最高境界的“无形”主要表现在两个方面：(1) 性能上的“渺无痕迹”；(2) 功能上的“智能涌现”。对教育装备的质量要求包括性能质量、功能质量和安全质量，高级教育装备阶段的产品质量除了安全性方面的一致性要求外，在性能上和功能上必须具有本质上的改变与提高。

性能上的渺无痕迹是指此时的教育装备在日常的教学中和教师的备课中，就像简单教育装备阶段对待粉笔、黑板以及课桌椅一样，使用者不必顾及它们的存在，不用时时考虑粉笔怎样使、黑板怎样擦、课桌椅怎样摆放等问题。与复杂教育装备阶段不同，教育装备与教学课程的整合、融合以及高度融合不再是对使用者（教师与学生）提出的要求，而是对教育装备产品的开发者、设计者、生产者的标准规定，是对产品性能的标准规定，教育装备产品必须能够经受教育教学过程的严格考验，它们的功能得到充分体现，但在性能上就如不存在一样地处于“无形”的状态之中。这样的教育装备才能称得上是

“以人为本”和“以学生为本”的，才是人文理性现代化发展的最高境界。

功能上的智能涌现是教育装备构成智能化系统的最突出要求和表现。人类大脑是一个复杂系统，复杂系统具有非线性、自组织、功能涌现（Emergence）等特点。人的每一个行为（语言和行动）都是受到大脑支配所产生的，但是人们却无法溯源那个支配行为的指令，不知道它是从哪个脑细胞或神经元发出的，这一智能效果是整个大脑系统的整体作用，该现象被称为大脑的功能涌现。20 世纪，德国心理学家创立了格式塔（Gestalt）理论，称为格式塔学派；其理论强调经验和行为的整体性，认为整体不等于部分之和，而是“1 + 1 >2”。功能涌现在军事装备上有一个非常典型的实例：央视的一档军事节目中，几个军事装备专家谈论各国武器装备的特点，他们认为美国武器装备的各个组成部件都是制作精良的，其系统整体表现同样是十分精良的；印度武器装备的各个组成部件也都是制作精良的，可整体表现却十分拙劣；而俄国武器装备的各个组成部件显得十分粗糙，但是其系统整体功能和性能上却表现得十分优秀。俄国武器装备反映了复杂系统功能涌现的特点，是系统化思维范式的具体体现。教育装备现代化发展到高级阶段，人工智能、大数据、云计算等技术为教育装备的系统化设计奠定了基础，人们开始有条件与有机会设计、开发、制造出具有功能涌现特点的辅助教学装备系统。教育装备系统的这一功能涌现同样是产生于“无形”之中，因为人们无法分辨该系统中具体是哪一个部件发挥着实现这一功能的根本作用，系统的功能是该系统的整体表现。

实现性能上渺无痕迹与功能上智能涌现的教育装备并不是天方夜谭，它正在被人们关注和研究。其实，2018 年春季在北京昌平一次名为“集结 再出发”的 ITE 平台企业交流活动中，各个分论坛的众多企业介绍了自己的新技术，具有上述性能与功能的教育装备软硬件产品已经开始出现，高级教育装备春天的气息正在临近，教育装备现代化 3.0 时代即将到来。

第三节 教育装备理论研究趋势

教育装备理论是教育装备研究领域的核心内容，是决定教育装备能否科学健康发展的原动力，同时也是教育理论研究的重要组成部分。衡量教育装备理论研究状态的最佳手段是通过对相关理论文献的统计分析，本书利用超星发现网站（网址：http：//www. zhizhen. com）对相关理论文献进行检索，并对检索到的文献作出较为细致的分析。

一 教育装备理论中文文献分析

对教育装备理论中文文献的统计使用了超星发现的“高级检索”；语种选择了“中文”；文献类型分别选择了“图书”“期刊”“报纸”“学位论文”和“会议论文”五类；关键词选择了“教育装备”，且为“主题”和“精确”定位；检索起止年份不限。此次统计数据截止日期为2019年5月10日。

（一）教育装备理论中文文献种类与时段分布

对教育装备理论中文文献检索的结果做了时段划分，根据文献出现的情况将时段共计分为四个年代阶段：1980年至1989年、1990年至1999年、2000年至2009年、2010年至2019年。表1－4显示了图书、期刊、报纸、学位论文和会议论文在上述四个时段出版、发表和刊出的数量分布情况。其中，还统计了出版、发表和刊出的各种文献的总数和总被引频次，并且用这两项计算了平均被引频次，即平均被引频次＝总被引频次/文献总数。

从表1－4开列的数据可以看出，发表的期刊论文数量和总被引频次最多，分别为21763篇和46686次，但是平均被引频次不是最高，为2.1452次/篇。平均被引频次最高的是学位论文，为2.8167次/篇，可认为学位论文研究问题在教育装备领域的被关注度相对要更加高一些。但是，学位论文中博士论文的占比很小，仅为3篇，其他57篇都是硕士学位论文。

表1－4　　教育装备理论中文文献种类与时段分布

项　目	总数（部/篇）	1980—1989年	1990—1999年	2000—2009年	2010—2019年	总被引频次	平均被引频次
图书著作	46	0	1	4	41	57	1.2391
期刊论文	21763	1	69	6408	15285	46686	2.1452
报纸文章	1243	0	1	114	1128	6	0.0048
学位论文	60	0	0	24	36	169	2.8167
会议论文	164	0	0	51	113	35	0.2134

（二）教育装备理中文论文献时段变化趋势

为了能对教育装备中文文献发展的趋势有一个较为直观的认识，此处对表1－4中各个时段的数据进行了可视化处理，图1－8至图1－12分别为出版、发表和刊出图书著作、期刊论文、报纸文章、学位论文以及会议论文不同年代数量的分布情况。从图中可以明显看出，所有五种文献数量随年代的递增呈现快速上升的趋势，反映出在教育装备理论研究方面发展十分迅速，前景看好。

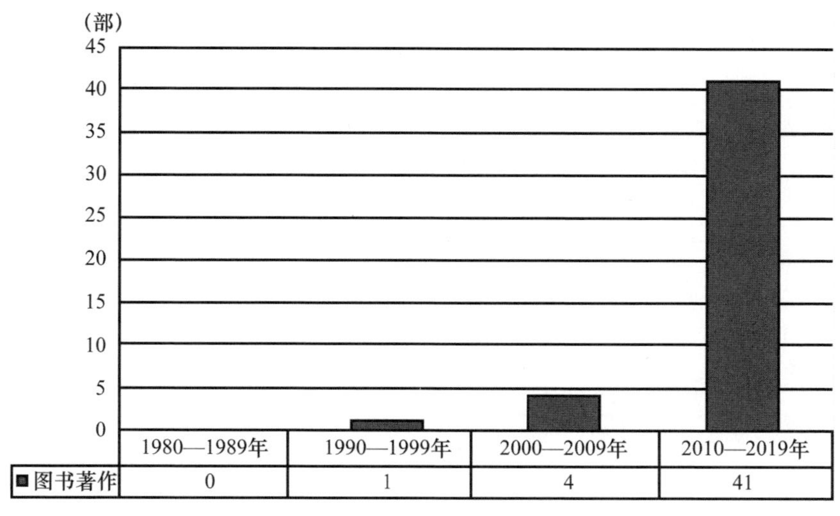

图1－8　1980年至2019年发表教育装备图书著作情况

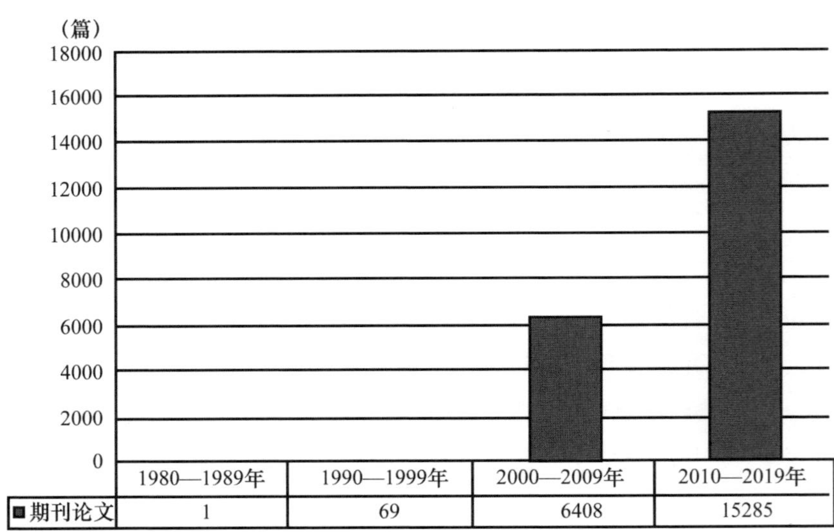

	1980—1989年	1990—1999年	2000—2009年	2010—2019年
■期刊论文	1	69	6408	15285

图 1－9　1980 年至 2019 年发表教育装备期刊论文情况

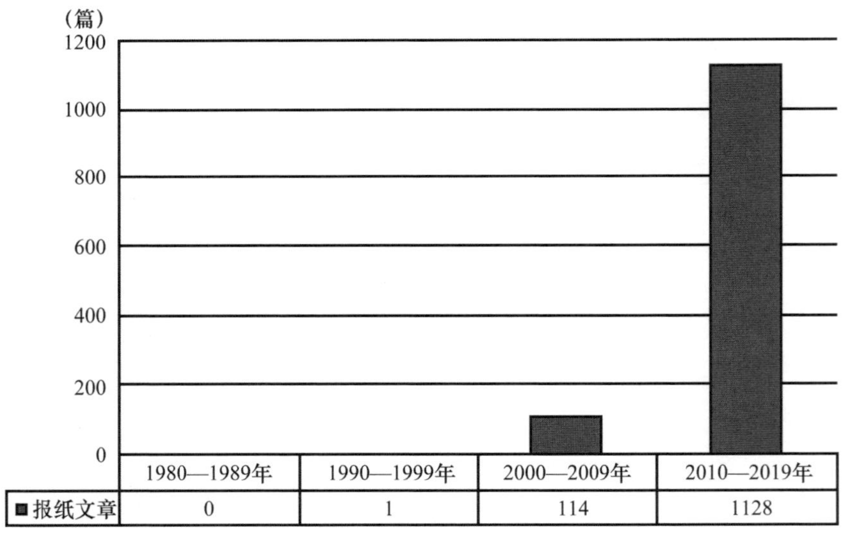

	1980—1989年	1990—1999年	2000—2009年	2010—2019年
■报纸文章	0	1	114	1128

图 1－10　1980 年至 2019 年刊登教育装备报纸文章情况

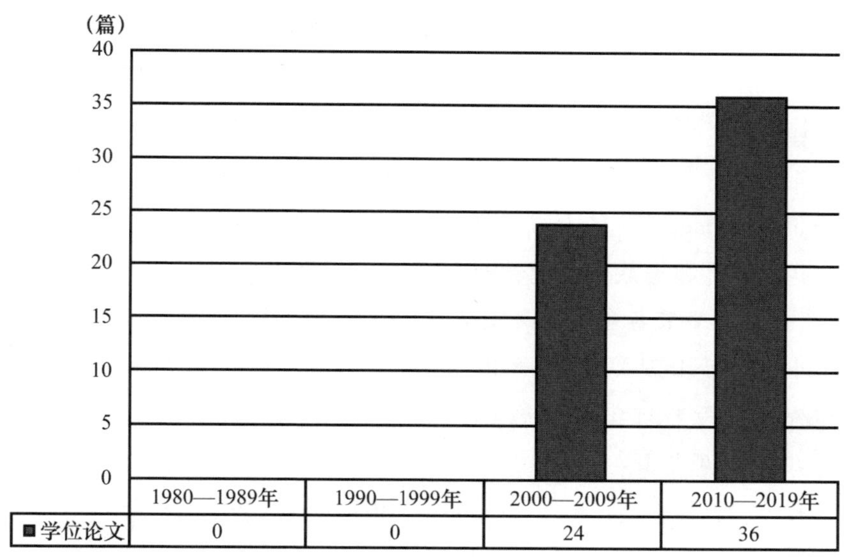

	1980—1989年	1990—1999年	2000—2009年	2010—2019年
■学位论文	0	0	24	36

图 1－11　1980 年至 2019 年完成教育装备学位论文情况

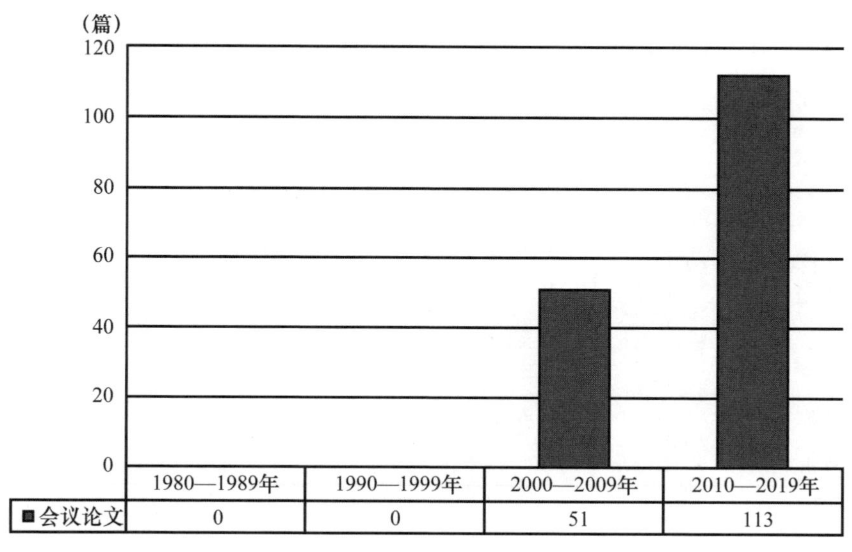

	1980—1989年	1990—1999年	2000—2009年	2010—2019年
■会议论文	0	0	51	113

图 1－12　1980 年至 2019 年刊出教育装备会议论文情况

二　教育装备理论外文文献分析

对教育装备理论外文文献的统计使用了超星发现的“高级检索”；语种选择了“外文（默认全部语种检索）”；文献类型分别选择了“图书”“期刊”“学位论文”和“会议论文”四类；关键词选择了“educational equipment”，且为“主题”和“精确”定位；检索起止年份不限。此次统计数据截止日期为 2019 年 5 月 10 日。

（一）教育装备理论外文文献种类与时段分布

外文文献出现关键词“educational equipment”的时间比较早，所以在统计时段上将年代扩展到了 1950 年之前，共计分为 8 个时段，分段方式详见表 1－5。在进行数据检索时，超星发现网站所提供图书著作情况的最后时段为 2010—2013 年，所以最后一个时段（2010—2019 年）出版图书的数量要比前一个时段小。对期刊论文、学位论文、会议论文的统计只到 2019 年 5 月 10 日，没有到 2019 年年底，所以期刊论文在最后一个时段的数量上略小于前一个时段。从总体上看，各类文献出版、发表和刊出的数量也基本上呈现出逐年上升的趋势。

表 1－5　**教育装备理论外文文献分时段统计**　单位：部/篇

项目	1950 年以前	1950—1959 年	1960—1969 年	1970—1979 年	1980—1989 年	1990—1999 年	2000—2009 年	2010—2019 年
图书著作	11	4	21	95	403	461	1049	609
期刊论文	53	16	259	2353	1777	1511	2283	1869
学位论文	0	0	0	0	2	9	14	268
会议论文	0	0	0	2	1	38	153	261

表 1－6 是教育装备理论外文文献出版、发表和刊出的总量以及总被引频次和平均被引频次，由于超星发现网站仅提供了期刊论文和学位论文的总被引频次，所以也就只对它们做出了平均被引频次的计算。

表 1－6　　　　教育装备理论外文文献总量及平均被引频次

项目	总数（部/篇）	总被引频次	平均被引频次	备注
图书著作	2708			网站未提供总被引频次
期刊论文	10201	5677	0.5565	
学位论文	293	5	0.0171	其中博士学位论文数量为 167
会议论文	555			网站未提供总被引频次

（二）教育装备理论外文文献与中文文献对比

将检索和统计得到的教育装备理论外文文献和中文文献进行对比分析是一件很有意义的工作，通过实际对比，可以发现以下规律。

（1）从出版、发表和刊出的时间上看，教育装备外文文献要早于中文文献很多，所以外文文献出现的时间可以追溯到 1950 年之前，而中文文献大多出现在 1990 年之后。以教育装备图书著作出版情况为例：中文图书著作出现最早的为 1999 年赵维东主编由山东教育出版社出版的《教育装备校办产业政策法规实用指南》一书，而外文图书著作出现最早的是 1921 年 Fannie Wyche Dunn 编著的由 Teachers College，Columbia University 出版的 *Educative equipment for rural schools*（农村学校教育装备）。

（2）从出版、发表和刊出的数量上看，教育装备中文文献和外文文献相比各有不同。外文图书著作的数量（总数 2708 本）要远大于中文图书著作数量（总数 46 本）；这与检索范围有关，外文文献检索时没有限定语种，实际为全世界范围。外文期刊论文的数量（总数 10201 篇）未达到中文期刊论文数量（总数 21763 篇）的一半。外文学位论文的数量（总数 293 篇）要大于中文学位论文数量（总数 60 篇），而且外文学位论文中博士学位论文的数量达到 167 篇，占比为 57%；中文学位论文中博士学位论文的数量仅为 3 篇，占比为 5%。外文会议论文的数量（总数 555 篇）也要比中文会议论文的数量（总数 164 篇）多，这也与检索范围有关。

（3）从平均被引频次上看，教育装备中文文献要比外文文献好很多。中文期刊论文的平均被引频次为2.1452，外文期刊论文的平均被引频次仅为0.5565，中文期刊论文被引频次是外文期刊的将近4倍；中文学位论文的平均被引频次为2.8167，而外文学位论文的平均被引频次仅为0.0171，前者是后者的近165倍。期刊论文与学位论文在一个研究领域反映出的理论水平都是比较高的，中外文献平均被引频次的差异性说明，中国在教育装备理论研究的被关注度上和研究水平上都是远高于国外的。

（4）从发展趋势上看，中文文献与外文文献表现不同，此处仅对教育装备中外文期刊论文和学位论文进行比较。为了能够使得比较有效，作图时只取了与目前最近的四个时段。图1－13是中外教育装备期刊论文发展趋势曲线，中文期刊论文数量的逐时段变化幅度远大于外文期刊论文数量，用Excel电子表格的线性曲线拟合可以计算出中文期刊论文数量逐时段变化率高达5219，外文期刊论文数量逐时段变化率仅为104.8。图1－14是中外教育装备学位论文发展趋势曲线，中文学位论文数量的逐时段变化幅度远小于外文学位论文数量，用Excel电子表格线性曲线拟合计算出的中文学位论文数量逐时段变化率仅为13.2，而外文学位论文数量逐时段变化率已达到80.3。

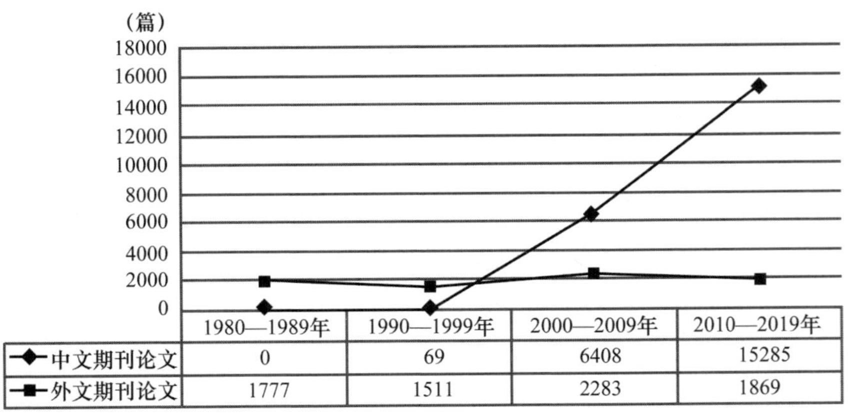

	1980—1989年	1990—1999年	2000—2009年	2010—2019年
中文期刊论文	0	69	6408	15285
外文期刊论文	1777	1511	2283	1869

图1－13　中外教育装备期刊论文发展趋势比较

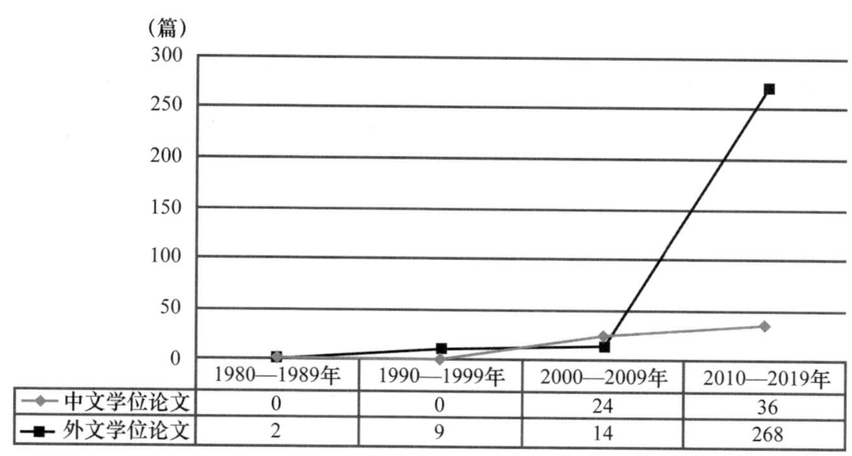

	1980—1989年	1990—1999年	2000—2009年	2010—2019年
中文学位论文	0	0	24	36
外文学位论文	2	9	14	268

图 1－14　中外教育装备学位论文发展趋势比较

三　教育装备中文学位论文特点分析

前文提到，教育装备学位论文研究问题在教育装备领域的被关注度相对要更加高一些，所以对教育装备学位论文特点进行分析将有助于教育装备理论研究。

（一）教育装备中文学位论文涉及内容分布

通过对教育装备学位论文研究内容的分析，可以发现其大致分为以下五个类型：

（1）教育装备质量管理。其中包括学校仪器设备设施的政府采购问题，学校仪器设备的运行维护问题，学校仪器设备管理的人员配备与人才培养问题以及教育装备的设计开发问题等。

（2）教育装备测量评价。其中包括学校仪器设备功能、性能的测量与评价，教育装备应用的绩效评价，教育装备的均衡性发展测量与评价，等等。

（3）教育装备标准化。其中包括教育装备标准的制定，教育装备标准化发展研究等内容。

（4）实验教学。其中包括高校的实验教学中仪器设备的使用，中小学实验教学的教学模式研究等内容。

（5）教育装备信息化与智能化。其中包括教育装备信息化（软件）

设计，教育装备信息化发展趋势研究，教育装备智能化设计等内容。

表1－7开列了学位论文上述五种研究内容数量的分布情况，数量最多的是教育装备质量管理方面的论文，其次为教育装备信息化与智能化方面的论文，最少涉及的是教育装备标准方面的内容，论文数量仅为两篇。

表1－7　**学位论文涉及内容分布**

研究内容	质量管理	测量评价	装备标准	实验教学	信息化与智能化
论文数量（篇）	31	6	2	5	16

（二）教育装备中文学位论文层次分布

教育装备中文学位论文共计60篇，其中博士论文的数量仅为3篇，占比为5%；其他为硕士论文，共57篇，占比为95%。博士论文数量少说明教育装备理论研究水平还不够高，研究深度还欠深入。

（三）教育装备中文学位论文作者单位分布

表1－8开列了教育装备中文学位论文作者单位的分布情况，论文最多的单位为首都师范大学，论文数量达到了12篇之多，占比为20.0%；其次为浙江师范大学，论文数量为4篇，占比6.7%；论文数量为2篇的单位共有9个；论文数量为1篇的单位最多，共有26所高等院校。

表1－8　**学位论文作者单位及数量**

学校名称	论文数量（篇）	学校名称	论文数量（篇）
首都师范大学	12	浙江师范大学	4
中国人民大学	2	对外经贸大学	2
辽宁师范大学	2	吉林大学	2
华东师范大学	2	南京大学	2
南京师范大学	2	山东大学	2
南昌大学	2	（其他）	1

此处对教育装备理论研究状态进行了统计，并且分析了其发展趋势。同时，还对中外教育装备理论研究文献进行了数量和发展趋势的对

比分析，从中得出该领域理论研究的现状和估计出其发展方向。以上综述为教育装备的理论研究内容和发展方向提供了具有一定价值的参考。

第四节　教育装备理论研究内容

教育装备研究领域的五大课题为：装备管理、测量评价、装备标准、实验教学以及教育装备的信息化与智能化，这个结论是作者在《教育装备理论研究状态综述》一文中通过数据分析得出的。本书将进一步通过数据分析来验证该结论，并对它作出更加详尽的剖析，同时对其发展方向进行预测。文中使用的数据仍然来自超星发现网站（网址：http：//www. zhizhen. com）。

一　教育装备五大课题研究状态

对教育装备研究五大课题的统计使用了超星发现的“高级检索”；语种选择了“中文”；文献类型选择了“期刊”；关键词选择了“教育装备”并分别与“管理”“评估”“标准”“实验教学”“信息化”和“智能化”，且选择了“主题”和“精确”定位；检索起止年份不限。此次统计数据截止日期为2019年5月20日。此次检索仅选择了期刊论文作为研究对象，其原因是在教育装备中文文献中（图书著作、期刊论文、报纸文章、学位论文、会议论文），以期刊论文的数量最多（数量超过了两万篇），更加具有统计意义。

（一）教育装备五大课题研究分布情况

教育装备应用的五大课题研究论文检索后统计结果开列在表1－9中。其中，为了能够使得反映问题更加清晰，处理时将第5课题教育装备的信息化与智能化分成了两个单独的项目。同时，对各个课题内容研究论文检索时使用的关键词也开列在表1－9中。统计时期分为3个时段，分别为1990年至1999年、2000年至2009年、2010年至2019年。另外，表中还开列了论文的总数和总被引频次，并且用这两项计算了平均被引频次，即平均被引频次＝总被引频次/文献总数。

从表1－9中的数据可见，研究教育装备管理的论文数量最多，达到 4074 篇；研究教育装备测量评价的论文数量最少，仅有 216 篇。教育装备信息化与智能化方面的研究论文数量不算最多，总数为 1733 篇，但是被引用率却比较高，信息化与智能化论文的平均被引频次分别为 4.00 和 3.37。

表 1 – 9　　教育装备五大课题研究论文各时段分布

课题序号	1	2	3	4	5	
课题名称	装备管理	测量评价	装备标准	实验教学	信息化	智能化
论文数量（篇）	4074	216	1369	2760	1607	126
总被引频次	9724	678	2817	5993	6428	425
平均被引频次	2.39	3.14	2.06	2.17	4.00	3.37
1990—1999 年数量（篇）	15	3	5	20	0	0
2000—2009 年数量（篇）	1309	58	249	753	327	36
2010—2019 年数量（篇）	2746	155	1115	1986	1280	90
检索关键词	教育装备 & 管理	教育装备 & 评估	教育装备 & 标准	教育装备 & 实验教学	教育装备 & 信息化	教育装备 & 智能化

（二）教育装备五大课题研究发展趋势

为了更加清晰地反映教育装备五大课题研究的发展趋势，将它们不同时间发表论文的数量做成了趋势线。其中，图 1 – 15 为分时段发展趋势，即分为 1990 年至 1999 年、2000 年至 2009 年和 2010 年至 2019 年共计 3 个时段。图中可见，除了测量评价外，各个课题相关论文 3 个时段的发表数量都呈现出快速上升的趋势。教育装备测量评价课题类论文的数量相对较少，趋势线虽然也有抬升，但较其他趋势线上升并不明显。

表 1 – 10 开列了 2010 年至 2018 年的教育装备研究五大课题论文的分布情况（2019 年未到年底，数据不全，不予统计），图 1 – 16 则显示了各个课题论文数量按年代的发展趋势曲线。由表 1 – 10 和图 – 16 可见，各个课题相关论文发表数量并未呈现出逐年快速上升的发展趋势，而是反映出比较平稳的情况，甚至教育装备管理与实验教学相关论文数量还表现出具有逐年下降的趋势。

图 1 – 15 与图 1 – 16 趋势线的区别反映出：对教育装备领域热点问

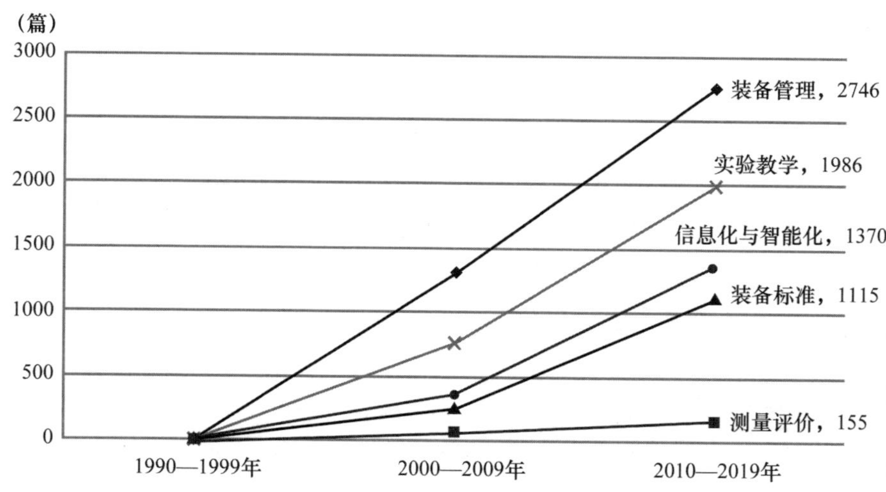

图 1－15 教育装备五大课题研究论文分时段发展趋势

题的研究是在近 10 年迅速发展起来的，而在这近 10 年之内的时间里问题研究的深度和广度都没有再度增加，关注点与研究方法趋同，研究问题趋于表面化。如果按照这样的趋势发展，预计下一个 10 年将会出现下降的情况。

表 1－10 教育装备五大课题研究论文各年分布 单位：篇

	装备管理	测量评价	装备标准	实验教学	信息化与智能化
2010 年	376	22	88	271	111
2011 年	361	28	115	311	119
2012 年	241	7	107	200	129
2013 年	307	17	115	198	171
2014 年	323	14	140	205	156
2015 年	296	10	140	196	156
2016 年	256	17	128	164	156
2017 年	259	19	139	168	170
2018 年	271	17	118	220	167

二 教育装备五大课题研究内容分析

前文分析了教育装备研究的五大课题分布与发展情况，以下对每个

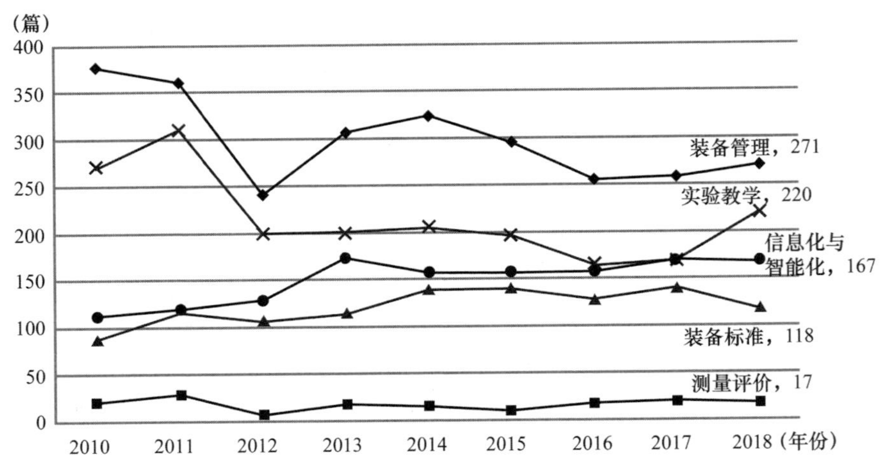

图 1－16　教育装备五大课题研究论文按年代发展趋势

课题研究的详细内容做进一步的阐述，从而可以对今后问题的研究建立一个较为清晰的目标和较为明确的方向。在处理方法上则是利用超星发现网站高级检索“可视化”后的“学术辅助分析系统”，帮助发现各个课题的“相关知识点”，再通过主要知识点筛选，即可得到每一个课题的详细研究内容。

（一）教育装备管理

教育装备管理课题的研究内容大致可以分为四类：教育装备的政府采购、仪器设备的运行维护、装备管理人才培养以及装备产品设计开发。表 1－11 开列了上述四类文章发表数量分时段和年代分布的情况，检索时使用的关键词放在了表格的最下面一栏。其中，装备产品设计开发的文章数量最多，为 430 篇，平均被引频次也最高，为 3.98。

表 1－11　　教育装备管理问题分布

	政府采购	运行维护	人才培养	设计开发
文章总数（篇）	261	58	365	430
总被引频次	473	170	679	1711

续表

	政府采购	运行维护	人才培养	设计开发
平均被引频次	1.81	2.93	1.86	3.98
1990—1999 年（篇）	1	0	1	0
2000—2009 年（篇）	112	16	104	139
2010 年（篇）	16	5	43	37
2011 年（篇）	19	4	31	35
2012 年（篇）	14	3	21	23
2013 年（篇）	21	4	19	32
2014 年（篇）	27	9	39	42
2015 年（篇）	15	8	28	30
2016 年（篇）	9	2	18	25
2017 年（篇）	8	2	31	24
2018 年（篇）	18	5	21	34
2019 年（篇）	1	0	8	9
2010—2019 年	148	42	259	291
关键词	教育装备 & 管理 & 采购	教育装备 & 管理 & 维修	教育装备 & 管理 & 人员	教育装备 & 管理 & 设计

（二）教育装备测量评价

教育装备测量评价课题的研究内容大致可以分为三类：装备（含软件）功能性能测评、装备应用绩效评估、教育装备均衡性测评；表 1－12 开列出了各类文章分时段和年代的分布情况。其中，装备功能性能测评类文章的数量相对较多，为 35 篇；而平均被引频次相对最高的是装备应用评估类文章，平均被引频次为 3.23。但是从总体看，教育装备测量评价课题的文章数量非常少，从图 1－15 和图 1－16 已经可以清楚地看到它在五大课题文章中的占比。出现这一现象的原因是教育装备测量评价相关的研究课题难度较大，涉及运筹学与管理科学的各种数学算法，使得更多的研究者对此却步。但是，教育装备研究的深入化与此课题内容具有很大的关系。

表 1－12　　**教育装备测量评价问题分布**

	功能性能	应用绩效	均衡测评
文章总数（篇）	35	13	5
总被引频次	100	42	8
平均被引频次	2.86	3.23	1.60
1990—1999 年（篇）	0	0	0
2000—2009 年（篇）	9	3	0
2010 年（篇）	4	3	0
2011 年（篇）	7	2	0
2012 年（篇）	1	1	1
2013 年（篇）	0	0	2
2014 年（篇）	2	3	0
2015 年（篇）	2	0	0
2016 年（篇）	1	0	1
2017 年（篇）	5	0	0
2018 年（篇）	4	1	1
2019 年（篇）	0	0	0
2010—2019 年（篇）	26	10	5
关键词	教育装备 & 评估 & 质量	教育装备 & 评估 & 绩效	教育装备 & 评估 & 均衡性

（三）教育装备标准化

教育装备标准化课题的研究内容大致可以分为三类：装备标准制定、装备标准化研究、装备标准发展；表 1－13 开列出了各类文章分时段和年代的分布情况。其中，研究教育装备标准发展类的文章相对较多，为 619 篇；而平均被引频次相对较高的是教育装备标准制定类的文章，平均被引频次为 2.51。

表 1－13　　**教育装备标准化问题分布**

	标准制定	标准化研究	标准发展
文章总数（篇）	101	518	619
总被引频次	253	1109	1414
平均被引频次	2.51	2.14	2.28

续表

	标准制定	标准化研究	标准发展
1990—1999 年（篇）	0	4	3
2000—2009 年（篇）	11	75	76
2010 年（篇）	11	36	28
2011 年（篇）	8	42	40
2012 年（篇）	4	44	40
2013 年（篇）	9	58	62
2014 年（篇）	13	64	56
2015 年（篇）	14	45	70
2016 年（篇）	10	40	77
2017 年（篇）	8	50	81
2018 年（篇）	11	46	66
2019 年（篇）	2	13	20
2010—2019 年（篇）	90	438	540
关键词	教育装备 & 标准 & 制定	教育装备 & 标准 & 标准化	教育装备 & 标准 & 发展

（四）实验教学

实验教学课题的研究内容大致可以分为三类：实验仪器设备配备、实验教学的教学模式、实验室（及实验基地）管理问题；表 1－14 开列了各类文章分时段和年代的分布情况。其中，研究实验室管理类的文章相对较多，为 630 篇；而平均被引频次相对较高的是实验教学模式研究类的文章，平均被引频次为 3. 40。

表 1－14　　实验教学相关问题分布

	仪器设备	教学模式	实验室管理
文章总数（篇）	149	250	630
总被引频次	335	851	1906
平均被引频次	2. 25	3. 40	3. 03
1990—1999 年（篇）	5	0	5
2000—2009 年（篇）	52	59	208
2010 年（篇）	13	33	68

续表

	仪器设备	教学模式	实验室管理
2011 年（篇）	19	34	90
2012 年（篇）	10	19	42
2013 年（篇）	15	13	46
2014 年（篇）	14	8	45
2015 年（篇）	6	22	38
2016 年（篇）	5	21	26
2017 年（篇）	3	13	16
2018 年（篇）	7	25	36
2019 年（篇）	0	3	10
2010—2019 年（篇）	92	191	417
关键词	教育装备 & 实验教学 & 仪器设备	教育装备 & 实验教学 & 教学模式	教育装备 & 实验教学 & 实验室

（五）教育装备信息化与智能化

为了使问题更加清晰，此处将教育装备信息化与智能化课题分成了信息化、智能化两部分，又进一步分为四类研究内容：装备信息化设计、装备信息化发展、装备智能化设计、装备智能化发展；表 1－15 开列了各类文章分时段和年代的分布情况。其中，反映教育装备信息化发展类的文章数量最多，达到了 854 篇；平均被引频次最高的是教育装备智能化发展类文章，平均被引频次达到 7.95；而教育装备信息化设计类文章的平均被引频次也很高，达到了 7.78。

表 1－15　**教育装备信息化与智能化问题分布**

	信息化设计	信息化发展	智能化设计	智能化发展
文章总数（篇）	178	854	32	41
总被引频次	1384	4729	52	326
平均被引频次	7.78	5.54	1.63	7.95
1990—1999 年（篇）	0	0	0	0
2000—2009 年（篇）	35	145	9	10
2010 年（篇）	19	51	4	2

续表

	信息化设计	信息化发展	智能化设计	智能化发展
2011 年（篇）	6	63	3	0
2012 年（篇）	16	66	1	0
2013 年（篇）	19	88	4	6
2014 年（篇）	22	82	2	4
2015 年（篇）	18	85	4	1
2016 年（篇）	8	79	0	4
2017 年（篇）	15	97	2	4
2018 年（篇）	15	75	2	10
2019 年（篇）	5	23	1	0
2010—2019 年（篇）	143	709	23	31
关键词	教育装备 & 信息化 & 设计	教育装备 & 信息化 & 发展	教育装备 & 智能化 & 设计	教育装备 & 智能化 & 发展

三　教育装备课题研究的其他分布情况

表 1－16 至表 1－20 分别开列了教育装备研究五大课题在文章重要收录、作者所在机构、主要发表刊物、作者所在省市以及文章支持基金等 5 个项目的分布情况。表中列出了各个项目的具体内容，统计了各个具体分项目的相关论文篇数，同时计算了各个具体分项目的文章数量占论文总数的比例。

表 1－16　　教育装备管理研究论文分布情况

项目	分项目	篇数（篇）	占比（%）
重要收录	中文核心期刊	70	1.72
	统计源期刊	40	0.98
	CSSCI 索引	40	0.98
	CSCD 索引	18	0.44
	A 类期刊	9	0.22
	EI 索引	3	0.07

续表

项目	分项目	篇数（篇）	占比（%）
作者机构	浙江省教育装备和勤工俭学管理中心	58	1.42
	首都师范大学	45	1.10
	华东师范大学	42	1.03
	北京工业大学	37	0.91
	山东农业大学	34	0.83
主要刊物	中国现代教育装备	2318	56.90
	中国教育技术装备	298	7.31
	实验教学与仪器	180	4.42
	教学仪器与实验	122	2.99
	浙江教育技术	39	0.96
主要省市	北京市	398	9.77
	广东省	187	4.59
	江苏省	168	4.12
	山东省	136	3.34
	浙江省	91	2.23
基金项目	省市基金项目	48	1.18
	国家教育部基金	26	0.64
	国家自然科学基金	9	0.22
	国家社会科学基金	9	0.22

表1-17　教育装备测量评价研究论文分布情况

项目		篇数（篇）	占比（%）
重要收录	中文核心期刊	17	7.87
	CSSCI索引	17	7.87
	统计源期刊	8	3.70
	A类期刊	2	0.93
	CSCD索引	1	0.46
作者机构	华东师范大学	12	5.56
	首都师范大学	5	2.31
	江苏技术师范学院	4	1.85
	南京工程学院	3	1.39

续表

项目		篇数（篇）	占比（%）
主要刊物	中国现代教育装备	107	49.54
	中国教育技术装备	17	7.87
	教学仪器与实验	9	4.17
	实验教学与仪器	6	2.78
	中小学实验与装备	4	1.85
主要省市	北京市	23	10.65
	江苏省	17	7.87
	上海市	13	6.02
	广东省	7	3.24
	河南省	6	2.78
基金项目	省市基金项目	6	2.78
	国家教育部基金	3	1.39
	国家自然科学基金	1	0.46
	国家社会科学基金	1	0.46

表 1－18　**教育装备标准化研究论文分布情况**

项目		篇数（篇）	占比（%）
重要收录	中文核心期刊	35	2.56
	CSSCI 索引	34	2.48
	统计源期刊	17	1.24
	CSCD 索引	10	0.73
	A 类期刊	6	0.44
作者机构	华东师范大学	44	3.21
	首都师范大学	30	2.19
	北京市教育技术设备中心	14	1.02
	浙江省教育装备和勤工俭学管理中心	13	0.95
	北京师范大学	11	0.80
主要刊物	中国现代教育装备	651	47.55
	中国教育技术装备	89	6.50
	实验教学与仪器	61	4.46
	教学仪器与实验	55	4.02
	中小学数学（小学版）	34	2.48

续表

项目		篇数（篇）	占比（%）
主要省市	北京市	85	6.21
	上海市	51	3.73
	江苏省	29	2.12
	广东省	20	1.46
	山东省	15	1.10
基金项目	国家教育部基金	27	1.97
	国家社会科学基金	19	1.39
	省市基金项目	9	0.66
	国家自然科学基金	1	0.07

表 1-19　实验教学研究论文分布情况

项目		篇数（篇）	占比（%）
重要收录	中文核心期刊	6	0.22
	统计源期刊	5	0.18
	CSSCI 索引	2	0.07
	CSCD 索引	1	0.04
作者机构	山东农业大学	54	1.96
	广东工业大学	33	1.20
	首都师范大学	26	0.94
	泰山医学院	24	0.87
	甘肃省教育装备办公室	23	0.83
主要刊物	中国现代教育装备	1667	60.40
	实验教学与仪器	485	17.57
	教学仪器与实验	64	2.32
	中国教育技术装备	55	1.99
	中小学实验与装备	23	0.83
主要省市	北京市	187	6.78
	广东省	163	5.91
	山东省	143	5.18
	江苏省	106	3.84
	河南省	83	3.01

续表

项目		篇数（篇）	占比（%）
基金项目	省市基金项目	60	2.17
	国家教育部基金	14	0.51
	国家自然科学基金	6	0.22
	国家社会科学基金	2	0.07

表 1－20 **教育装备信息化与智能化研究论文分布情况**

项目		篇数（篇）	占比（%）		篇数（篇）	占比（%）
重要收录	CSSCI 索引	59	3.67	中文核心期刊	4	3.17
	中文核心期刊	51	3.17	CSSCI 索引	4	3.17
	统计源期刊	24	1.49	统计源期刊	1	0.79
	CSCD 索引	13	0.81			
	A 类期刊	3	0.19			
作者机构	华东师范大学	78	4.85	华东师范大学	5	3.97
	首都师范大学	36	2.24	首都师范大学	3	2.38
	北京工业大学	7	0.44	广东女子职业技术学院	2	1.59
	河北师范大学	7	0.44	北京师范大学	2	1.59
	北京师范大学	6	0.37	南京工程学院	2	1.59
主要刊物	中国现代教育装备	937	58.31	中国现代教育装备	86	68.25
	中国教育技术装备	70	4.36	职业	2	1.59
	中国教育信息化	44	2.74	办公自动化	2	1.59
	实验教学与仪器	31	1.93	实验教学与仪器	2	1.59
	教学仪器与实验	30	1.87			
主要省市	上海市	85	5.29	北京市	9	7.14
	北京市	82	5.10	江苏省	7	5.56
	广东省	37	2.30	上海市	6	4.76
	江苏省	36	2.24	浙江省	6	4.76
	山东省	18	1.12	山东省	5	3.97
基金项目	国家教育部基金	23	1.43	国家社会科学基金	1	0.79
	国家社会科学基金	20	1.24	国家教育部基金	1	0.79
	省市基金项目	18	1.12	省市基金项目	1	0.79
	国家自然科学基金	4	0.25			

通过对表 1－16 至表 1－20 中数据的分析可以看出以下特点。

（1）文章重要收录方面，主要集中在中文核心期刊（北大版）、CSSCI 中文社科引文索引、统计源期刊（中信所）、CSCD 中国科学引文库、A 类期刊等索引中，偶尔也出现在 EI 工程索引（美国）中。其中，文章篇数最多的为教育装备管理课题研究文章在中文核心期刊（北大版）中的刊出，数量为 70 篇，但占比只有 1.72%。占比最高的是教育装备测量评价课题研究的文章，虽然数量不多（仅 17 篇），但是在中文核心期刊和 CSSCI 中文社科引文索引中的占比都达到了 7.87%。进一步说明了前文认定教育装备测量评价课题研究为难度相对最大、深度相对最深结论的正确性。在文章重要收录方面的表现说明教育装备课题研究的总体水平非常低，需要大幅度提高研究水平。

（2）作者所在机构方面，主要集中在华东师范大学与首都师范大学两所高校。虽然也有不少其他高校和一些省市教育装备中心的作者出现，但是在全部五大课题研究论文上相对于前面两所高校出现得不够频繁。

（3）主要发表刊物方面，集中在中国现代教育装备、实验教学与仪器、教学仪器与实验、中国教育技术装备等杂志。其中，中国现代教育装备表现得最为突出，五大课题的载文量占比都接近或超过了 50%，最高达到了 68.25%（教育装备智能化课题）。其他杂志载文量和占比与其比相差甚远，不在一个数量级上，说明中国现代教育装备杂志办刊的专业水平相对较高。

（4）作者所在省市方面，论文作者主要集中在北京市、上海市、广东省、浙江省、江苏省等发达省市，其中北京市的占比最高。

（5）文章支持基金方面，主要集中在国家教育部基金、国家社会科学基金、省市基金、国家自然科学基金项目中，但是数量不多，占比很小，说明对教育装备研究的支持力度还有较大发展空间。

第二章　教育装备本体论

教育装备已经是一种客观存在的事物，但是它作为一个存在者，何以存在的理由却还没有从根本上论述清楚。讨论这个问题，其实就是在寻找教育装备存在的逻辑起点，是教育装备的本原学说，也就是教育装备本体论要解决的问题。在教育装备理论体系中，教育装备哲学是最难以驾驭的内容，而在教育装备哲学体系中，教育装备本体论又是最难以阐释的问题。教育装备本体论问题是如此地重要，同时论述起来又是如此地困难，而且又只能从哲学角度才可以将其论述清楚，因为哲学就是论述那些最难以表述而又必须阐述清楚的问题的学问。所以，教育装备本体论是教育装备哲学中最为核心的部分。

第一节　哲学本体论

哲学本体论（ontology）又被称为存在论、本原论、本根论等，它是研究存在者（being）何以可能存在（to be）的理由问题，所以也就是哲学研究的最为根本的问题。

一　本体论的词源分析①

本体论的英文词是 ontology，它来源于拉丁文词 ontologie；而最早是根据希腊词 on（存在）的复数 onta（诸存在者）加上 logos（学、学问、学科）构成，拉丁化后成为 ontologie；所以对它的直译应该是“存

① 王德峰：《哲学导论》，复旦大学出版社 2014 年版，第 51—63 页。

在学”或“存在论”。

中文将 ontologie 译为“本体论”，这出于对 ontologie 的中国式理解，“本体”一词则来源于佛教。西方哲学在本体论研究上是一个不断发展着的过程，被称为“前本体论”的研究是起源于公元前 7 世纪米利都学派对世界本原的探讨，研究者不断地追寻那个构成世界万物的物质本体（noumenon）。到公元前 6 世纪由巴门尼德学派开始建立了哲学本体论，研究存在者（being）的存在问题（to be）；而近现代从理性主义哲学发展来的存在主义哲学对存在问题又有了新的认识。所以，可认为将 ontologie 译为中文的“本体论”其认识还停留在“前本体论”阶段，英文词 ontology 与拉丁词 ontologie 更准确的译法应该是“存在论”才对。

二　存在者与其存在

研究存在者的存在是西方哲学最为核心的问题，从古希腊哲学家巴门尼德开创本体论（实为存在论），到近代西方哲学之父笛卡尔提出“我思故我在”的论断，再到现代德国哲学家海德格尔出版哲学专著《存在与时间》，存在问题一直就没有离开哲学研究的视线。巴门尼德的一个基本命题是“能被思维者和能存在者是同一的”[①]，也就是说，能被思维者即存在，能被思维者与能存在者满足数学同一律：能被思维者等同于能存在者。笛卡尔重点讨论人的存在问题，在他的《方法论》（中译《谈谈方法》）中论述了人的存在是由人的思维规定的[②]。海德格尔也重点讨论人的存在，他认为人的存在是时间性存在，时间则是人人都要面对那终将到来死亡而被思维（感悟）出来的[③]。虽然哲学本体论讨论的是存在（to be）问题而不是存在者（being），但是要想真正理解存在是无论如何不能将存在与存在者完全孤立开来的。

能被思维到者即存在，由于人类思维的复杂性，所以存在者的种类

---

① 王德峰：《哲学导论》，复旦大学出版社 2014 年版，第 63 页。

② ［法］笛卡尔：《谈谈方法》，王太庆译，商务印书馆 2000 年版，第 27 页。

③ ［德］马丁·海德格尔：《存在与时间》，陈嘉映、王庆节译，生活·读书·新知三联书店 2006 年版，第 298—306 页。

繁多，其中包括人们常见的万物，还包括人类通过思维建立起来的知识，甚至包括在人们心中想象出来的神（上帝、神龙等），它们都是能被思维到的存在者。中国哲学研究者将 being 译为“存在者”而不是“存在物”，这个译法是十分恰当的，因为“存在物”强调了被思维者的物质形态，而“存在者”既包括物质形态也包括思维形态。

三　存在者的存在形态

概念是人对事物本质的思维规定，界定存在者就是为不同的存在者建立各自的概念，所以建立概念的本质操作其实是在做聚类。聚类与分类不同，聚类是为未知类型的林林总总的事物或诸存在者进行崭新的类别划分，而分类是根据一个事物的本质属性将其放置到人们已经建立起来的类型框架中的恰当位置上去。讨论存在者的存在形态，就是讨论人类最初是如何对诸存在者进行聚类的。

（一）物质形态与思维形态

仅从存在者自身所具有的性质（其实严格地讲，这个自身性质也是人类给它加上去的）出发进行聚类，诸存在者的存在形态可被分为两种类型：一种存在者是通过人的眼、耳、鼻、舌、身五官（称为人的前五识）可以直接感知到的，以及能够进一步通过意识（称为第六识）而在思维中建立起概念的，这一类存在者被称为具有物质形态的存在者；另一种存在者是直接通过人的意识在人类头脑中建立的，它们不能被人的五官所感知，这一类存在者被称为具有思维形态的存在者，人们在形成意识时对这种存在者做了人为判定。

物质形态的存在者没有存在的正误之分，思维形态的存在者具有存在的正误之别，是哲学研究的主要对象。例如，下雨或晴天这些人类感知的现象都属于物质形态，人们不能对下雨或晴天作出谁对谁错的判断，也不能对晴雨现象本身所具有的正误性作出判断；而人类在晴雨现象中总结出的知识则都属于思维形态的存在者，由此得出的天气预报也是思维形态的存在者，它们显然都具有正误之别的性质。

区分存在者的物质形态与思维形态对于后面讨论教育装备所具有的物质形态特征的理解是非常重要的。

（二）主体形态、客体形态与中间体形态

从诸存在者之间的关系出发进行聚类，诸存在者的存在形态可被分为三种类型：主体形态、客体形态与中间体形态。其中，人类的存在形态是主体形态，人类之所以能够成为主体不是由谁来指派的，这是因为人类能将整个初始混沌的诸存在者作出思维规定，运用聚类区别了不同的存在者，并赋予了它们各自的概念，于是人类便成为主体，并具有主体形态。原来，主体之外的存在者就应该统称为客体了，它们都具有客体形态。但是就诸存在者之间的关系进行区分，除了那些被主体所关注、作用与改造的客体以外，还有一类能够帮助主体去关注、作用与改造客体的存在者，它们既不是主体也不能被称为客体，它们具有中间体的形态，是主体与客体之间的中间体，在人类发展史上被称为工具（或工具/装备）。

需要特别指出，在其他的哲学著作中并没有提出中间体的概念，只有主体（subject）与客体（object）之分。作者在这里提出中间体的概念是认定作为中间体形态的工具/装备在人类发展的历程中有着非常重要的推动作用，必须将它单独拿出来作为一种存在者和存在形态进行研究。另外，从其他角度考虑也需要特别指出，当人类主体关注、作用与改造一些工具时，这些工具就不再是中间体，它们成为人类的关注、作用与改造的对象，变成了客体；只有当人类主体利用它们来关注、作用与改造其他客体时，它们才是中间体。指出这一点的目的是希望在本书后面讨论教育装备的存在形态时对它形态的转换问题能够有助于理解。

主体可以直接作用于客体，也可以借助中间体作用于客体，它们三者之间具有图 2－1 所示的关系。

（三）资源形态

从存在者主体的生存需要出发进行聚类，人类主体之外的客体与中间体诸存在者被称为资源，资源是人类主体赖以生存的条件。此处所说的“生存”（exist 或者 live）并不是“存在”（to be），它是指人类保存生命、活在世上，是生活的意思。人类是有机的生命体，它的生存需要维持其生命的生存资源，这些资源包括：自然资源、人力资源和人工资源三部分。作为存在者的存在形态，人类主体之外的诸存在者就具有了

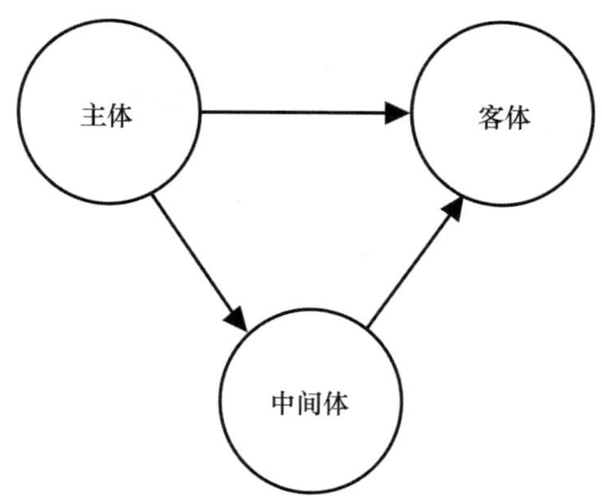

图 2－1　主体、客体与中间体

自然资源形态、人力资源形态和人工资源形态三种形态。在这三种形态中，人工资源的内容最为复杂，其中包括了人工物力资源和人工智力资源，而人工物力资源中又包含了工具/装备、人造消耗物（如：食物、衣物等）和其他人造物（如：绘画、艺术品等）。图 2－2 显示了客体与中间体存在者资源形态的分类结构。

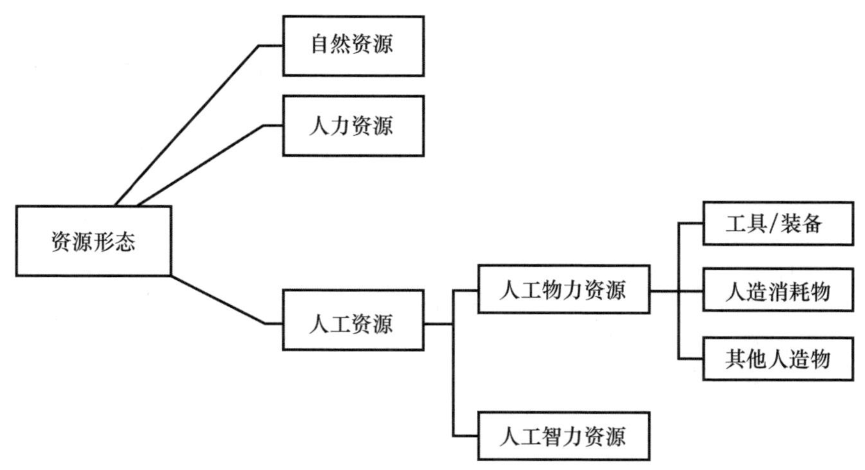

图 2－2　客体与中间体存在者的资源形态

这里需要强调，人力资源虽是指人类，但是当他们作为资源形态出现时被当作客体存在。人类是“社会性动物”，人类的生存需求使得人与人之间具有相互依存性，作为主体的人会将其他同类视为自己生存的资源，或者说作为人类社会这个主体将人类自身视为社会生存的资源，该资源称为人力资源。

此处界定存在者资源形态的目的是在后面讨论教育装备作为教育资源中的物力资源出现时更加明确其存在特点和存在意义，以此发挥对教育装备本体论研究的作用。

（四）物自体形态与智思体形态

哲学讲求一元论，或者将意识统一于物质（唯物），或者将物质统一于意识（唯心）；但是德国哲学家康德提出了哲学二元论，即存在一个人类永远不能够认识的“物自体”和一个人类可以认知的“智思体”（或称“意会体”）。王德峰教授在他的《哲学导论》中对“物自体”与“智思体”作了深刻的解释，将两者的区别与概念表述得非常清楚。作者对此的理解是：物自体是人类“感性所及”的物质本体（noumenon），而智思体是人类“理性所及”的物质本体。一个面包在它被当作商品摆放在柜台上时它是一个智思体，理性告诉人们不能随意把它拿走，必须要付款购买，而当把这个面包吃下去的时候，它就变成了物自体；一张纸币或一个铜币，它们被当作货币用于交换时表现出是智思体；而当它们失去货币作用时它们只不过是一张普通的纸或一块普通的铜，它们变成了物自体。但是，面包与货币又有所不同，面包存在的最终价值体现是它的物自体形态，而货币存在的最终价值体现则是其智思体形态。

这里需要强调指出，无论是物自体还是智思体，它们作为存在者的存在形态都是针对具有物质形态的存在者所提出的概念，因为它们都被认为是“物质本体”。

物自体与智思体概念的建立对工具/装备本体的理解具有非常重要的意义。虽然，工具/装备在失去其工具/装备作用时也是表现为物自体形态（即变回制作该工具/装备的原材料），但是，工具/装备存在的最终价值体现是它的智思体形态，进而，教育装备存在的最终价值体现也在于它的智思体形态。

（五）真际、实际与幻际

中国哲学家冯友兰先生提出了“真际”的概念，真际中包括了实际事物和能够实现的理想事物，而实际是实际存在的事物；与真际相对应的还有幻际，幻际是人想象出来或幻想出来、不实际存在也不能够实现的事物，但是它既然能被人思维到则它是存在者。所以真际、实际与幻际的关系如图 2－3 所示。图中反映出存在者的几种存在形态，真际真际形态包括了实际形态和理想形态，幻际形态也是一种存在形态，但是不出现在真际中。

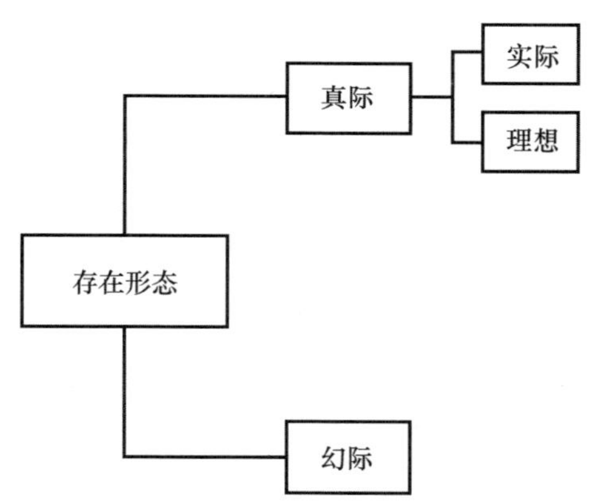

图 2－3　真际、实际与幻际的关系

四　本体论释义

综上，哲学本体论就是要探讨存在者何以存在。此处使用“何以”这个词非常恰当，因为它既可以被理解为“是什么”（什么是存在者的存在），又可以被理解为“为什么”（存在者为什么得以存在），还可以被理解为“怎么样”（存在者以什么形态存在）。

（一）存在者的存在

凡能被思维到者即存在，这个论断里至少具有三个重要信息：第一，思维是判断存在者存在的依据；第二，存在者的存在是被思维到的；第三，这个思维是特指人类的思维（thinking）。

而思维本身是分层次的，通过人类眼、耳、鼻、舌、身五官的感知是一种浅思维，这种思维是感性思维；人类综合前五识的感知而通过意识（第六识）的思维是深层次的思维，这种思维是知性思维；还有一种比知性思维更深层次的思维是理性思维，西方古典哲学与近代哲学都非常重视理性思维。

（二）存在者存在的原因

存在者能够存在是因为它们能够被人思维到，而人的存在除了能被思维到以外，更重要的是人能够思维，即所谓“我思故我在”。

西方人用英语说话时习惯在前面加上一句“I think”，一般被译为汉语“我认为”，而英文原意是“我在思考”或“我在思维”的意思。西方哲学认为那个会思考或思维的人才是人之本身，即人格（person），人格与那个肉体的人是无关的，“私有财产神圣不可侵犯”即使在肉体消失后仍然有效，人们尊重的是人格，必须按照他的遗嘱来处理其私有财产。所以对于人来说会思维才是其存在的原因，而除人之外的万物则是由于人的思维才存在（能被思维到者即存在）。

（三）存在者存在的形态

存在者存在的形态正是人对万物进行聚类的依据，也就是对万物建立概念的依据。存在者是否存在与因何存在都是不用更多讨论的问题，但是对存在者的存在形态问题必须加以重视，注重对存在者存在形态的分析，才能将研究问题聚焦在工具/装备上，才能深入工具/装备的本体论问题，以及探讨教育装备的本体论问题。

五　人的存在是时间性存在

人作为存在者之一，其特点是时间性存在，这也是人的一种存在形态。这个问题被专门提出来讨论是因为需要从本体论角度出发阐明人类具有主体形态的存在理由。

（一）人存在，而且知道自己存在

动物存在，但它仅仅是存在；人类的存在则不同，人类不仅存在，而且还知道自己的存在。人对自己存在的领悟是从死亡开始的，没有死亡作对比，人无法对存在有所领悟。这就像对一种颜色的感知，如果世界上只有一种颜色，则人不会对颜色进行区别，也就不存在颜色的概念。动物虽然也有死亡，但是它们没有从中领悟出什么，这也许是人与动物的又一个根本性区别。

（二）因死亡，人类才有时间概念

德国现代哲学家海德格尔的著作《存在与时间》反映出一个观点，时间概念是人们面对那终将到来的死亡而感悟出来的，这个时间被称为本征的时间，没有死亡，就不会有本征的时间。而物理时间、格林威治时间等都是本征时间的具体应用。人的存在是时间性存在，就是指人的存在是面对死亡的存在。其实，时间性存在也可以被认为是人类作为存在者的一种存在形态。

（三）时间性，科学范式的阿基里斯腱

希腊神话中英雄阿基里斯后脚跟的肌腱是他全身的致命弱点，被称为阿基里斯腱，人们用它比喻一个理论基本的出发点和关键点。当代人们的思维范式是科学范式，认为只有科学可以得出放之四海而皆准的真理，科学揭示出了宇宙真正的本质。但是科学方法提倡的是还原论，即将复杂的自然现象用简单的数学表达式进行描述；而在所有这些表达式中，几乎无一例外地都会有时间 t 这个变量出现，例如著名的麦克斯韦电磁理论方程、薛定谔量子理论方程、爱因斯坦质能方程（光速的表达）等，时间变量 t 都是其中最为主要的元素，时间是物理理论的阿基里斯腱，是科学范式的阿基里斯腱。试想人的存在是永生的，没有死亡则没有本征的时间，于是也就不会有物理时间，则人类当代建立起来的科学理论大厦将不存在。

第二节　教育本体论

研究存在者是否存在、因何存在以及存在形态等都应该是哲学本体论要解决的事情，而对某一类特定存在者的本体论研究，应该更加关注的是该类存在者的存在形态问题。对教育本体论、工具/装备本体论、教育装备本体论的讨论同样应该是不再关注它们是否存在和因何存在，而是探讨它们作为存在者的存在形态。此处将重点讨论教育的存在形态问题，对教育存在形态的不同认识明显地反映在了人们对教育的本质论、目的因、价值观等根本问题上。

一 教育的存在形态

存在者的存在是被人思维规定的，存在者的存在形态也同样是被人思维规定的。从哲学本体论出发，考虑到教育存在的特性，教育的存在形态总的来说是属于思维形态而非物质形态。同时，教育作为客体其被人思维所规定的存在形态应该至少还可以被进一步细分为四种，分别为：活动现象、行为过程、结构体系和社会组织。

（一）活动现象

教育被思维规定为一种人类活动现象，这是教育的一个最为根本的存在形态。人类最初的基本活动有很多，例如：获取食物的活动、人之间的交流互动、聚会，等等，而将生存经验传授给后代的这种初始的教育也是一种基本活动。此时，教育是以物自体的存在形态而存在的，是一种活动现象。这种活动现象是自然产生的，是由生物的本质决定的。

（二）行为过程

教育也被思维规定为一种人类的行为过程，同时也作为教育存在的一种存在形态。行为过程都是具有目的性的，所以教育这种行为过程就为了人类的生存目的而产生和被延续下来。《现代汉语词典》（2012年，第6版）中对行为一词的解释是："受思想支配而表现出来的活动。"行为一般被分为两种类型：外显行为和内在行为；外显行为表现为人的肢体活动，内在行为则表象为人的思维活动（即受思想支配的思维活动）。由于教育作为行为过程的活动出现是"受思想支配"的，所以它们不具有物自体形态，而是具有智思体形态。

（三）结构体系

"体系"与"系统"在英语中都是用"system"一词表示，通常人们在实际应用中也不去区分汉语体系与系统。但是，体系和系统确实存在着区别，《现代汉语词典》（2012年，第6版）中对体系的解释为："若干有关事务或某些意识相互联系而构成的一个整体。"对系统的解释为："同类事物按一定的关系组成的整体。"显然，体系的构成成员没有被强调类型相同，而系统的构成成员是同类事物，或者说，体系具有体系结构化的特点，而系统具有非体系结构化的特点；体系结构化要求其构成的各个组成部分之间应满足正交性与完备性，了解这一点是十分重要的。

教育被思维规定为结构体系，所以教育具有体系结构化的特点，教育是由多个组成部分构成的整体，而各个组成部分之间满足正交性与完备性，即各个组成部分之间不是相互依存的（正交性要求），而各个组成部分又是不可或缺的（完备性要求），教育的资源体系逻辑结构可以很好地反映这一特征（如图0－1所示）。

（四）社会组织

教育还可以被思维规定为社会组织形态，具有社会组织结构。教育社会学是新兴的教育学分支学科，它主要研究教育与社会结构、教育与社会化过程、学校与社会的关系以及学校自身的结构和组织。作为教育的一种主要形式，学校既是整个社会的组成部分，其本身又可以被视为一个小社会。值得注意的一个问题是：教育作为过程、结构和组织在这里都作为研究对象出现了。教育能够被如此深入地研究，是人类理性思维的结果，教育确实是以智思体的形态存在。

二 教育存在形态与教育起源论

关于教育的起源有四种学说，分别为：教育的生物起源说、教育的心理模仿起源说、教育的劳动起源说和教育的人类社会需求起源说，它们其实都与教育的存在形态相关，说明人们对教育的研究从来就无法脱离教育的存在形态问题，从来就不能脱离教育的本体论。

（一）教育生物起源说——教育是活动现象

该学说的代表人物有法国的社会学家利托尔诺（Charles Letourneau，1831—1902）和英国的教育家沛西·能（Percy Nunn，1870—1944）。利托尔诺在其所著《动物界的教育》一书中认为，教育是一种生物现象，教育起源于一般的生物活动。动物完全同人一样，生来就有一种由遗传而得到的潜在的教育。动物界生存竞争和天性本能就是教育的基础，动物是基于生存与繁衍的天性本能而产生了把“经验”“技巧”传给小动物的行为，这种行为便是教育的最初形式与发端。而沛西·能于1923年在不列颠协会教育科学组大会上的主席演说词《人民的教育》中指出：教育从它的起源来说是一个生物学的过程，不仅一切人类社会有教育，不管这个社会如何原始，甚至在高等动物中也有低级形式的教育。教育既无须周密的考虑使它产生，也无须科学予以指导，它是扎根于本能的不可避免的行为。

教育的生物起源说揭示了教育的存在形态是生物一种本能的活动现象，也是人类一种本能的活动现象，所以教育具有物自体一样的存在形态。

（二）教育的心理模仿起源说——教育是行为过程

该学说的代表人物是美国教育史专家孟禄（Paul Monroe，1869—1947）。他从心理学的观点去解释教育起源问题，在其所著《教育史教科书》中，从心理学的观点出发，根据原始社会没有学校、没有教师、没有教材的原始史实，判定出教育应起源于儿童对成人无意识的模仿。原始社会的教育普遍采用的方法应该是简单的无意识的模仿，在这种原始共同体中，儿童对年长成员的无意识模仿就是最初的教育的发展。模仿既是最初的教育形式，也是教育的本质。

教育的心理模仿起源说揭示了教育的存在形态是一个行为过程，是在思维支配下的活动，所以教育具有智思体一样的存在形态。

（三）教育的劳动起源说——教育是行为过程

20世纪30年代，苏联教育理论界认为劳动是从猿转变为人的根本原因，劳动创造了人，因而劳动必然是教育产生的最初的本源。于是在此理论基础上，建立了教育起源于劳动的新理论。该学说认为，人类的教育是伴随人类社会的产生而产生的，推动人类教育起源的直接动因是劳动过程中人们传递生产经验和生活经验的实际社会需要。其原因是：第一，人类的生产经验和方法传递给集体成员和后代，要由年长者对年轻一代进行指点和传授。第二，劳动是一个复杂的过程，通过教育掌握必要的有关知识是进行劳动的前提。第三，劳动这种社会性活动需要共同协作，而合作和尊重集体利益是通过教育培养出来的。第四，劳动不是盲目的发现和适应，人由古猿的无意识状态发展到猿人的有意识状态，是通过教育来实现的。

教育的劳动起源说与教育的心理模仿起源说本质上相同，也是揭示了教育的存在形态是一个行为过程，是在思维支配下的活动，所以教育具有智思体一样的存在形态。

（四）教育的人类社会需求起源说——教育是结构体系也是社会组织

我国教育理论家胡德海教授认为："教育起源于人类社会生活的需要，这句话讲得具体点，就是教育起源于社会群体传递、发展文化和社会个体社会化这两个方面的共同需要。我们只有既从社会群体又从社会个体这两个方面的结合上，才能理解社会文化的传承关系，并从而可以正确认识到教育所由产生的道理。"① 其中，社会群体需要传递和发展文化，就必须不断地培养新人去接替退位的老人，这体现了教育产生的原因之一。另外，人作为个体在其社会化过程中，需要接触社会环境中的各种事物和学会处理与别人的关系，而这些就是产生教育的另一个原因。

教育的人类社会需求起源说揭示了教育的两种存在形态，即结构体系存在形态和社会组织存在形态。这两种教育的存在形态都反映出教育所具有的智思体的存在形态。

三　教育存在形态与教育哲学理论

教育哲学理论同样能够反映出教育的存在形态问题。20 世纪 90 年代西方教育哲学理论主要有：永恒主义教育哲学、要素主义教育哲学、分析哲学的教育哲学、行为主义教育哲学、存在主义教育哲学、实用主义的教育哲学②。

（一）永恒主义教育哲学——教育是活动现象

永恒主义教育哲学（educational philosophy of externalism）强调教育原理的永恒不变性和经常性的教育哲学理论。主要代表有美国的赫钦斯和巴尔等。该理论认为人是理性的动物，在全部的历史时代中，其本性

① 胡德海：《论教育起源于人类社会生活的需要》，《西北师大学报》（社会科学版）1995 年第 5 期。

② 冯契主编：《外国哲学大辞典》，上海辞书出版社 2008 年版，第 336—337 页。

是永恒不变的。教育的目的在于培养人，因而教育方案也应当是永恒不变的。它反对以社会科学与自然科学为学习重点，认为这是从人性的多样性与多元性所推论出来的错误教育理论。

永恒主义教育哲学理论反映出的教育形态应为人类的活动现象。

（二）要素主义教育哲学——教育是结构体系

要素主义教育哲学（educational philosophy of essentialism）强调教育中文化共同要素重要性的教育哲学理论。主要代表有美国的巴格莱和德米亚西克维奇。该理论认为教育中有些是文化的共同要素，它是保持教育的基础性与系统性所必要的。学生应完整掌握人类文化传统中的重要观念、意义、知识、理想。教育应当有系统性，不应片面强调学生的兴趣与自由。

要素主义教育哲学理论反映出的教育应具有结构体系的形态。

（三）分析哲学的教育哲学——教育是结构体系

分析哲学的教育哲学（educational philosophy of analytical philosophy）把分析哲学的分析方法运用于研究教育问题的教育哲学理论。主要代表有英国的赖尔等。该理论注重教育理论和实践的各种中心概念的分析，一方面厘清这些概念涵义，以有利于制订教育政策与采取合理的教育方法；另一方面则以对这些概念的批判教会学生进行分析与批判。

分析哲学的教育哲学理论反映出的教育应具有结构体系的形态。

（四）行为主义教育哲学——教育是行为过程

行为主义教育哲学（behavioristic philosophy of education）把行为主义观点运用于研究教育问题的教育哲学理论。主要代表有美国的沃森和斯金纳等。设想用人类行为控制的科学知识来说明人的行为，并认为行为带有社会性质，主张以人的行为的社会目的消除人的反社会的倾向，使人的行为对社会产生好的结果，排除坏的后果。斯金纳还提出所谓教育机器的程序教学，主张以一系列的刺激所产生的反应影响学生的情绪而使他们成为向有益方向发展的人，并形成一种有意向性的文化以引导学生。

行为主义教育哲学理论反映出的教育应具有行为过程的形态。

（五）存在主义教育哲学——教育是活动现象

存在主义教育哲学（existentialistic philosophy of education）以存在主义观点研究教育问题的教育哲学理论。主要代表有德国的雅斯贝尔斯和法国的萨特。强调发挥人的主体性，认为受过教育的人是在其存在情境中决定其选择，而不是把原则和规范作为他们的依据和指导；人的价值观念由此时此地的具体情况建立，表现出其独特性，而不是某一类中的一员。强调道德上的责任感，主张独特的个人在其与他人的交往中表现自己。认为存在主义教育的目的是为每一个具体的个人服务，应指导学生意识到他的环境条件，促进他顺利地投入到有重要意义的生存中去。

存在主义教育哲学理论反映出的教育应具有活动现象的形态。

（六）实用主义的教育哲学——教育是社会组织

实用主义教育哲学（educational philosophy of pragmatism）以实用主义观点研究教育问题的教育哲学理论。主要代表有美国的皮尔斯、W. 詹姆斯和杜威。认为人生活于生物的环境中，也生活于社会的环境中，但人性的社会方面更为重要，个人在一定程度上可通过与他人发生相互作用而成长与发展。人性有可塑性，而人性的提高则以教育为手段。人不仅从外界接受知识，而且创造知识，人在应付环境中就产生知识。知识是人与环境交往中的一项交易。认为有效的观念就是正确的，不能产生效果的观念即是错误的。认为智力的发挥与政治的民主是有联系的，培养智力就是培养民主精神，这两者均以自我实现为其最后的目标。这种教育哲学观点有其个人主义、功利主义的缺点。

实用主义教育哲学理论反映出的教育应具有社会组织的形态。

第三节　工具/装备本体论

工具/装备本体论是从哲学本体论的角度讨论工具/装备的存在问题。这个问题的重要性不言而喻，它关系到教育装备本体论的研究基础和出发点。但是，作为一类特定存在者的本体论讨论，我们需要更加关注的应该是该类存在者的存在形态问题，与教育本体论讨论一样，对于工具/装备本体论的讨论，同样不考虑其是否存在的问题与因何存在的问题。

一　工具/装备本体论研究状况

对工具/装备本体论的研究或者从哲学角度对工具/装备进行研究的论述较少。目前可见以“工具论”命名的专著有两部，一部是亚里士多德论文集《工具论》（李匡武译，广东人民出版社 1984 年版），另一部是英国哲学家弗朗西斯·培根所著《新工具论》（许宝骙译，商务印书馆 2009 年版）。而对这两部专著研究内容进行分析可知，它们与我们所期待的工具论问题完全不是一回事。在《工具论》中涉及的内容有：范畴篇、论解释、分析前篇、分析后篇、论题篇、论诡辩式的反驳等。而《新工具论》则是一种语录形式的体裁，全书目录只有序言、第一卷和第二卷；序言部分分析了当时的哲学状况，第一卷论述哲学的认识原则和方法，第二卷则主要讨论归纳法。显然，两部专著所论述的工具都是指哲学研究工具，基本上是讨论逻辑学问题，将逻辑学当作哲学的基本研究工具。这个所谓工具，是用于达到某些目的的手段，不是我们所研究的物化工具/装备的概念。

但是，在众多哲学著作里涉及物化工具/装备问题的论述却不在少数，一般情况下，哲学研究涉及工具/装备的讨论基本上都出现在劳动、人类发展史等相关问题中（如《劳动在从猿到人的转变中的作用》）。而最应该被提及的就是德国哲学家黑格尔在他的《精神现象学》中的一段论述：“与此相反，劳动是受到限制或节制的欲望，亦即延迟了的满足的消逝，换句话说，劳动陶冶事物。对于对象的否定关系成为对象的形式并且成为一种有持久性的东西，这正因为对象对于那劳动者来说是有独立性的。这个否定的中介过程或陶冶的行动同时就是意识的个别性或意识的纯粹自为存在，这种意识现在在劳动中外在化自己，进入到持久的状态。因此那劳动着的意识便达到了以独立存在为自己本身的直观。”①

---

① ［德］黑格尔：《精神现象学》（上卷），贺麟、王玖兴译，商务印书馆 1979 年版，第 130 页。

在这段关于劳动概念的论述中虽然没有直接使用“工具”这个词汇，但是其中对工具本体性的描述是非常精彩的。从这段论述中可以看出：

（1）人的活动有劳动与本能活动之区别，而这两者具有本质上的不同，劳动陶冶、塑造事物，而本能活动是消耗、消灭事物。

（2）劳动就是人抑制了本能活动，延迟了对事物的消耗，先去陶冶、塑造工具的过程。

（3）工具相对于劳动者具有持久性与独立性，它持久地存在，并相对于劳动者（主体）和劳动对象（客体）而独立地存在。

（4）在人与对象之间出现的工具是中介物，使用工具是中介过程（工具/装备的中间体形态），制造工具是陶冶过程。

（5）劳动使人在陶冶事物（制造工具/装备）的同时将自己塑造为主体，即从自然意识走出，进入了自为意识；所以，劳动创造人类不是改变了人的肢体，而是塑造了人的人格（person）。

（6）工具的本质是人的自为意识的外化，或者说，工具外在地反映了人格的建立。

二 工具/装备的存在形态

工具/装备是存在者，它因为能够被思维规定而存在。但是，它的存在形态却是非常的特殊，与主体人类和客体万物有着截然的不同。存在者的存在形态是多方面的，这是因为人作为行思维者和行判断者从不同的角度或称不同的语境下思维判断存在者特征的结果。于是，对工具/装备的存在形态进行分析，也就可以归纳出如下几个方面：

（1）从存在者自身性质出发进行分析，存在者的存在形态有物质形态与思维形态两种，而工具/装备所具有的存在形态为物质形态，所以工具/装备是物化的事物。

（2）从存在者之间的体系关系出发进行分析，存在者具有3种不同形态：主体、客体、中间体，而主体工具/装备所具有的存在形态为中间体形态，它是在人的劳动中以中介过程的形式产生的。

（3）从主体人类生存条件出发进行分析，存在者的存在形态具有资源的性质，而工具/装备是以人工物力资源的形态存在，因为工具/装备是在人类劳动中陶冶、制造出来的必需品。

（4）从“感性所及”与“理性所及”出发进行分析，存在者可分为物自体与智思体两种存在形态，而工具/装备的存在形态为智思体形态，因为工具/装备的本质是人的自为意识的外化。

（5）工具/装备是技术物，它是人类科学思想在物质上的技术实现或技术体现，所以，工具/装备具有技术物的存在形态。这一点很重要，但是在黑格尔关于劳动的那段论述中没有涉及，作者在此做了补充。

三 工具/装备在人类发展过程中的作用

工具/装备的存在对于人类的存在有着至关重要的作用，而对于人类的发展则起着非常关键的作用，人类正是通过陶冶、制造工具/装备才不断成长与发展起来。人类的发展除了生存资源的极大丰富以外，更重要的是人格的建立和主体的形成。

（一）人格建立的作用

“人是怕冷的动物”，这是因为人不具有像动物一样的厚厚皮毛。但是人的毛发并不是随着人类的进化而逐渐脱落的，毛发逐渐脱落的观点不属于达尔文进化论，它是前达尔文进化论或称为拉马克进化论，这种进化论观点强调人为了适应外界环境而不断改变自身的结构。达尔文进化论认为基因突变会使一些无毛的类人猿出现，它们天生不适合在这个自然世界生存，但是由于它们使用工具生成了火、制造了防寒衣物等，于是它们成为适者而生存下来，这样人类就诞生了。人类的诞生更重要的是他们在劳动中与在工具使用中逐渐建立起了自己的人格，开始了逻辑的思维，进行聚类，形成了对事物的概念，最终成为主体而存在。

（二）自为意识的外化作用

工蜂可以建造漂亮的蜂房，一些动物可以用简单的工具或者制造简单的工具来获取食物，但是这些所谓的劳动和工具制造其实都属于动物的自然意识，与人类自为意识的劳动和工具制造有着本质上的不同。对工具/装备的陶冶使得人类从自然意识走进了自为意识，这是达尔文进化论所认为的人类思维进步的结果，于是工具/装备便成为人类自为意识的外化表现，或者说，对工具/装备的陶冶使得人类自为意识得以外化。

（三）对科技与生产力发展的作用

工具/装备对人类科技与生产力发展的作用是最容易被人们认识和理解的，人类的几次工业革命、信息技术革新、人工智能技术革新都是明显的科技与生产力发展，而它们的最根本特征都是人类对工具/装备进行的变革。

第四节　教育装备存在形态与本体论

教育装备的存在形态继承了教育的存在形态与工具/装备的存在形态，教育装备本体论继承了教育本体论与工具/装备本体论的内容。

一　教育装备的存在形态

教育装备的存在形态由教育的存在形态与工具/装备的存在形态共同决定。从前文可知，教育的存在形态有四种细分：活动现象、行为过程、结构体系、社会组织。工具/装备的存在形态被划分为五种：物质形态、中间体形态、资源形态、智思体形态、技术物形态。

（一）对工具/装备存在形态的继承

教育装备继承了工具/装备全部的存在形态。首先，我们强调教育装备具有物化的特征，所以它具有物质形态，而非思维形态；其次，教育装备具有既非教育系统主体亦非教育系统客体的特征，所以它具有中间体形态；再次，教育装备属于教育资源中人工物力资源部分，所以它具有资源形态；复次，教育装备是人工制造的，所以它具有智思体形态；最后，教育装备是人类在科学思想的支配下将技术“加持”到其中，所以它具有技术物形态。教育装备非常强烈地反映着工具/装备的存在形态及特征。

（二）对教育存在形态的继承

在不同的教育存在形态中教育装备表现出的存在形态也是有区别

的。首先，在教育的活动现象形态与行为过程的表现形态中，教育装备较为突出地表现为中间体形态，它既非主体亦非客体；其次，在教育的结构体系表现形态中，教育装备更加突出地表现为资源形态；最后，在教育的社会组织表现按形态中，教育装备则多以技术物的形态出现。

强调教育装备的不同教育表现形态中教育装备的存在形态表现，是因为人们在对教育的不同理解时，同时对教育装备赋予了不同的认识，也赋予教育装备以不同的使命。

（三）教育装备与工具/装备的不同

教育装备与工具/装备之间存在两个最大的不同点。第一，教育装备已经不具备工具/装备在“人之初”时对人类从自然意识向自为意识进行改造所能发挥的作用，教育装备在教育体系中的作用仅形成一个必要条件。第二，教育装备与工具/装备对客体的作用其实都是最终造成客体反作用于主体，但是，工具/装备作用客体的反作用仅施加到人的肢体，而教育装备作用客体的反作用则施加到人的头脑。

二 教育装备本体论

教育装备本体论主要研究教育装备作为一类存在者，其存在的条件，即讨论它是否存在、因何存在以及其存在形态，而其中最为重要的是教育装备的存在形态问题。由于教育装备研究是被限定在教育这个环境下的工具/装备问题，所以其本体论也就必然受到教育存在形态与工具/装备存在形态的约束。本章以较大的篇幅讨论了哲学本体论、教育本体论以及工具装备本体论所涉及的问题，当归结到教育装备本体论讨论时需要更多论述的内容几乎没有了，这是非常正常的现象，因为结论已有，无须多辩，相同语境下，“此时无声胜有声”。

虽然是这样，但由此而引发的教育装备哲学问题和教育装备理论问题将会“流溢而出”、延绵不断，因为教育装备本体论是教育装备研究最根本的问题、最基础的挖掘。教育装备研究的所有问题都将从这里开始，也必将回归到这里。

第五节　教育装备哲学的研究对象

教育装备哲学的研究对象是什么，这个问题从逻辑上讲应该放在本书前言对教育装备哲学的阐述部分进行论述。但是，由于哲学的特殊性与教育装备的特殊性，将教育装备哲学研究对象的特征分析放在教育装备本体论分析之后是更为恰当的，因为此时我们已经对本体论问题以及存在者存在形态问题讨论得比较清楚了。

一　学科、领域的研究对象分析

学科、领域的研究对象是存在者，但不同学科的研究对象是不同的存在者，而且更加重要的是学科性质不同则研究对象作为存在者的存在形态也将会不同。如本章第二节所述，存在者的存在形态有物质形态与思维形态，但是对于物质形态的存在者中又被分为两种存在形态：物自体形态与智思体形态（详见图2－4）。物质形态没有正误之分，思维形态具有正误之别。

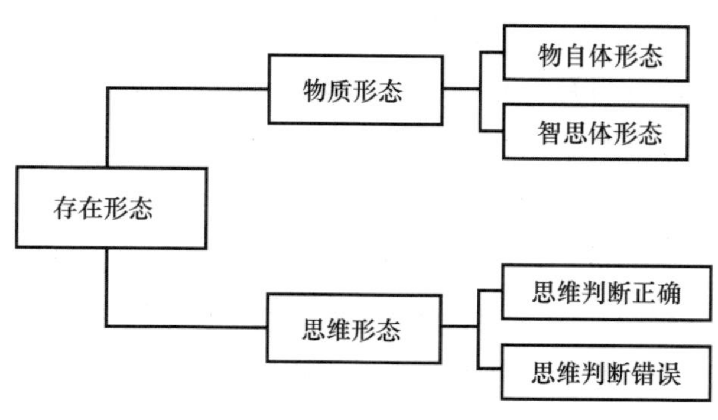

图2－4　存在者的存在形态

（一）不同学科、领域研究对象的存在形态特征

不同学科或研究领域都有自己的研究对象，这是必须的，否则学科或研究领域将不会存在。现存的学科或研究领域分为三种类型：自然科

学、人文学科、社会科学，它们的研究对象之间的最大不同是研究对象作为存在者的存在形态不同，而涉及的存在形态为物质形态与思维形态之别，物自体形态与智思体形态之别。

1. 自然科学研究对象的存在形态

自然科学的研究对象是自然现象，而自然现象作为存在者的存在形态为物质形态（如晴雨现象），自然科学的研究是不断探索研究对象物自体存在形态的过程。例如，物理学、化学、生物学等都属于自然科学，这些学科的研究对象是非生命的物体、无机与有机物质和生命体，这些研究对象都是通过人类的感觉器官建立起来的概念，所以它们具有物质形态。对它们的存在无法进行正确与错误的区分判断。

2. 人文学科研究对象的存在形态

人文学科研究对象的存在形态为思维形态，人文学科的研究是不断探索研究对象思维形态正误的过程。例如，史学、哲学、文学等都属于人文学科，史学、哲学、文学的研究对象分别是“真”“善”“美”，这些研究对象是人类主体通过思维建立起的概念，它们显然只具有思维形态。而对于“真”“善”“美”确实具有正确与错误的区分判断。

3. 社会科学研究对象的存在形态

社会科学就是运用自然科学的研究方法来研究社会问题的学科或研究领域。为了能够将社会科学研究对象解释清楚，作者在此以社会学为例进行说明。社会学的研究对象应该是社会现象，社会现象与自然现象一样，它们作为存在者的存在形态也是物质形态，因为人类所面对的两个世界就是自然世界（“头顶上灿烂的星空”）和社会世界（“心中的道德律令”）。但是与自然现象不同的是，研究自然现象是探索研究对象的物自体形体，而研究社会现象是探索研究对象的智思体形态。

总结而言：自然科学的研究对象具有物质形态的物自体形态特征，社会科学的研究对象具有物质形态的智思体形态特征，而人文学科的研究对象具有思维形态特征。

（二）思维形态与思维判断

主体人类对思维形态的存在者所作的思维判断存在四种不同类型，分别为：科学判断、认知判断、价值判断和加经验判断（详见图

2－5）；其中科学判断属于客观定量测评（图中的第Ⅰ象限），认知判断属于主观定量测评（图中的第Ⅱ象限），价值判断属于主观定性测评（图中的第Ⅲ象限），经验判断属于客观定性测评（图中的第Ⅳ象限）。

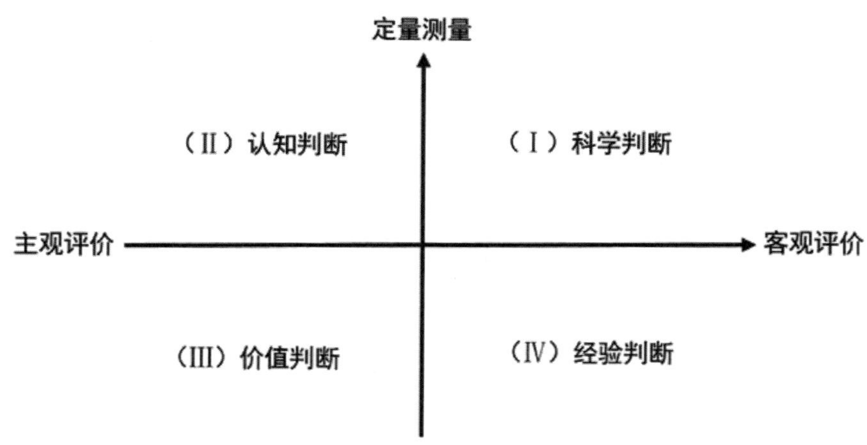

图2－5　思维判断的类型

1. 定量与定性

《教育大辞典》（顾明远主编，上海教育出版社1998年版）中没有"定量"与"定性"的解释条目，但是有"定量指标"与"定性指标"两个条目，它们同样可以很好地对我们所关心的概念做出解释。其中，"定量指标（quantitative index）指能直接量化并确实存在量化途径的评估指标。均能赋予相应的量标。如学生的考试平均成绩、考试成绩及格率、考试成绩优秀率等"。而"定性指标（determinative index）指不能直接量化而需通过其他途径实现量化的评估指标。如对难以做出定量评估的教育思想、教学态度、课外辅导等，一般可先进行模糊等级评价，然后再进行量化。其缺点是易带进评估者的主观因素，且指标的区分度和信度较差，难免影响评估的客观性。"

显然，定量是将所要测评的变量进行数量化，定性则只是指出所要测评变量的性质。不过，《教育大辞典》中提到的定性指标容易带入评估者的主观因素的说法其实倒未必成立，人们经常采用的“对标”法就属于经验判断，这种定性的测量方式因为是借助别人的经验，所以对变量的评价完全可以做到客观性。

2. 客观与主观

《教育大辞典》中没有“客观”与“主观”的解释条目，但是有“客观性考试”与“主观性考试”的两个条目，它们也可以很好地对我们所关心的概念做出解释。其中，“客观性考试（objective examination）具有客观统一的评分标准和科学的误差控制措施的考试。按评估考试结果的手段性质划分的考试类型。不同评分者所评结果基本相同，其可靠性系数约等于1.00。此类考试适宜测量知识、理解、应用、分析等层次的认知目标，不适宜测量综合、评价等认知目标。要求试题答案明确，回答简便，包含足够的试题数量，保证对知识内容的覆盖率；备有明确标准答案，评分准确、简单、可靠。试题类型最常见的有简答题、是非题、填空题、配对题、排列题、多重选择题等”。而“主观性考试（subjective examination）不具客观评分标准，只以阅卷者主观判断为依据评定考生分数的考试。是按评估考试结果的手段的性质划分的考试类型之一。主要采用论述、论证、综合应用、推理判断、作文之类试题。由考生自由作答，同一问题的答案不拘一格，不能制定同一评分标准”。

可见，对变量进行主观测评是以测评者主观判断为基础的，它没有一个共同的标准，即缺乏一致性要求；而对变量进行客观测评是必须具有大家都遵守的一致性标准，共同地遵从就是客观性的表现。所以，主观与客观并非对应主体与客体，主观判断是主体中的个体思维判断，客观判断是主体中群体一致性思维判断。

二 教育装备学研究对象的特征分析

此处提出的“教育装备学”并不是指一个学科，而是一个研究领域。在《学位授予和人才培养学科目录（2011年）》和《中华人民共和国国家标准学科分类与代码》（GB/T 13745—2009）中都没有出现“教育装备学”这个学科。

（一）对“教育装备学”的解释

如果教育装备学并非是指一个学科，是否可以使用“教育装备学”这个名称呢？其实，不属于一个学科而被称为“某某学”的研究领域是很多的，例如：美学、宇宙学、人类学等。其中的“学”下相当于英文词后缀 - ology，其原型是古希腊语 logos，是汉语“学”“学问”与“学科”的意思。所以，“ - ology”既可以表示学科，也可以代表是一个研究领域，则教育装备学既可以表示为一个学科，也可以是一个研究领域，而此处表达为一个研究领域。

另外，即使都是表示学科，在汉语中也有不同理解。如《学位授予和人才培养学科目录（2011 年）》中的学科（共计 13 个学门类，109 个一级学科）是指在我国高校开设的本科以及研究生授予学位学科，而《中华人民共和国国家标准学科分类与代码》（GB/T 13745—2009）中的学科（共计 5 个门类，62 个一级学科）则是研究领域的意思。

所以，这里的教育装备学完全可以用于表达一个研究领域。

（二）教育装备学的研究对象

教育装备学的研究对象是教育装备，教育装备所具有的存在形态是物质形态，而且在物质形态下同时具有智思体存在形态。由前文的分析可知，具有物质存在形态与智思体存在形态研究对象的学科应该属于社会科学，从学科隶属关系可知，教育装备学属于教育学，而教育学属于社会科学，所以再次证明教育装备学应该属于社会科学的范畴。

三 教育装备哲学研究对象的特征分析

本书的导言部分详细论述了教育装备哲学的研究内容问题，从研究内容可以分析出教育装备哲学的研究对象以及研究对象的存在形态。

（一）从教育装备哲学的研究内容到研究对象

教育装备哲学具有四个大的研究范畴，分别为：本体论、认识论、方法论与历史观。

教育装备本体论主要讨论教育装备的存在形式、教育装备的中间体性等问题。教育装备认识论主要讨论教育装备本质论、教育装备起源论、教育装备概念论、教育装备价值论、教育装备目的论、教育装备道德论以及教育装备美学等相关问题。教育装备方法论主要讨论教育装备研究方法的属性问题。教育装备历史观主要讨论教育装备的发展历史和理论发展问题。

从上述这些研究内容可以看出，教育装备哲学的研究对象集中在人的思维范围之内，比没有出现在物化的范围内。教育装备学的研究对象就是教育装备本身，它是物化的，是具有物质形态的存在者。教育装备哲学的研究对象超越了教育装备自身，进入了理性思维的层面，研究对象是非物化的，是具有思维形态的存在者。

（二）教育装备哲学研究对象与研究方法

教育装备哲学研究对象作为存在者的存在形态是思维形态。思维形态的研究对象与物质形态的研究对象在研究方法上具有本质上的不同，自然科学的研究方法对于教育装备哲学的研究有可能是完全无效的，逻辑、理性、思辨的研究方法是教育装备哲学研究的基本方法、基本原则。

1. 逻辑（logic）原则

逻辑性原则是哲学研究的一个基本原则。教育装备哲学的研究沿用了西方哲学的研究路径，而西方哲学是建立在逻辑学基础之上的。教育装备哲学中的每个概念都必须严格按照逻辑性的原则进行导出、推演、论述和最终得出结论。

2. 理性（reason）原则

理性原则是教育装备哲学研究的基础。西方哲学从一开始就建立在理性原则的基础上，后来发展起来的近现代非理性哲学从本质上讲并非完全脱离理性化，否则，哲学思想就成为瞎想、乱想。感性、知性、理性是人对存在者存在与存在形态进行逻辑思维的三个不同层面，其中理性思维是最为深邃的逻辑性思维。

3. 思辨（speculative）原则

哲学思考是哲学发展的基本动力，哲学思辨不同于科学技术思考，它是要在人们“闲暇”时进行不断的反思，不断地、一次次地推翻自己，不断地在头脑中做着“思想实验”。哲学思辨的对象是具有思维形态的存在者，思辨是使得这种思维判断不断地接近真理的最有效的研究方法。

第三章　教育装备认识论

教育装备认识论包括教育装备的本质论、起源论、概念论、价值论、目的论、道德论以及教育装备美学。本章将逐节详细讨论这些问题。

第一节　教育装备本质论

对一个事物本质的定位是指导和推进该事物发展的首要依据。对教育装备本质的揭示是教育装备研究的一个基本任务，也是指导教育装备向正确方向发展的依据。由于教育装备本质受到教育本质和工具/装备本质的约束，所以欲揭示教育装备的本质就必将要讨论哲学本质论、教育的本质、工具/装备的本质，以此得出对教育装备本质的定位。

一　哲学本质论

本质与现象是一对哲学范畴，本质反映事物的内部联系，决定着事物的性质和发展取向与趋势；现象反映事物的外部联系，是事物本质的外化。

（一）西方哲学中的本质论

"本质"的英文词汇是"essence"，而 essence 这个词是由"es"和后缀"sence"组成，其中"es"是由 is 变化而来，它的动词原形是"to be"即"存在"的意思；后缀"sence"表示"内在意识到的"，而"不是通过感官直接感知的"。所以，英文 essence 表示内在的存在性，于是我们可形象地将"es"译为"本"，而将"sence"译为"质"。

1. 柏拉图的本质“理念论”

古希腊哲学家柏拉图提出“理念”（idea）的概念为：独立存在的、单一的、不可见，但可从思想上把握的、不变的、神圣的、不灭的、不可分解的和自我保持的范畴[①]。柏拉图认为万物最根本的东西都藏在理念中，即事物的本质就是理念。

本质即理念的思想反映出柏拉图对事物本质的概念界定是十分深刻的，但是从他对理念的概念界定可以看出，这一“理念”是被限定在主观主义的范围内的，即理念在思想上是独立的、单一的、自我保持的。这一点与黑格尔时期的理念论不同，黑格尔的理念具有客观性，理念是绝对的、无条件的事物，是规定其他事物的意志，是一种公共遵从的社会意识。于是，对于本质的理解也就不同，本质“理念论”具有一定的主观性。

这里需要强调指出，主观与客观的区别并不是主体意识与客体意识的区别，并不是主体的意识就是主观的，客体的意识就是客观的；主观与客观的区别在于对事物认识的非一致性与一致性，个体的、单一的、自我的意识属于主观意识，而群体产生的趋于一致性的意识为客观意识。

2. 亚里士多德的本质“本体论”

柏拉图的学生亚里士多德在分析和批判他的老师本质“理念论”的基础上提出了本质“本体论”，认为本质即本体，“真正的现实（现存的东西）是现象本身中发展的本质”[②]。

亚里士多德将存在者的本质与本体等同起来。“本体论”是存在论（ontology）的中国式理解，所以，这里的本体其实是指存在（to be），所以可认为本质“本体论”应为本质“存在论”，或者说本质即存在。亚里士多德的这一观点也在黑格尔时代被纠正，因为存在是现象，是与本质对立的，本质即存在的认识有历史的局限。

---

① 俞宣孟：《本体论研究》，上海人民出版社 1999 年版，第 208 页。

② 白韶璞：《西方古典哲学“本质”概念研究》，《西昌学院学报》（社会科学版）2015 年第 3 期。

人们容易接受本质“本体论”，是因为从形式上看是容易将本质与本体混淆的。其实，本质论是对存在者的特征进行分析，而本体论是对存在者是否存在、为什么存在以及以何种形态存在进行分析。对本质与本体的混淆是将 ontology（存在论）译为“本体论”的又一缺陷。

3. 黑格尔的“本质论”

黑格尔《小逻辑》的第二篇是本质论，在该篇的开始部分写道：“在本质中，存在并没有消逝，但是首先，只有就本质作为单纯的和它自身相联系来说，它才是存在；第二，但是存在，由于它的片面的规定，是直接性的东西，就被贬抑为仅仅否定的东西，被贬抑为假象（Schein）。——因此本质是映现在自身中的存在。”以及“因此，本质是存在的真理，是过去了的或内在的存在”[①]。通过对黑格尔这段论述的分析，可以得出以下几个结论。

（1）黑格尔在讨论本质的同时首先提出了存在，可见事物（或存在者，简记为事物/存在者）的本质与存在是非常容易被混淆的概念。

（2）此处使用的“存在”一词是常被译为中文“本体”的，所以此处的讨论是一种新型的本质“本体论”问题。

（3）事物/存在者的本质确实是与其存在有关，因为“在本质中，存在并没有消逝”。

（4）本质不是直接显露于外的，而是映现在存在者之中，“本质是映现在自身中的存在”。

（5）思维要把握事物/存在者的本质，必须透过直接性的东西，透过存在者存在形态表现出的现象，而这些现象有可能是假象（Schein）。

（6）存在论（本体论）中所谈的范畴都是直接的，而本质论中的范畴则是间接的，本质被放置在了现象的背后，黑格尔称其为“过去了的存在”。

（7）本书“教育装备本体论”一章没有就存在者是否存在和为何存在详细展开讨论，而是把问题的焦点放到了存在者的存在形态上；现

① ［德］黑格尔：《精神现象学》（上卷），贺麟、王玖兴译，商务印书馆 1979 年版，第 241—242 页。

在可以看出这一决定是十分正确的，因为存在是事物/存在者的现象或表现形式，并非事物/存在者的本质，讨论事物/存在者的存在形态正是阐述事物的现象问题。

（二）事物的本质在于该事物的不在场

当某个事物不在眼前或手边，而恰恰我们又需要该事物的出现时，该事物的本质便展现出来了；所以，人们对一个事物本质的认识往往是从假设该事物不在场开始。这说明事物的本质都是主体人类赋予的。

“不在场”不是“不存在”，事物不在场其实是以其曾经作为存在者而存在过为前提的，它的曾经存在使人类对它的不在场能够有失去的对比，所以事物的本质其实反映出了人类主体对于非主体存在者的一种生存需求，即非主体存在者作为人类生存资源的形态而反射出的根本性特征和性质。例如空气这一存在者，人类生存在其中，但是并不总是能感受到它的存在，对于它的本质没有认识。如果空气不在场，即假设我们周围的空气突然全部消失了，或者将人类放到一个没有空气的真空地带，人类将无法生存，而此时空气的本质完全展现无遗。从人类主体生存需求出发而展现出的事物的本质是最根本的本质，此处称其为“本体本质”；而从其他各个文化领域或文明领域出发而认定的事物的本质并非最根本的，此处称其为“实践本质”。

1. 本体本质

事物的本体本质是对事物整体概念而言的，它涉及人类的生存需求，本体本质可以通过假设该事物的不在场而得到显现。人类赖以生存的条件称为资源，其中包括自然资源、人力资源和人工资源，这些资源作为存在形态应该涵盖了人类主体之外的任何事物，而对于这些从资源形态角度出发的事物，其本质展现都可以通过对其不在场的假设来进行。

食盐作为一种生活必需品是人们每日必备的东西，天天伴随在身边的食盐人们并没有关心它的本质问题，而当人们的饮食中缺少食盐时，食盐的本质就出现了，它是人类生存的必要资源。此时呈现出的食盐的本质属于本体本质，因为它涉及人类的生存需求，它的本质是主体人类赋予的。

2. 实践本质

同样是食盐，它在各个实践领域中有着各自不同的本质，这些本质属于实践本质。在物理学中，食盐是具有咸味、无色透明的立方晶体；在化学中，食盐是具有分子式 NaCl 的一种化合物。这些对食盐的描述都是各个实践领域内对食盐这一事物本质的各自表述，它们都被认为是揭示了食盐的本质，它们都是客观存在的，应该都是与人无关的，在这里它们被称为实践本质。但是，食盐的咸味是人类味觉的结果，无色透明是人类视觉的结果，立方晶体和分子结构也是人类感知与意识的结果，所以，实践本质同样是由人类主体赋予的，只是出发点和视角不同而已。

严格地讲，食盐的这些所谓实践本质其实都应该是食盐作为存在者的存在形态，按照前文中黑格尔本质论的观点，它们并非事物的本质，而是现象。事物的本质一定是人类所能及的，德国哲学家康德所提出的那个人类永远不能够认识的物自体，其自身的本质也同样是人类永远不能够认识的。

二 教育本质论

如果说事物的本质是人类赋予的，其实事物本质的反映也就是其对于人类的生存价值体现，或者理解为事物的本质是该事物存在价值的反映，即作为客体的事物对于人类主体的作用和意义。同样，教育的本质也往往是通过教育的存在价值而体现的。此处，我们沿用前文关于事物的本体本质和实践本质的概念对教育的本质展开分析。

（一）教育的实践本质

对教育本质理解最深刻的应该是教育学研究，所以此处选用《教育学原理（简缩本）》一书中归纳的国际上诸多学者对教育本质所做的阐释[①]，以下逐一开列出来。同时，为了使得问题展现更加清晰，便在每个阐释的后面添加了括号中的注释。

（1）捷克教育家夸美纽斯认为："教育在于发展健全的个人""只

---

① 胡德海：《教育学原理（简缩本）》，甘肃教育出版社 2008 年版，第 168—170 页。

有受过一种合适的教育之后，才能成为一个人”。即教育产生健全人。

（2）英国哲学家洛克认为：“人类之所以千差万别，便是由于教育之故。”即教育使人产生差别。

（3）法国启蒙思想家、教育家卢梭认为：“植物是由栽培而成长，人由于教育而成为人。”他还认为：“我们生而软弱，因而需要力量；生而无能，因而需要他人帮助；生而无知，因而需要理性。所有我们生而缺乏的东西，所有我们赖以成为人的东西，都是教育的赐予。”即教育使人具有生存能力。

（4）德国哲学家、教育家康德认为：“人只有靠教育才能成人，人完全是教育的结果。”即人之为人靠教育。

（5）被称为近世儿童教育之父的瑞士教育家裴斯泰洛齐认为：“教育是人类一切知能和才性的自然的、循序的、和谐的发展。”即教育使人发展知识和才能。

（6）美国实用主义教育家杜威认为：“教育即生活”“教育即生长”“教育乃是社会生活延续的工具”。并同时认为：“教育是经验不断的改组或改造，这改组使经验的意义增加，也使控制后来经验的能力增加。”即教育是社会生活与生产的实际需要。

（7）苏联教育家加里宁认为：“依我看来，教育是对于受教育者心理上所施行的一种确定的、有目的的和有系统的感化作用，以便在受教育者的心身上养成教育者所希望的品质。”即教育通过感化人以提高人的品质。

（8）《教育学原理（简缩本）》一书的作者表示更加认可《中国大百科全书・教育》中对广义教育定义而反映出的教育本质：“从广义上说，凡是增进人们的知识和技能，影响人们的思想品德的活动，都是教育。”即教育增进人的知识、技能和品德。

从上述 8 种对教育本质的不同表述可以看出，教育本质的阐释者都是从本人所从事研究领域特征出发所做出的界定，无疑，他们的阐释都是正确的，因为这些阐释属于事物的实践本质界定。但是，它们就像物理与化学对食盐这一事物的本质界定一样，仅是事物从不同角度的存在形态反射出的本质问题，与事物的本体本质还是有区别的。

（二）教育的本体本质

事物的本体本质在于该事物的不在场，它是从人类生存需求出发的一种本质界定。但是对事物不在场显示出的本质属性却是应该从该事物（或存在者）存在形态的改变出发进行判断的，否则我们将没有更多的分析依据而无从判断。对于教育本体本质的判断也是应该从教育作为存在者的存在条件出发进行分析，从而得出可靠的判断。

1. 教育的存在形态

“教育装备本体论”一章对教育的存在形态作了分析，教育的四种存在形态分别为：活动现象、行为过程、结构体系和社会组织，无论是从教育的起源建立考虑，还是从教育的哲学解释出发，教育的这四种存在形态都是可以合理阐释教育作为存在者其存在条件的。

人类面对的是两个世界：一个是自然世界（“头顶上的灿烂星空”），另一个是社会世界（“心灵的道德律令”）。人类最初并不是作为自然世界的适者而出现的，但是人类通过以制造工具/装备为标志的劳动活动和劳动行为使自己成为了这个自然世界的适者而生存下来。应该注意，“劳动创造人类”是指对于整个人类的人格进化过程，并不是针对人类个体的进化实现或适应性改造。所以，当一个人类的新生儿出现时，他同样不是这个自然世界的适者，作为人类个体他不是通过漫长的“劳动创造”建立起人格成为适者，而是通过受教育的方式快速地建立人格成为自然世界的生存适者。其中人格的建立便是使其成为社会世界生存适者的必要条件。

其实，人类社会的出现也是一种对自然世界生存适应性的反应，人类与动物为了应对恶劣的自然环境往往都要自动地形成不同形式的社会组织形式，依靠群体的力量来形成和提升其适应能力。于是使得人类新生儿成为生存适者的教育活动与教育行为就成了一种社会活动和社会行为，这样，这个新生儿不仅学会了在自然世界生存，还要学会在这个社会世界生存，成为两个世界的生存适者，教育的结构体系与社会组织的存在形态在这个过程中也就呈现出来了。“人之为人”既是人类作为整体概念的人格建立描述，也是人类个体融入人类社会的根本标志，人类个体这一标志性特征的形成依靠的是教育。另外，人类文明、文化和科学的建立与发展是人类社会发展的重要内容，同时也是社会这个存在者的存在形态，而文明、文化和科学的世代传承也是教育的主要功能。

2. 教育的不在场分析

如上所述，一方面，个体人类在自然世界和社会世界面前必须解决如何成为生存适者的问题，这一适应周期不可能再重复人类从类人猿开始的那漫长年代的人格建立过程，他必须在有生之年解决“人之为人”的问题，成为两个世界的适者，于是教育出现了。另一方面，作为个体人类的人融入社会世界必须发挥作用，对社会有贡献，能够对社会进行传承，这同样需要通过教育才能得以实现。

现在，我们可以假设教育不在场，即人类没有教育这个事物或存在者，则上述对于人类进步最为关键的两个根本问题将无法解决，教育的本体本质在此显现无遗。

如前所述，事物的本质其实是由主体人类赋予的，于是我们可以通过教育的两大功能来赋予教育的本体本质：第一，教人做人，使人建立人格（简称“育人”）；第二，教人做事，使人贡献社会（简称“育才”）。反射出教育本体本质的这两大功能其实也就是人们对教育存在价值的认识，即两种教育的价值观：教人做人体现了教育的“本体价值观”（价值主体是个体人类），而教人做事则体现了教育的“工具价值观”（价值主体是社会组织）。无论哪种形态的教育，都必须以育人和育才为最根本目的，除此之外，以其他为目的的教育形态从本质上讲是与教育的本体本质相悖的。

三　工具/装备本质论

工具/装备的本质同样体现在对人类发展以及人类社会发展的贡献上。但是，为使得问题更加清晰，必须从工具/装备作为存在者的存在形态、它表现出的功能、对它不在场假设以及不存在假设出发来进行详细讨论，工具/装备的本体本质和实践本质才能明显地呈现在我们面前。

（一）工具/装备存在形态与功能

工具/装备在人类形成与发展的过程中起着关键的作用，人类发展的不同阶段工具/装备所表现出的功能也不尽相同，对它们进行认真分析是十分必要的。

1. 工具/装备的存在形态

从“教育装备本体论”一章可见，工具/装备作为存在者所具有的存在形态有：物质形态、中间体形态、人工物力资源形态、智思体形态以及技术物形态。其中技术物形态是特别指出的，后面还要做详细讨论。以下主要对几个能够明显反射出工具/装备本质的重点存在形态做分析。

（1）中间体形态

工具/装备是出现在人类主体与万物客体之间的中间体，这种中间体的存在形态与主体和客体有着根本的区别。当主体人类通过中间体工具/装备对万物客体发生作用时，万物客体的存在形态可能会发生变化，例如：用一把斧头（工具，中间体形态）将天然的树枝（万物客体）砍制成一根杠杆（工具），则这根树枝的存在形态发生了改变，但是该过程中主体人类和中间体斧头的存在形态并没有发生变化；进而，当这根杠杆在使用中折断而失去工具作用时，它就又回到原来的客体形态。

工具/装备作为概念，其中间体形态是稳固的，不会在人类的思维中消逝。作为个体的工具或装备有时会失去其工具或装备之作用，不再具有中间体形态，但是这并不影响工具/装备所具有的中间体形态这一思维规定的牢固性。

（2）人工物力资源形态

所有能够被认为是工具/装备的事物，它一定具有人工物力资源形态：第一，它具有物质形态；第二，它是由人工打造出来的；第三，它属于人类赖以生存的东西。上述例子中那根杠杆具有物质形态并且是由人工打造出来的，人们打造它是出于人们的生存需要。应该注意到，当它折断而失去工具作用时，它有可能成为取火的燃料，它被加工成木柴和其他木柴堆放在一起，此时它仍然具有人工物力资源形态，但是它已经变成消耗型的资源。

可见，工具/装备所具有的人工物力资源形态是不稳固的，这是因为人工物力资源作为概念它包括了消耗性资源和“建设型”资源（工具/装备），此论述请见“教育装备本体论”一章。

（3）智思体形态

工具/装备具有智思体形态，因为它是人类主体理性所及的物质本体。它理性所及的体现是因为它是在人们“深思熟虑”后制造出来的这一结果。此处需要指出，上述例子中的那跟杠杆具有智思体形态，但是当它折断后被当成燃料时它仍然具有智思体形态，只有当它被放入炉火中燃烧时它才具有物自体形态。杠杆与木柴的最大区别在于：杠杆存在的最终价值体现是它的智思体形态，而木柴存在的最终价值体现是它的物自体形态。

（4）技术物形态

工具/装备具有技术物形态，这一点是需要特别关注的。提到技术就必然要提到科学，科学与技术是人类活动中出现的两种不同类型的事物，但它们之间存在着根本性的区别：科学表现为思维形态，是主体人类的思维活动表现；技术则表现为物质形态，是人造物在与自然物区别的成果体现。科学主要表现在意识层面，而技术则主要表现在物质层面。人类之初，科学思想就已经开始在人类思维中逐渐建立，同时人类制造的各种工具也就都包含了技术成分，所以，所有的工具/装备都可以称为技术工具或技术装备。其实，更加清楚的表达式是：人造物 = 技术物；工具/装备是人造物，于是它是技术物。

应该特别强调，技术虽然表现为物质形态，但它仅体现在人造物上，这是由于人造物同时还是智思体，于是技术是人类心中的理念，是挥之不去的东西。

2. 工具/装备的功能呈现

工具/装备的功能呈现是与它的存在形态息息相关的，以下对此一一展开说明。

（1）中间体形态呈现出的功能

工具/装备的中间体形态呈现出的是助手特征、助手功能，它必须在主体的作用下对客体产生作用，而不能主动地对客体发生作用，且永远也不可能成为主体。

（2）人工物力资源呈现出的功能

工具/装备的人工物力资源形态呈现出的功能是人类生存条件功能，对于人类生存它是必不可少的。人类是在自然世界形成长时间后，在具备了一定条件的情况下出现的。与人类同时期出现的生命体有很多，但是它们基本上都是仅以自然资源为其生存条件，直接获取自然资源；只有人类跨出了这一步，通过制作工具间接获取自然资源，并以此而脱离了动物界，获得了人格的建立，成为自然世界的主体。

（3）智思体形态呈现出的功能

工具/装备的智思体形态表示它是人类心中建立的理念，理念具有传承性，所以工具/装备具有传承的功能。工具/装备既将智思体的理念进行传承，也帮助人类对知识进行传承，理念的传承是理性传承，知识的传承是知性传承，工具/装备理性与知性的传承也是它最为重要的功能体现。

（4）技术物形态呈现出的功能

工具/装备的技术物形态呈现出了其不断发展性，它具有推动人类社会不断向前发展的功能。人类的出现依靠工具的制造与使用，人类的发展也依靠工具/装备的技术水平不断地提高。人们共同认可的、推动人类社会发展的几次工业革命从本质上讲都是工具/装备的技术更新与技术改革，它作为技术物形态所呈现出的这一功能是显而易见的。

（二）对工具/装备本质的判断

除了主体人类以外，工具/装备在其存在形态与呈现功能方面确实具有它的特殊性，它的这些功能也确实能够映射它的本质。前面对工具/装备功能的分析是我们对它本质判断的依据。对于事物本体本质的判断可以采用假设该事物的不在场，而且不在场不等于不存在。事物的存在形态呈现了它的功能，事物的不存在使得其功能不再，而其本质将展现出来。

1. 工具/装备的不在场与不存在

前文对教育这一事物的本体本质判断就是假设教育的不在场，而前提是教育是一个已经存在的存在者。工具/装备的本质与教育的本质是有区别的，对工具/装备本体本质的判断既可以假设其不在场，也可以假设其不存在。

（1）工具/装备的不存在假设

工具/装备与教育的起源是不同的，人类的教育产生于人类社会形成之时，而工具/装备则是与人类同时诞生的，且工具/装备对于人类的诞生起着关键性作用（即实现了人类的劳动）。既然人类教育是在人类诞生后形成的，则教育就不能做不存在假设；正是由于工具/装备对人类的诞生起了关键作用，所以可以对工具/装备做出不存在假设。对工具/装备不存在假设的结果是人类也将不存在。

这里需要强调指出的是：不存在不等于非存在。人类不存在是说人类并没有从类人猿转变成人类。而人类非存在是说连类人猿这一人类转换条件都没有，根本无从建立思维概念。

（2）工具/装备的不在场假设

工具/装备的不在场假设是以其存在为前提条件的，工具/装备的存在与其存在形态呈现出了它的功能，而它的不在场假设则使得它的功能消失了，于是主体人类将感觉到它存在的重要性，它的本体本质也就出现了。

锤子是一个工具，当人们手边恰好又没有锤子时，人们就会用手边的石头或其他重物、硬物代替锤子，于是锤子的本质呈现出来。但这个本质是工具/装备的实践本质，并不代表工具/装备的本体本质。显然，找替代物这一操作是工具/装备实践本质呈现时的特征表现。

2. 工具/装备本体本质与实践本质

工具/装备的本体本质和实践本质是在不同形态和不同条件下呈现出来的。以下分别进行讨论。

（1）工具/装备的本体本质

在讨论工具/装备的本体本质时，工具/装备是作为一个整体概念出现的，也就是说它不是指具体的某个工具或装备。此时，我们可以做两种假设：不存在假设和不在场假设。

不存在假设：这一假设是类人猿当初就没有制造和使用工具，于是具有主体人格的人类便不会出现。所以工具/装备的本体本质是人的自为意识的外化，它外在地反映了人格的建立。

不在场假设：这一假设是全世界的工具/装备都突然消失了，人类会因为失去了一个重要的生存条件（生存资源）而使其生存面临绝境，但是由于工具/装备具有智思体形态和技术物形态，它的理念一直保存在人的心中，它具有传承性或继承性，于是人类可以根据这一理念重新制造出一批新的工具/装备而继续满足人类的生存需求。所以工具/装备的另一个本体本质是人类赖以生存的必备资源，它是人工制造的，它同时是技术理念的展现，是技术物。

（2）工具/装备的实践本质

我们注意到，不存在假设和不在场假设下工具/装备呈现出的本体本质不是通过寻找替代物而呈现出来的。工具/装备的实践本质却与寻找替代物有着必然的关系。

各个领域的工具/装备具有特殊性，农业、工业、军事、医疗、科技以及教育等领域工具/装备的本质为实践本质。对各个领域工具/装备实践本质的判断可采用不在场假设，而呈现出的实践本质是由人工制造的各个领域的生存资源，并具有技术物性质和可替代性。例如，可用家用刀临时替代手术刀，可将机床当作教具（教育装备）等，以解一时之需。

四 教育装备本质论

教育装备的本质是实践本质，同时它继承了教育的本质与工具/装备的本质。对教育装备本质的具体描述如下。

（1）教育装备属于教育资源，是教育体系赖以生存的条件；或者说，教育装备是教书育人的必要条件。

（2）教育装备是人工制造的，同时它具有时代特点：在农业化时代它具有农业化制造特点，在工业化时代它具有工业化制造特点，在信息化时代它具有信息化制造特点，在即将到来的智能化时代它也一定具有智能化制造特点。

（3）教育装备是技术物，所以它也体现技术特点：在农业化时代它具有农业化技术特点，在工业化时代它具有工业化技术特点，在信息化时代它具有信息化技术特点，在即将到来的智能化时代它也一定具有智能化技术特点。于是，教育装备等于教育技术装备。

（4）教育装备的可替代性。教育装备具有很强的可替代性，可以这样说，早期教育装备中的教学装备除了黑板粉笔以外，其他工具/装备基本上都是从别的领域或应用场合拿来替代的。但是随着教育的规模变大、需求增高以及理论的建立与发展，开始出现大批的企业专门设计、制造和经营教育教学装备，教育装备的可替代程度逐渐减弱。这种现象特别出现在我国，目前我国已经具有世界上规模最大的教育装备行业和教育装备产业。

（5）教育装备的可传承性。教育装备的可传承性是需要具体分析的。前文提到，工具/装备具有理性传承性和知性传承性，理性传承是对工具/装备作为智思体的理念传承，知性传承则是对人类知识和理论的工具性传承。教育装备几乎毫不具备理性传承的性质，所以才表现出了很强的可替代性。但是教育装备具有很强的知性传承的性质，所以教育教学才必须使用它，所以才称它为教育资源，才成为教书育人的必要条件。

教育装备的资源性、人工制造性、技术性、可替代性以及知性可传承性是教育装备实践本质的最根本体现。

第二节　教育装备起源论

研究教育装备的起源与研究教育装备的本质其实是一个问题的两个方面。如果说研究教育装备的起源是在寻找它的历史起点的话，那么研究教育装备的本质就是探讨它的逻辑起点，而马克思主义认为，一个事物的历史起点与其逻辑起点应该是辨证统一的。通过前面对教育装备本质的分析和此处对教育装备起源的分析，可以使对教育装备概念的表述更为清晰，对教育装备概念的界定有更坚实的依据。

按照本书的研究路径规定，研究教育装备的起源论应该从哲学起源论开始，通过对教育的起源论、工具/装备的起源论分析，最终得出教育装备起源论的研究结论。但是，本书界定的“哲学起源论”应该是哲学中针对诸事物或诸存在者起源规定的一般性原则或理论，而在哲学界人们对“哲学起源论”的各种论述其实都是研究和讨论哲学的起源问题，如西方哲学的起源或中国古典哲学的起源等，并没有本书所期待的事物起源的一般性哲学理论。于是，本节的讨论并没有从“哲学起源论”开始，而是直接讨论教育的起源论、工具/装备的起源论，进而得出教育装备起源论的研究结论。

一　教育起源论

对教育起源的理解反映了对教育本质的理解，这也正是前文所指出，教育的历史起点与教育的逻辑起点是辩证统一的。

（一）教育的词源反映对起源的理解

对教育的词源进行分析有助于对教育起源的探讨和理解。

1. 西方古代对教育的诠释

在西方，教育的英文是education，这个词来源于拉丁文的一个动词educere，educere这个词是由前缀字母e和ducere两部分组成的，前缀字母e在拉丁文中的意思为“出”，ducere为“引”，合起来是“引出”的意思。这就是说，教育就是要用引导的方法，来发展学生的身心①。引导、教导是西方人对教育的最开始的理解。

柏拉图曾说：“学习就是回忆。”② 对“学习就是回忆”的解释有很多种，但是其中显然道出了学习是一个自主的过程，提倡学习者自己主动地获取知识，教育更多地在于内因发挥作用。

2. 中国古代对教育的诠释

在中国，“教育”一词最早见于《孟子·尽心上》，但是在20世纪之前，很少有人直接使用这两字连用的词，而是使用“教”或“学”③。其中，“教”在甲骨文中的常见写法如图3－1所示，字的左边下半部是表示孩子的人形，左边上半部是一个“爻”字（有卜卦或获得真相的意思），它表达的意思是一个孩子正在学习，而右边则是一个成人手

① 胡德海：《教育学原理（简缩本）》，甘肃教育出版社2008年版，第167页。
② 冯契主编：《外国哲学大辞典》，上海辞书出版社2008年版，第78页。
③ 唐汉卫、魏薇主编：《教育学基础》，山东人民出版社2010年版，第2页。

里拿着鞭子或棍子，表示这个成人正在督促那个孩子学习。

图 3-1 甲骨文“教”

中国古代伟大的哲学家、教育家孔子曾说：“我非生而知之者，好古，敏以求之者也。”（《论语·述而》）所以，中国自古提倡在别人的督促下进行学习，学习者是从外部获取知识，教育更多地是外因发挥作用。

3. 教育、教学与学习

（1）教育与教学

教育与教学是不同的两个概念，《教育大辞典》中对教育概念的界定是：“传递社会生活经验并培养人的社会活动。通常认为：广义的教育，泛指影响人们知识、技能、身心健康、思想品德的形成和发展的各种活动。”“狭义的教育，主要指学校教育。”① 而《教育大辞典》中对教学概念的界定是：“以课程内容为中介的师生双方教和学的共同活动。学校实现教育目的的基本途径。特点为通过系统知识、技能的传授与掌握，促进学生身心发展。”② 既然教学是“学校实现教育目的的基

① 顾明远主编：《教育大辞典》（增订合编本上），上海教育出版社 1998 年版，第 725 页。

② 顾明远主编：《教育大辞典》（增订合编本上），上海教育出版社 1998 年版，第 711 页。

本途径”，所以教学显然应该附属于教育，是教育的一个基本内容或重要的组成部分。于是可以确定，教育是个大概念，教学是教育下的一个小概念。

名词教育一词对应的英文单词是 education，而动词教学一词在英文中更多地使用 teach 这个动词或 teaching 这个动名词。词源在线网站[①]上可以检索到 education 是：“养育孩子或动物训练的意思，来自法语 Éducation，并直接来自拉丁语 educationem，过去分词词干中的动作名词‘a rearing，training’，最初是关于社会规范和礼仪的教育；意思是‘系统的教育和工作培训’。”词源在线网站上可以检索到 teach 是：“来自古英语 tæcan（过去时 tæhte，过去分词 tæht），是‘显示、指出、声明、演示’的意思，也是‘指示、训练、指派、指挥、警告、说服’的意思。”可见，教育与教学在汉语和英语中都有不同的涵义。

（2）教学与学习

汉语中的教学可以拆成两个字——“教”与“学”，其中教是教师或教育者的教学行为，而学则是学生或受教育者的学习行为。《教育大词典》也认为教学是“以课程内容为中介的师生双方教和学的共同活动”。《教育大辞典》中对学习（learning）概念的界定为：“作为结果，指由经验或练习引起的个体在能力或倾向方面的变化。作为过程，指个体获得这种变化的过程。”[②] 这里强调了学习是个体行为或过程。

对应汉语的“教”，英语使用 instruct 一词，而对应汉语的“学”，英语使用 learn 一词。词源网站上检索到 instruct 是：“15 世纪早期，拉丁语中的‘告诉、告知、传授知识或信息’，或者称‘提供权威指示’。”词源网站上检索到 learn 是：“古英语 leornian‘获取知识，被培养；学习，阅读，思考’的意思。”可见，英汉在教与学概念的认定上基本是一致的。

（二）教育起源学说

对教育的起源存在多种认识，原因在于对教育本质认识上的差别。

---

① https：//www. etymonline. com/.

② 顾明远主编：《教育大辞典》（增订合编本下），上海教育出版社 1998 年版，第 1815 页。

人们对教育本质的认识经历过大量的讨论①，却始终存在着诸多不同观点。从19世纪初直至今日，一直进行着对教育起源的讨论，建立的学说很多，究其原因，其实是由于人们在对教育本质的认识上存在着差异造成的。但即使是这样，人们在认识上比较集中的有四种教育的起源学说或者称教育的起源论，分别为教育的生物起源学说、教育的心理模仿起源学说、教育的劳动起源学说和教育的人类社会需求起源学说。以下我们对这四种教育起源学说进行分析。在“教育装备本质论”一节中，我们对教育的本质进行了讨论，得出的结论是教育的本质是由教育的两大功能体现出来的：第一，教人做人，使人建立人格、传承文明（简称“育人”）；第二，教人做事，使人贡献社会、传承文化（简称“育才”）。

1. 教育的生物起源学说与教育本质论的冲突

教育的生物起源学说认为教育是一种生物现象，教育起源于一般的生物活动。人与动物一样生之初就有由遗传得到的潜在教育，而动物基于生存与繁衍的天性将“经验”“技巧”传给幼崽的行为便是教育。

在中国一直存在着“性本善”和“性本恶”的讨论，其实这个“善”与“恶”是两个完全不同层面的问题。人具有两种不同层面的属性，首先人属于动物，他保留了动物天生利己的生物本性，具有“自私的基因”，即生之初性本恶。但是，人类通过以制造工具/装备为特征的劳动而建立起具有利他属性的理性人格，人类便脱离了动物界，成为性本善的文明主体人类。教育是在人类为了将文明和文化进行世代传承的需求下而产生的，所以，从教育的育人本质考虑，教育的生物起源学说是与教育的本质论相冲突的。

2. 教育的心理模仿起源学说与教育本质论的冲突

教育的心理模仿起源学说是从心理学的观点来解释教育起源问题，认为原始社会没有学校、没有教师、没有教材，教育智能起源于儿童对成人无意识的模仿，模仿既是最初的教育形式与手段，也是教育的本质。

---

① 全国教育学研究会编：《关于教育本质问题的论争》，人民教育出版社1980年版。

这个观点最少存在着以下三个方面的问题：

（1）教育的心理模仿起源学说对于人类原始社会没有学校、没有教师的判断是错误的，它违背了事实，本节后面将要指出，人类在原始社会就已经存在了原始的“泥板学校”。

（2）教育的心理模仿起源学说所谓的教育其实不应该是教育，而是我们前文所说的学习，即作为个体的行为和过程而呈现出的学习。

（3）“教人做人”与“教人做事”的“教”既是教育的主体行为，也可以具体化为教师或教育者的行为，教育体系必须具有教师或教育者这个主体。所以，教育的心理模仿起源学说与教育本质论是相冲突的。

3. 教育的劳动起源学说与教育本质论的不一致性

教育的劳动起源学说认为劳动是人类从猿转变为人的根本原因，劳动创造了人，因而劳动必然是教育产生的最初的本源，教育就是对劳动技能的传承；而且认为人类的教育是伴随人类社会的产生而产生的。

人类的教育是伴随人类社会的产生而产生的，这个认识应该是基本正确的，因为“教人做事”的功能与价值主体就是人类社会。但是，教育的劳动起源学说存在一个逻辑上的问题，即认为由于劳动创造了人类，所以劳动也就必然创造了人类的教育。其实人类从类人猿转变为人是在以制造和使用工具/装备为特征的劳动中自我创造的结果，在制造和使用工具/装备的过程中人将自己塑造为主体，从自然意识走入自为意识建立了人格，而工具/装备则外在地反映了人格的建立。所以，劳动只是一种表象，工具/装备才是本质，于是劳动创造人类教育也就不能成立。教人做人，使其融入社会；教人做事，使其服务社会。教育本质论反映出的教育起源应该在人类社会形成之后。

4. 教育的人类社会需求起源学说与教育本质论的统一

教育的人类社会需求起源学说认为教育起源于人类社会生活的需要，起源于社会群体传递、发展文化和社会个体社会化这两个方面的共同需要。①

---

① 胡德海：《论教育起源于人类社会生活的需要》，《西北师大学报》（社会科学版）1995 年第 5 期。

这个论点是与教育本质论基本一致的，教育为了传递与发展文化是“教人做事”，教育使个体社会化是“教人做人”。教育的人类社会需求起源学说与教育本质论的统一满足了事物的历史起点与逻辑起点一致性的要求。

（三）教育起源讨论的语境

上述四种学说其实都各自反映了对教育的本质认识。教学作为教育的主要形式，它是知识传播途径，是由“教”的过程和“学”的过程共同组成的；而作为一种人类社会现象，则具有社会性、生产性、平等性、文化性、民族性等本质属性。教育的生物起源说更多地强调了教育中“教”的作用，认为教育的本质就是长者将经验传递给幼者。教育的心理模仿起源说过多地强调教育中“学”的过程，认为教育的本质就是学习者主动地模仿长者。教育的劳动起源说则更多地强调教育的生产性，认为教育的本质就是生产劳动经验的传递。而教育的人类社会需求起源说在强调教育的社会性的同时，还说明了教育的“教”的过程（社会群体传递、发展文化过程）和“学”的过程（个体社会化过程），认为教育的本质在于其社会性与文化性。就像对食盐的本质属性进行描述一样，人们从不同的角度去看待教育，会强调其某一方面的本质属性，于是就有了不同的教育起源的认定。我们不能完全地否定任何一个学说，而只认为其中的某一个学说才是唯一正确的，因为他们在论述时的语境不同。在讨论之前他们并没有做一个约定，以使得他们处于共同的语境之中。从一些文献中可以看出，在中国，人们更多地倾向于教育的劳动起源说，认为它真正地体现了马克思主义的观点。但是，人类早期的教育其实是脱离了当时生产劳动的一种社会活动（如：宗教活动、艺术活动、早期教育活动等），往往是由失去生产劳动能力而具有丰富经验的老人承担教育者的工作，而受教育者则又都是还不具有生产劳动能力的幼者。其实，并没有一个一统的教育起源说，对教育起源的规定决定于对教育本质属性的规定，而对教育的本质属性的认定，又与我们讨论者的语境有关。

为了对我们讨论的“教育装备起源”中的“教育”有一个约定，就必须首先统一我们的语境，说明它的本质，并由此本质属性来限定它的起源。

（四）教育装备之“教育”的起源

在讨论“教育装备”中的“教育”起源之前，必须对该教育的本质属性有一个约定，即要使我们的讨论处于共同的语境之中，而我们的共同语境就是要约定我们正在讨论的是教育装备问题。这就像我们在讨论食盐的本质属性时需要作出的约定：是讨论食盐对人体作用的属性问题，还是其物理属性问题，抑或是其化学属性问题。为此必须说明：我们所谓的教育装备并非所有对教育能够发生作用的装备，例如在家庭教育中使用的家用电器（家用电视机、计算机、收音机等）就不应该在讨论的范围之内，教育装备必须是在专门的教育机构中发挥作用的那些装备（或人造物）。限定了教育装备的范围，也就限定了教育装备之“教育”，这里的“教育”应该是指所有的在校教育，包括学历教育与非学历教育，就目前来说即教育部所管辖的教育，而不包括社会公共（校外）教育、家庭教育等非在校教育。

在上述约定下的教育就必须是人类建立起社会关系后，在有意识、有组织的情况下所进行专门的学校教育（或原始学校教育）活动。例如，中国的考古发现，仰韶文化（公元前4800—前4300年）遗址的西安半坡村有一间160余平方米的大房子，里面有早期的图形文字。历史学家认为这是氏族活动的场所，而这些活动起着教育的作用，该场所被认为是最早的学校。① 又如，国外的考古学家则认为古巴比伦在大约公元前2100年建立了世界上最早的学校，这些学校主要使用泥板作为书写工具，因此称为“泥板学校”②。通过这些考古发现可以看出，这种有意识、有组织的专门学校教育确实是与人类的社会活动相关联的，自有人类社会起就有了原始学校教育，这是人类的社会生活需求。所以作者认为，教育装备之教育的起源应该采用胡德海教授的教育人类社会需求起源说。

---

① 汪刘生、黄新宪编：《中外教育史大事对照年表》，吉林教育出版社1990年版，第2页。

② 王晓华、叶富贵主编：《中外教育史》，首都师范大学出版社2009年版，第162—163页。

这里有一个逻辑问题需要澄清。本书是想通过对教育起源与装备起源的分析来论证教育装备的起源，但是此处对教育起源的认定却使用了教育装备这个讨论环境，这似乎是将论证的结论事先放到了前提之中，犯了循环论证的逻辑错误。其实不是这样。教育装备在这里只是作为语境出现，它并没有对教育的本质产生影响，教育的本质属性仍然是对教育起源规定的决定性因素。就像现在要讨论食盐与硫酸发生的反应，当然要选择食盐的化学属性作为当前语境，食盐的具体化学属性不因我们要研究其与硫酸反应而发生任何变化，显然这里并不存在逻辑上的循环论证。

二　工具/装备起源论

讨论工具/装备的起源要比讨论教育的起源困难，这是因为鲜有资料记录对工具/装备本质与起源的论述，没有更多的参考文献为讨论提供支持，甚至对工具/装备的概念如何规定，定义如何表述都不是十分清晰的。

（一）对装备的词源分析

对“装备”一词做词源分析要比对“教育”一词做词源分析困难得多，在中国教育一词自古就有，甚至在甲骨文中也能查到它的踪迹；而装备一词有可能是外来语，它到了近代才在一些文献上出现。最大的可能性是汉语装备一词来源于日语，而日语“装備”则是对英语中的相关词汇进行的翻译。为了查证这一点，作者首先查阅了《康熙字典》，在“装”字和“备”字的条目中没有出现“装备”词组的词例，说明清代时期的汉语中尚未有装备一词使用。从书籍与杂志的查找中发现，最早出现装备一词的时间为1915年。由胡明复等人创建的中国《科学》杂志于1915年1月在上海问世，该杂志1915年第4期刊出了胡明复的一篇名为“晚近行军三要素：编制，装备，训练”的文章，其中多次使用了装备一词。《东方杂志》则由商务印书馆创建于1904年（清光绪三十年），梁启超、蔡元培、严复、鲁迅、陈独秀等都曾在该刊上发表过文章。在查阅中发现，从创刊开始，前几年发表的文章中都没有使用装备一词的，直至1915年该刊上发表的《论美国之海军》

（作者：胡愿深）一文中才出现装备一词。并且从这些文章可以清楚地看出，当时装备一词主要用于军事，且仅出现在与军事有关的文章之中。而当时的国际形势是这样的：1894 年（清光绪二十年）中日之间发生甲午战争，中方战败；10 年之后，1904 年俄日之间发生日俄战争，俄方战败。两次战争使得中国人更多地去学习日本的军事，装备（日文“装備”）一词的引进就在所难免了。在《辞海》中，对装备一词的注释是：“军队用于作战和作战保障的各种器械、器材等军事装备的统称。”而《现代汉语词典》的解释有三个：“（1）指给军队配备武器、军装、器材、技术力量等；（2）指为工矿、企业配备机器和技术力量等；（3）指为工矿企业配备的各种机电设施。”从国内各种传统字典词典中的解释可以看出，对装备的解释依然停留在以军事为主的范围内。近年来人们对装备的理解发生了一些改变，例如“百度百科”对装备的定义是：“装备指配备的一些设备。”[①]“维基百科”直接将装备定义为“工具”[②]。但是作者认为“设备”和“工具”还不能充分反映装备的概念，如作为军事装备的军装，它既不是设备（如：通信设备）也不是工具（如：工兵工具）。

装备一词可以作为名词使用，对应的英文是名词 equipment（或 accoutrements）；也可以作为动词使用，对应的英文是动词 equip（或 accouter）与词组 fit out。作名词使用时，装备是被其概念规定的客体（相对于主体人）或实体，是装备物。而作动词使用时，装备则是表示对主体（人）进行客体装备物配备的行为，或者更学术地称为“客体的主体化”[③]。其中名词 equipment 是配备、装备、设备、器械、用具的意思，但同时还有才能、知识、素养的意思。及物动词 equip 是动词装备、配备行为和使有能力，使有资格以及赋予的意思。其中 equip 与 equipment 来源于 16 世纪时期的法语，而动词 accouter 则来源于古老的拉丁语 accosturare，在拉丁语中该词是缝合的意思，所以西方的装备一词

① http：//baike. baidu. com/view/193622. htm，2022 年 12 月 24 日。

② http：//zh. wikipedia. org/wiki/% E8% A3% 85% E5% A4% 87，2022 年 12 月 24 日。

③ 颜士刚：《技术的教育价值论》，教育科学出版社 2010 年版，第 11 页。

是强调了人为加工制作的内涵。

（二）与装备起源相关的装备本质属性

在《中国现代教育装备》杂志2013年第14期刊出的《关于教育装备概念的再讨论》一文中，作者详细论述了装备的本质，认为，（1）装备是人类生存的条件(即生存资源）之一；（2）“真际”装备是人类心中的理念；（3）实际装备是由人工制造的。所以，作为装备就具有了三个本质属性：生存资源性、人类独有性、人工制造性。

1. 生存资源性

人类正是为了更好地生存才创造了装备，装备是人类生存必须的资源之一。人类生存依赖资源，在经济学中“资源可以被定义为生产过程中所使用的投入。……按照常见的划分方法，资源被划分为自然资源、人力资源和加工资源”①。而在社会学中，“按照资源的属性，可以将资源分为自然资源、社会经济资源和技术资源，它们被称为人类社会的三大资源。社会经济资源又称社会人文资源，是直接或间接对生产发生作用的社会经济因素，其中人口、劳动力是社会经济发展的主要条件”②。由此可见，社会经济资源即人力资源，而加工资源或技术资源其实就是人工资源。于是，人类生存资源就被分为自然资源、人力资源、人工资源三个部分，而装备则属于人工资源部分。

2. 人类独有性

装备是人类独有的，用哲学语言可表达为：“真际”装备是人类心中的理念。人类学家与动物学家发现，一些动物也有使用工具和制作工具的本领。但是，动物使用和制作工具只是一种模仿，当它们所熟悉的情境不再重现时它们将不能再进行有效模仿。有实验证明：黑猩猩可以模仿人类用一桶水将燃烧的篝火浇灭，但它们提着一个空桶却不知如何将一堆燃烧在河边的篝火扑灭。它们掌握的知识无法迁移，是因为它们头脑中没有这个事物或工具的理念。面对一个钉子而手中没有锤子时，

---

① ［英］彼得·蒙德尔等：《经济学解说》，胡代光等译，经济科学出版社2000年版，第4页。

② 丁明刚：《高校图书馆学术期刊管理概论》，合肥工业大学出版社2011年版，第54页。

人类可以用手中的手机去砸钉子，因为锤子的理念在人类头脑中，而动物却对此无能为力。马克思说："我们要考察的是专属于人的劳动。蜘蛛的活动与织工的活动相似，蜜蜂建筑蜂房的本领使人间的许多建筑师感到惭愧。但是，最蹩脚的建筑师从一开始就比最灵巧的蜜蜂高明的地方，是他在用蜂蜡建筑蜂房以前，已经在自己的头脑中把它建成了。"① 作为广义的工具，装备已经成为人类心中的理念，动物不会在心中建立这个理念，所以从建立理念的角度出发，装备是具有人类独有性的。

3. 人工制造性

装备是人工制造的，这与人类的劳动有关。对于劳动的定义，黑格尔认为："劳动是受到限制或节制的欲望，亦即延迟了的满足的消逝，换句话说，劳动陶冶事物。对于对象的否定关系成为对象的形式并且成为一种有持久性的东西，这正是因为对象对于那劳动者来说是有独立性的。"② 人与动物都具有"果腹"的欲望，面对食物，如果他们直接去获取，则不是劳动。但是，当人类限制或节制了当下满足的这种欲望，他们做到先去制作获取食物的工具，再去得到食物，则这个"延迟了的满足的消逝"的过程就称为劳动，那个被劳动陶冶的事物就是劳动工具（即装备），它是被人工（即通过劳动）制造的。人工制造工具或装备的过程是对制造工具或装备原材料这个对象的否定，使它"成为一种有持久性的东西"，即装备本身。

上述讨论的三个性质决定了讨论装备起源时的语境，即认定装备的起源必须与人类的生存、人类的思维、人类的劳动联系起来。

（三）广义装备与狭义装备

上面论述中装备的概念其实还仅是一个狭义的概念，即狭义装备就是工具和设备，而人工资源这个装备的概念则是一个广义装备的概念。

1. 物化装备与非物化装备

作为人工资源的广义装备，除了包括工具、设备、各种人造物资这

---

① 中共中央马克思恩格斯列宁斯大林著作编译局编译：《马克思恩格斯全集》（第二十三卷），人民出版社 1972 年版，第 202 页。

② ［德］黑格尔：《精神现象学》（上卷），贺麟、王玖兴译，商务印书馆 1979 年版，第 130 页。

些物化的资源以外，还应包括人为制造的非物化的资源，如科学、技术、知识、信息等。科学、技术、知识、信息等这些非物化的资源也都是人工（或说是人类）制造出来的，但它们不是物质的，不具有物质形态。提出“科学技术是第一生产力”，就是将科学、技术纳入人工资源的范畴；而“知识就是力量”是认可了知识作为重要资源的地位。社会发展到今天，信息则更被人们公认为是当前最为重要的资源之一。所以，广义的装备应该包括物化装备（即物化人工资源）与非物化装备（即非物化人工资源）两个部分。

2. 生产性装备与非生产性装备

在物化的装备中，工具、设备等属于生产性装备，因为它们是生产资料。但是还存在大量的非生产性的物化装备，例如军装、军粮、医疗器具等。与许多事物的概念界定相似，在装备与非装备之间总能够找出一些事物，它们处于不同种属的边界上，这种临界状态使得我们对它的界定似是而非。比如一个馒头，它是人工制造又是生存资源，但我们很难将它与通常说的装备联系起来。但是如果说这个馒头是军粮的一部分，一支用粮食装备起来的队伍要比一支挨饿的队伍更有战斗力，如此将它看作是装备就会很容易被我们接受。教育装备更加如此，它们往往都不具有生产资料的性质，而属于非生产性的物化教育资源，但是它们完全满足了装备的概念规定。此外，以前人们从未将学校的后勤设施设备算作是教育装备（虽然它们完全满足了教育装备概念的思维规定），但是自从 2012 年 5 月 31 日中国教育装备行业协会学校后勤装备管理分会成立后，问题似乎有了一个定论，即将非直接用于教学的学校后勤设施设备列为教育装备范畴也是人们可以接受的。

总之，狭义的装备是指人工制造的物化生产性资源；而广义的装备则既包括物化的人工制造的资源也包括非物化的人工制造的资源，并且在物化的人工制造的资源中，既包括生产性资源也包括非生产性资源。

（四）装备的起源分析

我们现在讨论的“教育装备”是一个名词，其中的“装备”一词也是名词，所以在这里只分析作为名词的“装备”的起源问题。从上述装备的词源分析和本质属性分析可以看出，所谓装备，应该主要体现在人类为了某个目的而生产制作的物品。生产制作的物品属于“技术物”或“技术工具”，而非生产制作或自然形成的物品则是“非技术物”。设想最早的人类在狩猎时需要工具，他可以从地上随便找一根木棍，这根天然的木棍是不具有技术含量的，可称它为“非技术物”。而当他对一根木棍进行修整和打磨使它变得尖利后，作为狩猎工具它将更为有效，此时木棍具有了技术含量，就变成了“技术物”。技术物的功能有效性使人类对技术更感兴趣，于是技术得以继承、发扬、发展。装备是生产制作的物品，所以它是技术物。从这一点来说，装备与技术装备是同一个事物的不同说法，它们都是在说明具有技术含量的物品。但是由于装备已经是技术物品，所以“技术装备”中的“技术”一词就显得十分多余，技术装备其实就是装备。

装备的生存资源性、人类独有性、人工制造性这些本质属性决定着我们对装备起源的认定。人类是在漫漫的历史长河中逐渐发展进化来的，他的生存对象也是有历史渊源的。西方哲学家称人类为“怕冷的动物”，因为他们不具有其他灵长类动物一样抵御寒冷的厚厚毛发。从达尔文进化论的角度看，由于人类缺乏这起码的生存条件，应该是被“劣汰”掉的种群。而人类之所以能够生存下来，并且发展成为今天这样，是人类依靠劳动制造装备而改变和优化生存条件的结果（生存资源性）。原始的简单装备是抗寒的衣物和捕猎食品的工具以及为了获得温暖而取火的器械。人类以外的其他动物都是“怕火的动物”，只有人类通过劳动获取火源，并利用火来加工熟食以便更加容易吸收营养而获得更多的热量。“人类学的研究表明，人与多数动物相比，是一种‘有缺陷的生物’。人的原始特性是他的未特定化，即人的本能的匮乏。我们知道，大多数动物出生后很快就能独立生存，其生存能力是通过遗传获得的，是本能的，而人之初生，赤身裸体，孱弱无力，没有先天赋予的生存装备，因此人的生存装备需要外界赋予，具有人工性，例如抵御寒冷的衣服，对付野兽的武器，等等。”① 可以看出，装备是伴随着人类的出现而产生的（人类独有性），自有人类起就有了装备，装备是人

① 韦毅：《教育起源析论》，《南京晓庄学院学报》2002 年第 3 期。

类的生存需求。

三 教育装备起源论

教育装备是与教育和装备同源的，自有人类起就有了教育，教育是人类的社会生活需求；自有人类起就有了装备，装备是人类的生存资源需求；所以，自有人类起就有了教育装备，教育装备是教育赖以生存的人工条件，可称为人工教育资源。同时，教育对教育装备的依赖性是显而易见的。不仅教育装备的水平可以如实地反映教育的发展水平，就是对于教育起源、教育历史的研究，从考古学角度说，也只能是通过对当时教育装备的遗留物来进行考查的。所以，研究教育装备的起源，就是在研究教育的起源；研究教育装备发展史，其实就是在从另一个角度研究教育的发展史。

（一）对教育装备的词源解释

“教育装备”作为一个独立的词出现，其时间比较晚。作者使用“超星发现系统”（http：//ss. zhizhen. com/）进行检索，找到最早使用教育装备一词的是一篇名为《美国医学教育技术机构简介》①的文章，在其文中使用了“视听教育装备”。而与其对应的英文名词“educational equipment”则最早见于一篇“*The Educational Equipment of the Professor of Education*”② 的文章。但是，其他与教育装备相关的概念如：教学装备、教育技术装备、技术装备、条件装备、教具、学具等，出现的时间要远早于教育装备一词。

教育装备一词出现得晚不等于其作为一个事物以及一个概念出现的时间晚。教育装备是与教育和装备同源的，它的出现与人类社会的出现同时，只是当时的人们没有使用这个名词罢了。“教育装备”是一个新名词，对它的来源分析对我们探讨教育装备的起源意义不大，所以我们可以暂且放弃对这个名词的溯源。

① 徐德成：《美国医学教育技术机构简介》，《医学视听教育》1994 年第 4 期。

② Brickman，“The Education Equipment of the Professor of Education”，*School and Society*，1965，Vol. 93，No. 2256.

（二）教育装备作为教育资源

既然装备是人类赖以生存的人工资源，则教育装备就应该是人类教育赖以生存的人工资源。教育赖以生存的资源称为教育资源，《教育大辞典》中定义："教育资源（educational resources）是教育过程所占用、使用和消耗的人力、物力和财力资源，即教育人力资源、物力资源和财力资源的总和。"① 从教育装备的角度看，财力资源并不是人们所关注的内容，并且财力资源仅仅是一个过渡性、暂时性的资源，它最终还是要通过工资形式转化为人力资源，或者通过货款形式转化为物力资源，所以在此可以将其忽略不计。而物力资源则可以进一步细分为自然资源和人工资源两个部分，其中，人工资源是人类为了教育教学的目的而生产、加工、购置或改造的物力资源，自然资源是未经加工的物力资源。与教育的本质可以通过教育的功能来体现一样，教育装备的本质也可以通过其功能体现。教育装备发展历史上的许多史实，既能够验证它的本质，同时还能够说明它确实是教育赖以生存的人工资源。

1. 教育装备发展对教育体制变更的作用

中国在西周时期（公元前 11 世纪—前 8 世纪）已经有了比较完整的教育制度，但学校教育主要是官学，学校以官办为主。正如《简明中国教育史》中所述："西周的教育制度是政教一体、官师合一的，这是'学在官府'的重要标志。这是因为：古代的典章文物，如典、谟、训、诰、礼制、典章，都藏于秘府，有专官执掌，唯官有书；礼、乐、射、舞所用的器具，都藏于宗庙，由典乐官掌握，唯官有器。欲学者必就官而学。因此学校教师都由官吏兼任。"② 即由教育资源、教育装备的掌控形式决定了当时的教育体制。到了春秋战国时期（公元前 770 年—前 221 年）官学衰落而私学兴起，孔子的私学教育就是在此时出现。造成文化、学术下移，私学兴起的原因不是别的，而恰是当时教育资源、教育装备掌管权利的下移所致。《中外教育史》中关于这一情况

① 顾明远主编：《教育大辞典》（增订合编本上），上海教育出版社 1998 年版，第 799 页。

② 王炳照等编：《简明中国教育史》，北京师范大学出版社 1994 年版，第 11 页。

有如下记述："西周以前，典章文物都藏于官府，知识和学术为官府所垄断，只有贵族才有机会接受教育，接触和掌握知识和学术。但到春秋战国时期这种局面被打破，文物典籍和掌管文物典籍的官吏流落到各诸侯国和民间。"① 由此可以看出，教育装备在教育的变革中确实起着十分关键的作用。

2. 教育装备发展对教育思想与模式的作用

明末清初以及晚清民初两个时期之中，欧洲及美国等西方国家的学术思想传入中国，对中国的学术、思想、政治和社会经济都产生了巨大影响，该历史过程被称为"西学东渐"。西学东渐现象是指在上述两个时期中，由来华的西方人、出洋华人、西方书籍和译著，以及新式教育等为媒介的文化活动。这个活动将西方的哲学、天文、物理、化学、医学、生物学、地理、政治学、社会学、经济学、法学、应用科技、史学、文学、艺术等传入中国。这些出版的著作与译著作为教材，极大地影响了中国的教育，使中国从私塾、书院、科考为主的旧式教育中挣脱出来，开始走进近现代的教育模式。同一时期，西方的教学仪器设备也大量引进，例如清光绪三十年（1904 年）由周学熙在天津玉皇阁创办。"以仿造教育各种品武、仪器，备学堂教科之用，以浚发学识，挽回漏卮"为宗旨，制成教育用品达200 多种。附设教育品陈列所，任赵元礼为管理。后迁至河北劝业会场内。② 到 1907 年，清政府再拨扩充成本银二万两，重新制定了"仿造教育上各种品物仪器，专备学堂教科之用，以睿发学识，挽回学界漏卮为宗旨"③ 的方针。这些教育装备的推广和使用，对中国"兴办西学"、学习西方科学技术思想，起到无法估量的巨大作用。

（三）教育装备的历史起源

黑格尔认为："那在科学上最初的东西，必定会表明在历史上也是最初的东西。"④ 早期的教育无论是因生物起源、心理模仿起源、劳动

① 王晓华、叶富贵主编：《中外教育史》，首都师范大学出版社 2009 年版，第 23 页。

② 郑天挺等编：《中国历史大辞典》，上海辞书出版社 2007 年版，第 1219 页。

③ 陈凯：《百年前的教育品制造所》，《天津日报》2009 年 10 月 18 日。

④ ［德］黑格尔：《逻辑学》（上卷），杨一芝译，商务印书馆 1982 年版，第 77 页。

起源还是社会需求起源，其本质上都是“增进人们的知识和技能，影响人们的思想品德”。这里的“知识”是显性知识，通过口耳传诵就能够达到知识传播的目的。但是口耳传诵会产生误差和丢失信息，所以在文字发明以后就采用文字记录的方式，而用于文字记录的泥板、竹简、兽皮、书本等就成为早期的教育装备。“技能”则是隐性知识，进行知识传授时往往必须借助一些实物或工具，即使是教育生物起源说中成年动物教育幼子学习捕猎，也是需要捕猎目标这一实物作为教育装备出现的。“影响人的思想品德”可以通过语言说教、榜样行为、制度约束与文化传承。其中语言说教与榜样行为在知识和技能传授中的作用都已经有所体现，在影响人的思想品德方面，其教育装备的作用也必然相同。而制度约束与文化传承过程则必须依赖信息的承载物，此时这些信息载体即为教育装备。需要说明的是，探讨逻辑起点与历史起点往往是针对一个学科或一个研究领域而言的，一般不会针对某个具体的物件。所以，本书中所说教育装备的逻辑起点与历史起点问题，其实是将“教育装备”作为一个研究领域来看待，此处它并不代表具体的装备物。但是，对具体装备物本质与起源的研究，为探讨教育装备的逻辑起点与历史起点起到了奠基的作用。

综上所述我们可以得出结论，教育装备一定与教育、装备两者是同源的，即自有人类社会起就存在有意识、有组织的专门学校教育，自有人类起就有了理念上、实际中、人工制造的装备，所以自有人类社会起就存在教育装备。教育装备是人类教育的需求，是人类智慧和劳动的产物与具体体现。

此处之所以要通过教育的起源、装备的起源来详细论证教育装备的起源，就是希望凭借对教育装备起源的认识加深对其本质的了解，而教育装备本质属性即其概念的内涵，对其内涵的把握进一步实现了对“教育装备是人工打造的教育资源”概念的确认。

第三节　教育装备概念论

教育装备的概念由教育装备的本质决定。但对教育装备的本质的认识却存在诸多差异，这就造成了人们对教育装备概念理解的不一致，从而产生各种相差甚远的教育装备定义。本节希望从人的思维形态与客观的物质形态本质上的不同以及参与者的语境出发，详细论述建立教育装备概念和定义的条件。

一　逻辑学与概念论

西方哲学是建立在逻辑学基础之上的，而对概念的论述又属于逻辑学的范围，所以从哲学角度对事物概念的论述必然是从逻辑学出发的。

（一）逻辑学对事物概念与定义的界定

概念（concept）与定义（definition）是两个完全不同的概念，区分这两个概念对于教育装备概念论的建立是非常关键的。

1. 概念与定义

概念是人对事物本质的思维规定，而定义是对概念的语言表达。关于“概念”的定义，广泛地出现在各种逻辑学书籍中，例如“概念是反映对象特有属性（或本质属性）的思维形式”[①]“概念是通过反映对象的特有属性来反映对象的思维形态”[②]等。《教育大辞典》上对“概念”的定义为：“哲学或逻辑学上，泛指反映事物共同本质特征的思维形式。”[③]而对于“定义”的定义则有《现代汉语辞海》中的“对于一种事物的本质特性或一个概念的内涵和外延的确切而简要的说明”。在《教育大辞典》中对定义的解释为：“将概念的内涵用简洁的语言文字表述出来，就是该概念的定义。”[④]

2. 定义

人们对事物的概念进行界定时，为了使得概念阐释较为简明，多采用给事物下定义的方式。

---

① 郭彩琴：《逻辑学教程》，北京大学出版社 2007 年版，第 10 页。

② 吴坚、傅殿英：《实用逻辑学》，首都经济贸易大学出版社 2005 年版，第 20 页。

③ 顾明远主编：《教育大辞典》（增订合编本上），上海教育出版社 1998 年版，第 393 页。

④ 顾明远主编：《教育大辞典》（增订合编本上），上海教育出版社 1998 年版，第 261 页。

（1）定义的方法

既然定义是对概念的语言表述，在概念统一的基础上，如何正确使用语言就成为一个关键问题。正确使用语言包括语言表达的逻辑性和语言表达的方式。通常，给概念下定义的方法有逻辑学定义方法与认识论定义方法。逻辑学定义方法根据形式逻辑中对概念与定义的规定，多采用“属 + 种差”的定义方法；而认识论定义方法则采用“发生定义”的方法。除此之外，还可以细分为：词法定义、情境定义、内涵定义、外延定义、列举定义等诸多方法。其中使用比较多的是“属 + 种差”定义方法、内涵定义方法和列举定义方法。“属 + 种差”就是先找到被定义概念的临近上位属概念，再找出其中概念之差，将它们合并成为该概念的定义。内涵定义是将一个事物与其他事物之间不同的所有特征描述出来。而列举定义是一种特别的外延定义，它列出一个概念所描述的所有的事物；列举定义只适用于有限集合，而且只有在这个集合比较小的情况下才有意义。

（2）内涵与外延

对事物概念的建立是人的一种思维规定。关于概念及其内涵与外延的定义，一般的逻辑学教材上都有这样的叙述：“概念是反映对象特有属性或本质属性的思维形式。”对概念内涵的解释为：“概念的内涵，就是指反映在概念里面的对象的特有属性或本质属性。”对概念外延的解释为：“概念的外延，就是指反映在概念里面的具有概念所反映的特有同性或本质同性的对象的总和。”①

现以教育装备概念为例说明。教育装备的本质是人工打造的教育资源，它是教育资源中的人工资源部分，教育性与人工性是它的本质属性。根据概念的内涵是对象本质属性的定义，教育装备概念的内涵就是“人工打造的教育资源”，因为它描述了教育装备的本质属性。因此，“人工打造的教育资源”也就是教育装备概念的内涵定义。

根据概念外延是反映本质同性的对象总和的定义，教育装备概念的外延就是：黑板、课本、课桌椅、电子白板、校园网、学校体育场、教

① 陈克守：《逻辑学》，山东人民出版社2008年版，第10—11页。

师办公桌，等等。按照概念外延的严格定义，这里应该开列反映教育装备本质同性的对象的总和。但是由于这个对象的总和是一个无限集合，所以除了已经开列的外，其余的部分在此只能用“等等”代替。而这也是在逻辑学上允许使用的描述方式。

3. 白马非马

白马非马是中国古代逻辑学家公孙龙提出的一个著名的逻辑命题，出自《公孙龙子·白马论》。白马非马中的“白马”是具体的马，而“非马”中的“马”是马之概念，公孙龙的原意是说，不能够将具体的马当作马之概念使用。即我们不能说张家的那匹白马或者李家的那匹黑马就是马的概念，马的概念是对所有马共同本质属性的思维规定，是一种思维形态。而列举定义法正是将具体的事物特例列出来，然后说这就是该事物的概念。所以，我们在对教育装备进行概念界定时应该尽量避免使用列举法定义。

作者曾在2006年发表的《教育装备与一般装备制品差异分析》一文中对教育装备下过一个定义：“教育装备是实施和保障教育教学活动所需的仪器、设备、资料、学具、设施以及相关软件的总称。”① 这是一种列举定义，而列举定义只适用于有限集合，而且只有在这个集合比较小的情况下才有意义。但是教育装备是个无限集合，况且这种定义方法本身就存在着严重的缺陷，所以这个定义不是一个好定义。列举定义法是人们通常比较喜欢使用的定义方法，说它存在着严重的缺陷是因为它违背了“白马非马”的逻辑原则。

（二）概念界定的语境

可以看出，建立概念是人的一种思维形态（thought form）。思维形态不同于物质形态（physical form），物质形态没有正误之分，而思维形态是具有正误之别的，关于这一点，已经在第二章中做过详细论述。

1. 思维形态和语境

但是思维形态却不是这样，由于人们存在专业背景、知识结构、观

---

① 艾伦等：《教育装备与一般装备制品差异分析》，《中国教育技术装备》2006年第2期。

察视角以及态度立场等方面的差异，就产生了对一个事物本质的判断得出截然不同结果的现象。作者曾经听过一个教授讲课时举的一个十分生动的例子：两个人在街上打架，你是一个社会学家或者一个记者，你说“这是警匪之战”或“黑社会火并”；你是一个生物学家，你说“这是两只高级灵长类动物在做肉体搏斗”；你是一个物理学家，你说“这是两个非刚性物体在做非完全弹性碰撞”。作者认为，他们显然都指出了这个事物现象的本质属性，但是，由于他们没有处于同一个语境之中，所以对同一事物做出了完全不同的本质判断。语境（context），即为参与者生存场（exist field）重叠的部分，或者说是他们生存场的交集。而生存场就是人的专业背景、知识结构以及社会环境等生存境遇。对于上面的例子而言，如果观察者都处于社会学语境，则会共同得出第一种判断；如果他们都处于生物学语境，则会共同得出第二种判断；如果他们都处于物理学语境，则会共同得出第三种判断。从时间上分析，不同时代对事物本质的认定也会发生变化。例如，对于“原子”概念的认识，在古希腊时代，其内涵是“物质不可分割的最小单位”；而到了今天，“原子”的概念已发展成“无限可分的，有着各种不同层次的，其间又存在着强、弱不同相互作用的基本粒子群”。所以，当我们对教育装备进行概念认定时，就必须首先使我们处于相同的语境之中和时代当中，各说各话是不能够得出正确的判断的。

2. 语境与生存场

不能构成共同语境的原因有两种情况：一个是参与者的生存场之间本来就没有相同的部分，这种情况少见，除非是与原始的印第安人或婴幼儿交谈；另一个是参与者的生存场有相同的部分，但是并没有使这些相同部分重合，这种情况居多。作者曾经与一位教育装备生产企业的管理者讨论教育装备的概念问题，这位企业管理者认为教室中的空调设备不应属于教育装备的范畴，因为那既不是教师直接使用的教具也不是学生直接使用的学具。而作者认为空调器既然是构成教学环境的一部分，就属于支撑教学的教育资源，又因为是人工制造，所以就应该是教育装备，教育装备并不就等于教具加上学具。其实，在讨论之前作者和企业管理者之间并没有做一个约定，以使我们的讨论处于同一语境当中，作者的语境是教育的大环境，而这管理者的语境是企业产品的类型。所以，在进行教育装备概念界定时，创建相同的语境是十分重要的。

既然要对教育装备的概念进行界定，就应该使我们的语境处于“教育”和“装备”的生存境遇约定之中。这里的“教育”应该是指所有的在校教育，包括学历教育与非学历教育，即教育部所管辖的教育，而不包括社会教育、家庭教育等非在校教育。在使用教育语境进行讨论时，应排除生产领域、经济领域、社会领域、文化领域、科技领域等非教育领域因素的干扰，不能将它们混淆。另外，还应注意教育（education）与教学（instruction 或 teaching）的区别以及它们的涵盖关系。在这一点上，人们比较容易达成共识。

3. 教育装备概念界定的语境

对于“装备”语境的约定似乎要复杂一些，人们不能像对教育一样容易达成共识。这是因为我们恰好生存在装备无所不在的世界之中，没有装备的环境使我们不能忍受。设想如果人类生存在只有红颜色的世界之中而没有非红颜色，因为无法对比其他颜色则人类不会知道什么是红颜色。对事物本质的认识，在于该事物的不在场。在装备无所不在的情况下，我们要想对装备的本质属性有一个认识，就可以假设世界上所有的装备都不存在了。于是，人类会因为没有了生活资源以及获取、制造生活资源的工具而失去生存条件，但是人类会马上根据自己头脑中装备的理念，通过劳动重新制造出一批新的装备来继续生存。所以：（1）装备是人类生存的条件（即生存资源）之一；（2）“真际”装备是人类心中的理念；（3）实际装备是由人工制造的。这样，装备的本质就是人工制造的生存资源。

如果能够达成以上这些共识，再对教育装备的概念进行讨论，则我们就能够处于共同的语境之中，对教育装备概念的界定就会变得较为容易。

（三）黑格尔的概念论

黑格尔在他《小逻辑》一书中对概念论做了深入的探讨。《小逻辑》第三篇概念论中阐述了什么是概念以及主观概念、概念的客观性、概念与理念的关系等相关问题。

1. 什么是概念

黑格尔认为“概念是自由的原则，是独立存在着的实体性的力量”“所以概念在它的自身同一里是自在自为地规定了的东西”①。

“概念是自由的原则”反映了概念最为本质的东西。概念是由主体人类通过思维规定建立起来的，而正是由于人类能够对世界万物建立概念，所以人类才能真正成为主体，才能自由。人类通过以制造工具为特征的劳动而塑造了人类自己，使得人类脱离客体地位而成为主体，但是这个主体地位的进一步牢固是通过人类对概念的建立而完成的。通过劳动，人类从自然意识进入了自为意识，而通过建立概念，人类则从自为意识进一步跨入了自由意识。如果说人类的自为意识是以制造工具的劳动为特征，那么人类的自由意识就是以建立概念的思维为特征。

2. 概念的学说

黑格尔在《小逻辑》中说道：“关于概念的学说可分为三部分：第一，论主观或形式的概念。第二，论被认作直接性的概念或客观性。第三，论理念，主体和客体、概念和客观性的统一，绝对真理。”②

由于概念是人对事物本质的思维规定，所以概念具有的存在形态为思维形态，于是概念就被分为主观概念和客观概念。其中，主观概念是主体人类中的个体对事物建立的概念，而课题概念则是主体人类中的群体对事物建立起的一致性的概念。

由于人们的思维方式上的差异，人对事物概念的主观建立或称主观概念之间的区别就会非常之大，而各自的表述（即对事物概念下的定义）也是各有千秋，所以对于一个事物本质的主观概念或以此为基础的定义往往是千差万别的，正误性极为明显。

而当人们对一个事物的本质的思维规定达成统一时，就形成了客观概念。客观概念是人们共同界定的，所以其正误性将成为群体的思维正误问题，正误性就不甚明显。

关于理念，黑格尔认为“理念是自在自为的真理，是概念和客观性

---

① ［德］黑格尔：《小逻辑》，贺麟译，商务印书馆 1980 年版，第 327 页。
② ［德］黑格尔：《小逻辑》，贺麟译，商务印书馆 1980 年版，第 330 页。

的绝对统一”① “理念可以理解为理性（即哲学上真正意义的理性），也可以理解为主体——客体，观念与实在，有限与无限，灵魂与肉体的统一；可以理解为具有现实性于其自身的可能性；或其本性只能设想为存在者的东西”②。

可见，理念是在客观概念建立下而形成的客观真理，是对人们共同提出的统一性思维意识规定。理念显然具有客观性，实在性、无限性、现实性，是对人们的共同约束。

二　教育装备概念的界定

概念是人对事物本质的思维规定，教育装备的概念就是人们对教育装备这一事物本质的思维规定，所以它的概念界定必然涉及它的本质问题。

（一）教育装备本质与概念

此处是通过对教育装备本质的理解来对教育装备概念做界定。

1. 教育装备概念反映了其本质

使得教育体系赖以生存的条件可以称为“教育资源”，教育资源与人类生存资源一样也是包括自然资源（如：祖国山河）、人力资源（如：教师）和人工资源（如：教学设备）三个组成部分。而教育装备的本质，则是人工打造的教育资源，它是教育资源中的人工资源部分，教育性与人工性是它的本质属性。

《教育大辞典》中定义：“教育资源是教育过程所占用、使用和消耗的人力、物力和财力资源。即教育人力资源、物力资源和财力资源的总和。”③ 而“教学资源是支持教学活动的各种资源。分为人类资源和非人类资源”④。仔细分析可知，人类资源就是人力资源，非人类资源

① ［德］黑格尔：《小逻辑》，贺麟译，商务印书馆1980年版，第397页。

② ［德］黑格尔：《小逻辑》，贺麟译，商务印书馆1980年版，第400页。

③ 顾明远主编：《教育大辞典》（增订合编本上），上海教育出版社1998年版，第799页。

④ 顾明远主编：《教育大辞典》（增订合编本上），上海教育出版社1998年版，第723页。

就是物力资源。从教育装备的角度看，财力资源并不是人们所关注的内容，在研究时可将其忽略或归入人力资源，同时将物力资源细分为自然资源和人工资源。其中，人工资源是人类为了教育教学的目的而生产、加工或改造的物力资源（教室、教具、实验仪器设备等），自然资源是未经加工的物力资源。祖国的山河是自然资源，当用于爱国主义教育或进行地理研究时就成为教育教学资源的一部分。教学资源是教育资源中的部分人力资源（教师、学生、专家等）、部分人工资源（设备、仪器、软件等）以及一些自然资源，由它们构建起教学环境。

2. 与教育装备相关的概念

在对教育装备概念进行界定和讨论的过程中，出现过一些与教育装备相关的其他概念，如教学装备、教育技术装备、教具、学具等。在这里将这些概念与教育装备的概念进行对比分析，希望能够对我们的讨论有所裨益。在此，我们暂且将教育装备定义为“人工打造的教育资源”，以利于下面的讨论。图 3－2 显示出教育装备（A＋C＋D＋E）、教学装备（C＋D）、教育技术装备（D＋E）以及教具学具（B＋C＋D）之间的关系。

（1）教育装备与教学装备

教育与教学是大小不同的两个概念，教育是“传递社会生活经验并培养人的社会活动。通常认为：广义的教育，泛指影响人们知识、技能、身心健康、思想品德的形成和发展的各种活动。……狭义的教育，主要指学校教育”[①]。而教学是“以课程内容为中介的师生双方教和学的共同活动。学校实现教育目的的基本途径。特点为通过系统知识、技能的传授与掌握，促进学生身心发展”[②]。既然教学是“学校实现教育目的的基本途径”，所以教学显然应该附属于教育，是教育的一个基本内容或重要的组成部分。教育是个大概念，教学是教育下的一个小概念。于是，教育装备就应该是一个大概念，而教学装备就是教育装备概

① 顾明远主编：《教育大辞典》（增订合编本上），上海教育出版社 1998 年版，第 725 页。

② 顾明远主编：《教育大辞典》（增订合编本上），上海教育出版社 1998 年版，第 711 页。

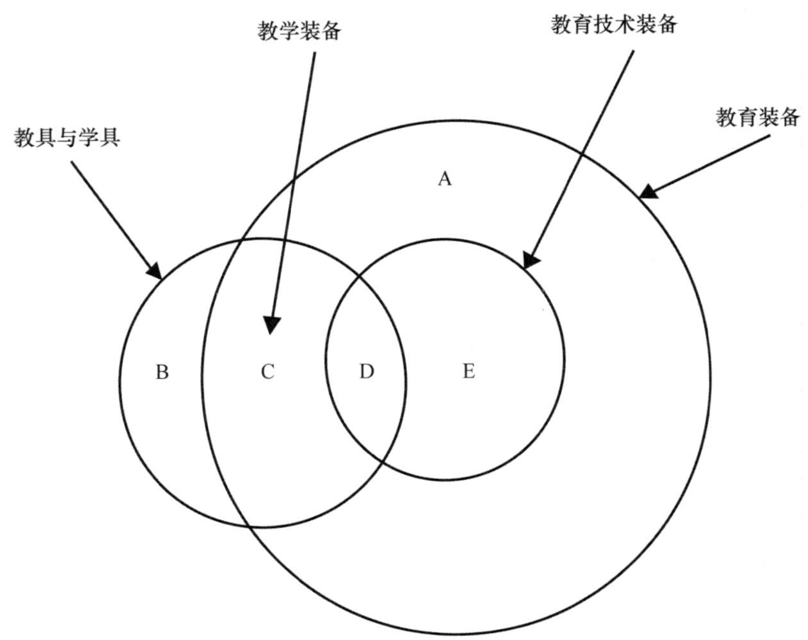

图 3-2　与教育装备相关的概念

念下的一个小概念。从图 3-2中看，教育装备（A+C+D+E）与教学装备（C+D）是内含关系，教育装备涵盖了教学装备。

（2）教育装备与教育技术装备

从学科角度讲，由于教育技术学属于教育学，所以我们可以认定：教育技术是教育这个大概念下的一个小概念。于是，教育装备就应该是一个大概念，而教育技术装备就是教育装备概念下的一个小概念。从图 3-2 中看，教育装备与教育技术装备（D+E）也是内含关系，教育装备涵盖了教育技术装备。需要说明的是，此处所谓教育技术装备是指"教育技术之装备"。

（3）教育装备与教具学具

如果将教具学具中的"具"理解为"工具"，因工具是人工制造的，属于装备的范畴，则教具学具就等于是教学装备了。所以，这里的"具"应该理解为"用具"，而用具有可能不是人工制造；或者说，有一些教具学具是自然的教学资源（树叶、蝴蝶、天然矿石等），而非人工的教学资源。于是，从图 3－2 中看，教育装备与教具学具（B＋C＋D）之间是相交关系，它们之间有交集（C＋D：即教学装备）。

（4）各区间举例

现在我们对图 3－2 中一些特殊的区域进行举例解释，用来加深对这些相关概念的理解。这些区域包括 A 区、B 区、C 区、D 区和 E 区。

A 区：教师办公室里的办公桌、教室里的空调器等。它们没有直接用于教学活动，所以不是教学装备、教育技术装备、教具和学具；但它们属于教育装备，因为它们满足了教育装备的定义。

B 区：空中飞舞的蝴蝶、路边拾来的矿石等。它们可以成为教具学具，但由于不是人工制造，所以不属于教育装备、教学装备以及教育技术装备。

C 区：酒精灯、烧杯等。它们是教具学具，也是教学装备，当然属于教育装备的范畴；但是它们不属于我们通常说的教育技术装备。

D 区：投影机、电子白板等。它们是教具、教学装备，同时还是教育技术装备，当然也在教育装备的范畴之内。

E 区：校园网络教学管理系统等。它们是教育信息化设备，所以属于教育技术装备，但不属于教学装备和教具学具；同时它们落在教育装备的范畴之内。

相信通过这样的讨论，使我们对教育装备及其相关概念会达成一个共识，或者在某种程度上达成一定的共识，让教育装备研究领域和实践领域在更加和谐的环境下发展壮大。

（二）教育装备的定义

将教育装备的本质阐述清楚后，就可以对教育装备的定义进行规定了。目前，教育装备的定义比较多，而且各自都有根据和理由。

自教育装备这一概念提出以后，教育装备理论研究经历了概念界定、内容划分、方法引进、历史考证等一系列活动。对教育装备的定义也多种多样，现部分地开列如下。其中，将教育技术装备的定义也部分地列出来，其原因是从它们定义的表述中可以认为是“教育之技术装备”。

（1）“教育装备是在教育活动中，支持承载和传递知识信息的配备物和配备行为。也可以更加具体地表述为：教育装备是指实施和保障教育教学活动所需的仪器、设备、资料、学具、设施以及相关软件的总称。”①

（2）“教育装备是指在教育领域中，为实施和保障教育教学活动而配备的各种资源总和以及对其进行相应配置、配备的行为与过程。”②

（3）“教育装备是指实施和保障教育教学活动所需的仪器、设备、资料、学具、设施以及相关软件的总称。”③

（4）“教育技术装备，是指实施和保障教育教学活动所需的物质设施（包括教学仪器、教学设备设施、教学资料包括软件、工具和教育教学的环境）。”④

（5）“教育技术装备是指为实现教育教学目的，在一定的环境下进行建设、配备、管理、使用、研究的各种物质条件和手段的总和。”⑤

（6）“教育装备是整个教育资源中除了人力资源、自然资源以外的一切人工资源部分。”⑥

分析上述六个定义可知：

1. 定义（1）和定义（3）属于列举定义；定义（2）、定义（4）、定义（5）属于内涵定义；而定义（6）属于“属 + 种差”定义。

2. 定义（2）和定义（5）除了定义物化的装备外，还限定了“行为与过程”和“手段”，所以它们是对名词教育装备和动词教育装备一并进行了定义。

3. 从定义（1）到定义（6）的顺序是按照文章发表年代排列的，从中可以看出对教育装备认识的渐进过程。

---

① 何智等：《教育装备的发展特点分析》，《长春2004年教育技术国际论坛论文集》，吉林大学出版社2004年版，第746页。

② 殷常鸿等：《教育装备理论框架构建浅析》，《中国教育技术装备》2005年第11期。

③ 艾伦等：《教育装备与装备制品差异分析》，《中国教育技术装备》2006年第2期。

④ 《深化对教育技术装备的认识，用教育技术装备促进学校发展、促进教育教学改革、促进教师的专业成长》，http：//www. njjyzb. cn/old/article/view1240. aspx，2006年6月。

⑤ 马如宇：《教育技术装备概念及内涵界定思考》，《中国教育技术装备》2009年第23期。

⑥ 艾伦：《教育装备学与教育技术学》，《中国教育技术装备》2009年第29期。

4. 因为“列举定义只适用于有限集合，而且只有在这个集合比较小的情况下才有意义”，而教育装备可认为是一个无限集合，所以定义（4）和定义（3）的列举定义是不够完备的，不满足定义规定。

5. 根据对教育装备本质的分析，教育装备应该是物化的，所以定义（2）和定义（5）有些偏颇。

6. 定义（2）“实施和保障教育教学活动而配备的各种资源总和”中的“资源”是否包括人力资源、财力资源和自然资源？如果包括，显然是不对的，因为它犯了外延过宽的错误。

7. 定义（4）虽然属于内涵定义，但是在后面括号内的说明其实采用了列举定义的格式，有悖定义的原则。

8. 定义（6）也可以简化后描述为“教育资源中的人工资源部分”，其中“教育资源”是教育装备的临近上位属概念，而“人工资源”则是种差，完全满足“属 + 种差”定义的规定。

所以作者认为定义（6）“教育资源中的人工资源部分”或其简化定义“人工打造的教育资源”对教育装备概念的界定更为合理一些。

第四节　教育装备价值论

讨论教育装备的存在价值，从根本上讲就是讨论教育装备作为一个存在物何以存在的理由。由于存在问题属于哲学本体论，而价值论又是一个重要的哲学范畴，于是就使得这里的讨论不得不进入哲学层面。本节试图用哲学的思考来诠释教育装备存在的价值，并探索用哲学思辨的方法描述该问题的意义。

一　关于价值问题的讨论

人类面对的客观世界有两大类：一个是自然世界（人类之外），另一个是社会世界（人类本身）。而人对客观世界认识的理论又分为两大类：一个是科学理论，研究客观世界各种事物的属性、本质和运动规律；另一个是价值论，研究客观世界各种事物对于人类生存与发展的意义。所以，价值论属于认识论范畴。

（一）主体与价值对象

人类也是客观世界中的一员，但是在这个客观世界中人类是主体。人类之所以能够成为主体不是由谁来指派的，而是因为人具有思维能力，并将整个初始混沌的客观世界做了思维规定，通过聚类区别了不同的事物，并赋予了它们各自的概念。既然整个已知的客观世界都是通过人类的思维规定而建立起来的概念世界，则人类就自然而然地成为了这个客观世界的主体，而除了人类本身以外，他所面对的这个客观世界中林林总总的一切被思维规定了的事物就都成为了客体。同时，在这个过程中建立起来的逻辑架构，也就决定了人类的思维范式。不过这里需要特别指出，主体与客体的区分除了按照上述关系界定以外，有时主体也会发生一些变化，即当人类研究作用于自身时，那个被研究或被作用的个体人或群体人也就变成了客体，所以人有时也能成为这个客观世界的客体。另外，还有一类客观存在的事物，它们是由人类创造的，在人类创造它和研究它时，它作为价值客体存在，除此它具有既非主体亦非客体特性。

研究价值问题，其实就是讨论或判断对于上述主体的生存与发展，客体的存在意义是什么。于是便出现了两类研究课题：一类是人类以外的客体事物对于人类这个主体的存在意义，这个问题讨论起来较为简单清晰，就像研究食物和衣物对于人的存在意义一样；另一类是作为客体的人对于人类这个主体的存在意义，即价值观的讨论，这个问题较为复杂，是人们世世代代不断研究与争论的哲学课题。

本书讨论的重点既不在于主体，也不在于客体，而在于客观世界中既非主体亦非客体的存在物——“工具/装备”及其存在价值。但是必须清楚地指出，工具/装备虽然在这里没有被界定为客体，但是它的价值问题仍然是对于人类这个主体的生存与发展之存在意义。对于它的讨论，既不像客体事物对于主体的存在价值那样简单，也不像作为客体的人对于主体的存在价值那样复杂，厘清工具/装备对于主体的存在价值是本书所追求的目标。

上文使用了一个联合词汇“工具/装备”，是将工具与装备概念混同以后的一种标记方法。

（二）价值论及其意义

价值论是研究价值的理论，而对于价值的解释却存在经济学、哲学、伦理学、美学、人类学、价值学等多个学科的不同涵义。一般地讲，至少存在以下几种认识上的主要分歧。

1. 狭义价值与广义价值①

客体对于人类主体的价值问题属于传统哲学价值观，并被赋予狭义价值（special value）的概念。而近现代哲学界一些学派对于价值的概念界定不再拘泥于狭义价值，以英国人怀特海（Alfred North Whitehead，1861—1947 年）为代表的哲学家提出了广义价值（general value）的概念。他们的主要观点认为：变化的万物都是"有机"的，都可视为主体，只是"主体方式"不同；万物都是相互作用的主体，它们互为主体和客体，它们都有各自的存在目的，都有各自的主体方式和价值标准。广义价值对狭义价值最根本的否定在于价值主体的规定，狭义价值认为只有人类是价值主体，而广义价值则认为万物都互为主体和客体。

2. 人文价值与自然价值②

人文价值（human value）即是强调人类为整个自然世界的主体，客体万物不具有对于客体自己的存在价值，所以人文价值其实就是狭义价值。与此不同，随着系统哲学与环境伦理、生态伦理的建立，人们对整个自然世界的认识发生了变化，一些系统哲学家认为自然界万物的存在价值不应依赖人类评价者的限制，它们各自具有自己的存在价值，即自然价值（natural value）。可见，自然价值的概念其实就是广义价值。

3. 工具价值与内在价值③

传统哲学价值观将自然界视为能够满足人类需求的资源，或者说是相当于一种工具，自然界作为客体对人类的生存和发展起着作用，被称为工具价值（instrument value）。显然，工具价值属于狭义价值。与工

---

① 张华夏：《广义价值论》，《中国社会科学》1998 年第 4 期。

② 张华夏：《广义价值论》，《中国社会科学》1998 年第 4 期。

③ 马步云、陈其荣：《自然的内在价值及其意义》，《理论界》2006 年第 S2 期；包庆德、李春娟：《从"工具价值"到"内在价值"：自然价值论进展》，《南京林业大学学报》（人文社会科学版）2009 年第 3 期。

具价值相对应的价值概念是内在价值（intrinsic value）。由于环境伦理、生态伦理的发展，非人类生命生存的目的性、内在属性、本身固有性以及不依赖评价者的客观性都逐渐地显现出来，非人类生命的存在是“自然内在”的，它们的存在价值也是“自然内在”的，即内在价值。所以，内在价值属于广义价值。

4. 经济价值与剩余价值

经济价值（economic value）是指任何事物对人和社会在经济上的意义；而剩余价值（surplus value）是马克思主义理论三大组成部分之一的政治经济学中提出的重要概念，它们都属于经济学的范畴，不是本节讨论的内容。

如前所述，本节研究的重点是既非主体亦非客体的工具/装备对于人类主体的存在价值问题，所以相对于上面提出的这些概念必须做如下解释。

（1）上述1、2、3关于价值的概念属于哲学、伦理学、价值学等理论讨论的内容，是人的价值观问题，同时也是本节所关注的内容。

（2）上述4关于经济学中价值的概念不在本节讨论的范围之内。

（3）上述3提出的工具价值与本节重点讨论的工具/装备之存在价值是完全不同的两个概念，不应出现混淆。工具价值是指在狭义价值体系中人们将人类之外的存在物视为具有满足人类生存发展之需要的资源或工具作用而得出的概念；而工具/装备存在价值的讨论是将人类之外的存在物又分为两类，一类是作为客体的自然存在物，另一类是作为既非主体亦非客体存在的人工制造物（即工具/装备）。

（4）显然，关于工具/装备存在价值的讨论使得此处的价值概念进入了狭义价值的范畴。在广义价值概念里，万物（包括人在内）都互为主体和客体，不认为有介于两者之间的工具/装备物存在，所以也就没有了讨论它们的必要性。

（5）从这里还可以看出将工具与装备概念混同后的一个优势，将它们概念混同后使得工具也被赋予了人工制造的特征，这样就可以将工具/装备与自然生成的人类主体、自然客体区分开，对于本节核心问题的讨论更加有利。

（三）工具/装备的价值属性

前文设定了工具/装备的价值问题属于狭义价值体系，而工具/装备又具有既非主体亦非客体的定位，所以它的价值属性就变得复杂了一些。一方面需要考虑的是：第一，它对于主体人类的存在意义；第二，它对于自然客体的作用。另一方面还要考虑的是：第一，它存在于人类主体与自然客体之间，表现出既非主体亦非客体特征；第二，当人们讨论它相对于人类的价值之时它变成了客体，这与讨论特定的个体人或群体人对于人类主体的价值时这个客观个体人或群体人就变成了客体的道理是相同的。

从资源的角度分析，客观存在的万物可以分为三大类：自然资源、人力资源、人工资源，它们构成了整个资源系统，图 3－3 显示了三者的关系。资源是人类赖以生存的条件，所以这些资源就构成了价值体系中的价值客体和那些既非价值主体亦非价值客体的部分。其中，人力资源反映的是人类，根据狭义价值体系的规定，人力资源就是作为价值客体的个体人或群体人；自然资源的全部都属于价值客体；工具/装备属

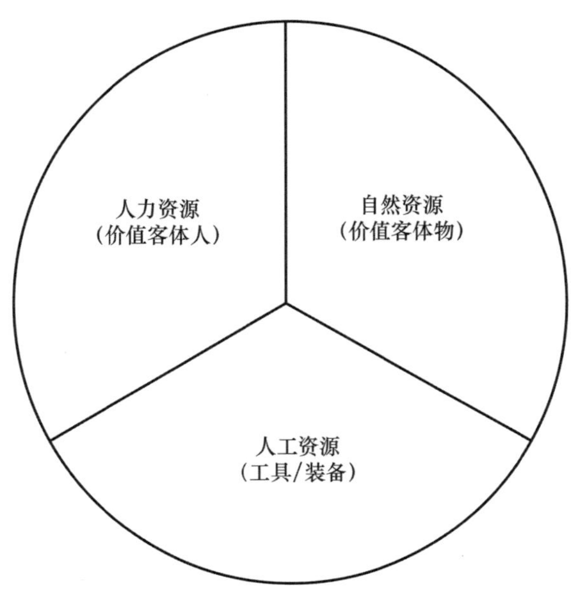

图 3－3　资源系统中的价值体系构成

于人工资源部分，在此界定它们既非价值主体亦非价值客体，但是应该强调说明，它们表现出既对价值主体有价值，同时也对价值客体有价值。

人类发展的过程中这三类资源的分布关系一直没有发生变化，但是它们的存在价值却不断地在发生着变化。自然资源对于人类主体的价值地位相对于人工资源对于人类主体的价值地位来说是逐渐在下降的，而工具/装备存在价值的最大意义就在于，它的作用使得自然资源客体和作为客体人对于主体人类的存在价值有了大幅度提升。

二 装备的存在价值

虽然作者的“教育装备与教育工具”一节中对工具与装备做了概念混同处理，其目的是借鉴前人对工具的研究结论来探讨对于装备的研究，但是为了明确地分析装备的存在价值，作者在这里又将它们进行了一些区分。

（一）装备是改造工具的工具

在将工具与装备概念混同时强调了装备就是工具，但其实装备与工具之间还是存在着诸多的不同点，此处特别指出的是装备具有改造工具的工具这个特征。

一般地讲，工具是直接作用于自然资源客体或人力资源客体的。农业生产工具直接作用于农产品，工业生产工具直接作用于工业产品，商业工具直接作用于商品，医疗工具直接作用于病人，而用于设计、制造、改革各个行业工具的工具就不再被简单地称为工具，在这里给它赋予一个更加确切的名字——装备。具有这种特征的装备往往不是直接地作用于自然资源客体，但是它们却在人类发展中起着重要的作用，甚至可以认为它们要比工具的作用还大得多。所以，装备的概念既包括了简单工具、行业工具，还包括了那些形成系统的可以改造工具的工具。这也就是使用装备这个概念比使用工具这个概念来描述人工资源发展更加确切的地方。

（二）工业革命本质上是装备革命

在人类发展的历史中，工具/装备的革新起着至关重要的作用，最为突出的例证就是几次工业革命。18 世纪末至 19 世纪初，高效率实用型蒸汽机的使用引发了第一次工业革命，它推动着人类历史向前快速地发展，使人类进入了工业化时代；19 世纪末至 20 世纪初，出现了电动机和电气电力设备，它们的大规模运用产生了第二次工业革命，使人类的生产和生活进入了自动化时代；20 世纪末至 21 世纪初，计算机和信息技术的成功应用被称为“第三次工业革命”，它促使人类进入了信息化时代并向智能化时代迈进。工具/装备的改造促进着各个领域的发展，从而推动着人类社会的进步。

但是，如果对蒸汽机、电动机、计算机等这些人类发明的“工具”进行仔细分析，就会发现它们并不是像那些农业工具、工业工具、商业工具、医疗工具等直接作用于自然资源客体或人力资源客体的行业工具，它们恰恰是用于改造这些工具的工具，它们正是前文所说的装备。所以，真正在人类历史上发生重大作用，产生了多次工业革命的人工资源就是装备这一改造工具的工具，正是装备的革命反映出了工业革命的本质。

（三）装备存在价值辨析

在此讨论的装备存在价值应该属于狭义价值体系，与自然资源客体对于人类主体、个体人或群体人客体对于人类主体的价值作用一样，装备的价值也是对于人类主体的价值作用。但是，由于装备在整个资源系统中既非主体亦非客体，所以它的价值作用较为特殊，主要体现在以下几个方面。

1. 提升自然资源客体价值

自然资源客体对于人类主体有着直接的作用，是人类生存的根基，与其他动物需要自然资源这一生存的基本条件一样，人类对自然资源的依赖也是必然的。对于自然资源的利用，其他动物只能茹毛饮血、草木之食，而人类却通过装备使得食物更具营养、衣着更加得体、居所更加安逸、行走更加便利，装备的存在价值显然使自然资源客体对于人类主体的价值有了大幅度的提升。

2. 提升工具的作用及价值

装备是改造工具的工具，简单工具、行业工具在装备的作用下变得具有更大的应用价值，作用更加明显更加突出，价值得到提升。

3. 改变人类主体的思维模式

装备的改进促进了人类社会的进步，社会的进步主要体现在文明化程度上，而文明的内涵是科学的思维与民主的思想。所以，装备的存在价值在很大意义上是促使人类主体思维模式发生改变，或者说人类的进步是在劳动与装备改造的过程中逐渐形成的。认识到这一点很重要，因为装备的这一作用会被教育装备继承下来而表现在教育系统中促进教育主体的思维模式改变。

三　教育的存在价值

相对于装备的存在价值，教育的存在价值问题显得要复杂得多，把这个问题论述清楚需要大量的时间和篇幅，这里只是对人们的研究做一些归类，得出有助于本书分析的结论。

（一）教育价值属于狭义价值体系

教育的价值属性与教育的起源有关，教育的起源存在四种不同的学说：教育的生物起源说、教育的心理模仿起源说、教育的劳动起源说、教育的人类社会需求起源说。在这四种学说中除了教育的生物起源说以外，其他三种学说中所描述的心理模仿、人类劳动、人类社会等特征都强调了教育的出现是人类活动以及社会活动一种需要。而作者更加接受和赞成教育的人类社会需求起源说，这就使得本书所讨论的教育这个事物成为了一种社会现象，并界定它的出现是社会需求的结果，也就是说它的存在是对于人类主体具有价值的。这样被界定的教育的存在价值显然是人文价值，并属于狭义价值体系。

（二）教育的本体价值与工具价值

将教育价值定位在狭义价值体系并没有解决教育存在价值的全部问题，虽然这个定位指出了人类是价值主体而教育这个事物则作为价值客体，但是教育对于人类的价值体现仍然存在着较多的分歧，其中最具代表性的是教育的本体价值观和教育的工具价值观。

（1）教育的本体价值观。有时也被称为教育的内在价值观。教育源于人类社会需求，社会是由个体（社会本体）构成的，所以教育的本体目的是促进个体人的发展，增强其主体性，丰富其个性，开发其潜能，获得人的尊严和价值。这里的教育价值观是强调人本位或以人为本的教育价值。

（2）教育的工具价值观。教育源于人类社会需求，社会又是一个整体，所以教育的目的是培养人成为合格的社会成员而满足社会发展需要，进而使得个人超越现实社会条件发展而促使社会向更高文明（科学与民主）层次迈进，于是教育起着工具作用。这里的教育价值观是强调教育要为社会与国家的政治、经济做增值服务，用以促进社会与国家的发展。

上述两种教育的价值观是在价值主体上产生了分歧，教育的本体价值观是以受教育者为价值主体，而教育的工具价值观是以社会和国家为价值主体。进一步分析可知，其实教育的本体价值观是使教育系统的教育主体（学生）与教育价值体系的价值主体（受教育者）完全一致，而教育的工具价值观却认为教育系统的教育主体（学生）应该是为教育价值体系的价值主体（社会和国家）服务的。这个矛盾的产生是必然的，因为人们在确定价值主体时并没有严格区分作为个体的人还是群体的人，而在确定人类价值客体时也没有严格区分作为个体的人还是群体的人。面对这个矛盾，国内一些学者试图将两者统一起来，提出了个体发展与社会发展辩证统一的观点①，且《中国教育现代化2035》规划中也提出了“育人和育才相统一”的基本理念，其中“育人”体现了教育的本体价值观，而“育才”则体现了教育的工具价值观。虽则如此，但是当教育遇到如教育“本真化”（教育本体价值观）与教育产业化（教育工具价值观）之间的冲突时，问题仍然无法解决。

（三）教育价值涉及的问题

对教育目的、教育本质的认识直接影响着教育的价值观，于是教育观、学习观与教育价值观之间便建立起了必然的联系。美国德鲁大学教授、美国《价值研究》杂志主编托马斯·马格奈尔（以下简称演讲者）

---

① 刘复兴：《教育的本体价值与工具价值关系管窥》，《山东师大学报》（社会科学版）1991年第6期。

于2001年6月在北京师范大学的一个主题为“教育和价值的几个问题”的演讲深刻地阐述了这方面问题[①]，以下是根据这个演讲做出的分析。

（1）教育观与教育价值观。演讲者指出教育（education）一词的词源来自两个意义不同的词根：educare 意为培养或塑造，而 educere 意为引导或诱导。这两种对教育的不同解释反映了两种不同的教育观，本质上又表现出对受教育者的两种不同态度。培养与塑造教育观强调外因的作用，没有将受教育者放置在教育系统的主体地位，当然也就不可能使得受教育者成为教育的价值主体。引导或诱导教育观强调内因的作用，受教育者被放置在教育系统的主体地位，同时也表现出成为教育的价值主体。所以，培养与塑造教育观在价值问题上更加接近教育的工具价值观，而引导或诱导教育观在价值问题上更加接近教育的本体价值观。

（2）学习观与教育价值观。演讲者认为学习（learn）一词具有两种使用意义：一个是作为成就动词，强调最终成果；另一个是作为任务动词，强调完成任务的过程。这两种对学习的不同解释反映了两种不同的学习观，本质上又表现出对学习者学习目的的两种不同理解。强调成就的学习观注重学习的投入是否有成效，学习成果是否突出；而强调任务的学习观更注重学习者在学习过程中自身的发展。显然，强调成就的学习观在价值问题上更加接近教育的工具价值观，强调任务的学习观在价值问题上则更加接近教育的本体价值观。

（3）教育中反映出的价值问题。演讲者同时提到，除了上述教育观和学习观在教育价值观上有具体体现外，在教育过程中和教育系统中还存在诸多价值问题，如：心智价值、经济价值、政治价值、文化价值、审美价值、道德价值。心智价值属于上层建筑意识形态问题，在学校的课程与课程标准中集中体现；政治价值与经济价值决定着教育体制；文化价值与审美价值反映了教育资源的选择与获取；而道德价值则是教育资源配备和教育机会获得的表现，所以教育的均衡化和公平化是

① ［美］托马斯·马格奈尔：《教育和价值的几个问题》，《教育研究》2004年第10期。

反映教育的道德价值所在。

（四）教育主体与客体分析

目前存在两个分类问题，一个是作为教育系统的主体与客体（称教育主体与教育客体），另一个是作为教育价值体系的主体与客体（称教育的价值主体与价值客体），不同的教育价值观对后者的界定不同，于是造成了它们之间关系的错位。

1. 教育系统的主客体

从教育资源的角度分析教育系统，可将教育系统资源分为教育自然资源、教育人力资源和教育人工资源三大类。其中教育人力资源包括了教育管理者、教师、学生，他们属于教育系统的主体。教育人工资源中包括两部分：一个是教育物力资源，即教育装备，它们既非教育主体亦非教育客体；另一个是教育智力资源，它又被分为知识、教育经验与理论、其他智力资源等部分，而其中的知识部分为教育系统的客体。需要说明的是，这里的知识包括了显性知识、隐性知识（能力、素质）和思想品德等，对于中国学生来说可以具体到“德、智、体、美、劳”五育，可以称其为“泛知识”。

进一步区分还可以得出：作为泛知识的客体是针对学生这个主体而言的，而作为教育经验与理论这部分，又可细分为相对于教育管理者和教师这一教育主体的教育客体以及既非主体亦非客体的智力工具；其他智力资源也具有同样的性质，其中部分为教育客体，部分为既非主体亦非客体的智力工具。

2. 教育价值体系主客体

两种教育价值观对价值主体与价值客体的规定是完全不同的。教育的本体价值观认为受教育者（学生）为教育的价值主体，根据上面教育系统主客体分析，则教育人工资源中的泛知识就应该成为教育的价值客体。教育的工具价值观认为社会和国家为教育的价值主体，受教育者应该为社会和国家服务，则受教育者就成为教育的价值客体。

3. 两种价值观在教育系统中的主客体错位

教育的本体价值观使得教育价值体系中的价值主体（学生）与教育系统中的教育主体（受教育者）是完全一致的，而教育价值体系中的价值客体（泛知识）与教育系统中的教育客体（泛知识）也是完全一致的。

教育的工具价值观使得教育价值体系中的价值主体（社会和国家）与教育系统中的教育主体（学生）变得不一致，使得教育系统中的教育主体（学生）变成了教育价值体系中的价值客体，价值体系中的主客体与教育系统中的主客体发生了错位，这是值得关注的问题。

四 教育装备存在价值分析

教育装备属于装备的范畴，同时教育装备又被限定在了教育的环境下，所以装备的价值与教育的价值必然影响到教育装备的价值。教育装备的存在价值是与教育的存在价值和装备的存在价值直接相关的，前面讨论的教育价值问题和装备价值问题为在这里界定教育装备的存在价值奠定了基础。

（一）教育装备的价值属性

前文论述了在价值体系中装备具有既非价值主体亦非价值客体的价值属性，这一属性被继承到教育价值体系中。在教育价值体系中教育装备同样具有既非教育价值主体亦非教育价值客体的价值属性，这一点与教育系统中教育装备的属性是完全吻合的，因为在教育系统中教育装备具有既非教育主体亦非教育客体的属性。无论是教育的本体价值观还是教育的工具价值观都无法撼动教育装备这种价值属性的定位。

与此同时，工具/装备同时具备既对于价值主体具有价值又对于价值客体具有价值的价值属性，教育装备也继承了这一属性。教育装备对于教育价值主体（受教育者）具有价值，对于教育客体（泛知识）同样具有价值。但是，在教育的工具价值观那里，教育装备对于价值主体（社会与国家）的价值不是直接的，而是间接发生作用；教育装备对于价值客体（受教育者）的作用却是直接的。

（二）教育装备的发展推动教育主客体的发展

前文提到教育装备继承了工具/装备促进人类主体思维模式改变的性质，从而可以改变教育系统主体（学生）的思维模式。不仅如此，教育装备还能促进教育系统客体（泛知识）的发展，提升教育客体（泛知识）的科技水平，这是因为课程内容总要根据历史的发展、科技的发展而不断进行修订，以适应时代的要求，而科技的发展却又是由装备与教育装备的进步决定的。这样，教育装备在教育系统中就起着推动教育主体与客体共同发展的作用。

另外，教育装备能够促进教育系统主体（学生）思维模式的转变完全是由教育装备的本质决定的。在各个领域中，其装备的作用对象是完全不同的，农牧业装备的作用对象是动物与植物，工业装备的作用对象是无机物与有机物，医疗装备的作用对象是人的机体，只有教育装备的作用对象是人的头脑，教育装备的存在正是因为它对人的头脑发展具有价值。

（三）教育装备价值体系分析

教育的价值体系具有两种价值观，这无疑会影响教育装备的价值体系。为了能够清楚地理解教育装备价值体系内的关系，此处用教育系统三体结构图来呈现。

图 3 -4 为教育系统三体结构，其中教育主体（教师和学生）、教育客体（泛知识）和教育装备（既非主体亦非客体）两两之间都会发生作用，所以图中三体之间的箭头是双向的，表示作用的方向是相互的。

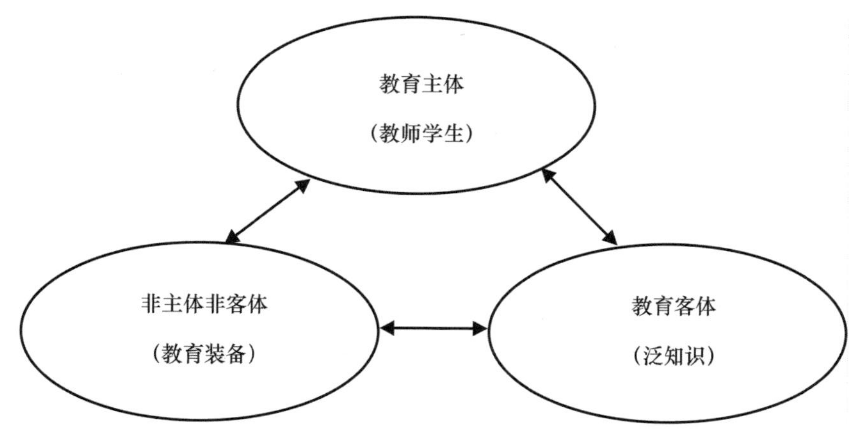

图 3 -4 教育系统三体结构

图 3 -5 为教育价值体系关系，其中（a）为教育本体价值观情况下教育价值主体（受教育者）、教育价值客体（泛知识）以及非主体非客体（教育装备）之间的关系；（b）为教育工具价值观情况下教育价值

主体（社会与国家）、教育价值客体（受教育者）以及非主体亦非客体（教育人工资源）之间的关系。图 3 - 5 中反映各体之间价值关系的箭头是单方向的，箭头所指方向表示价值提供方向；（a）图中教育价值客体泛知识为教育价值主体受教育者提供价值，教育装备则既向价值主体提供价值也向价值客体提供价值；（b）图中教育价值客体受教育者只向教育价值主体社会与国家提供价值，而教育装备则只向教育价值客体受教育者提供价值。

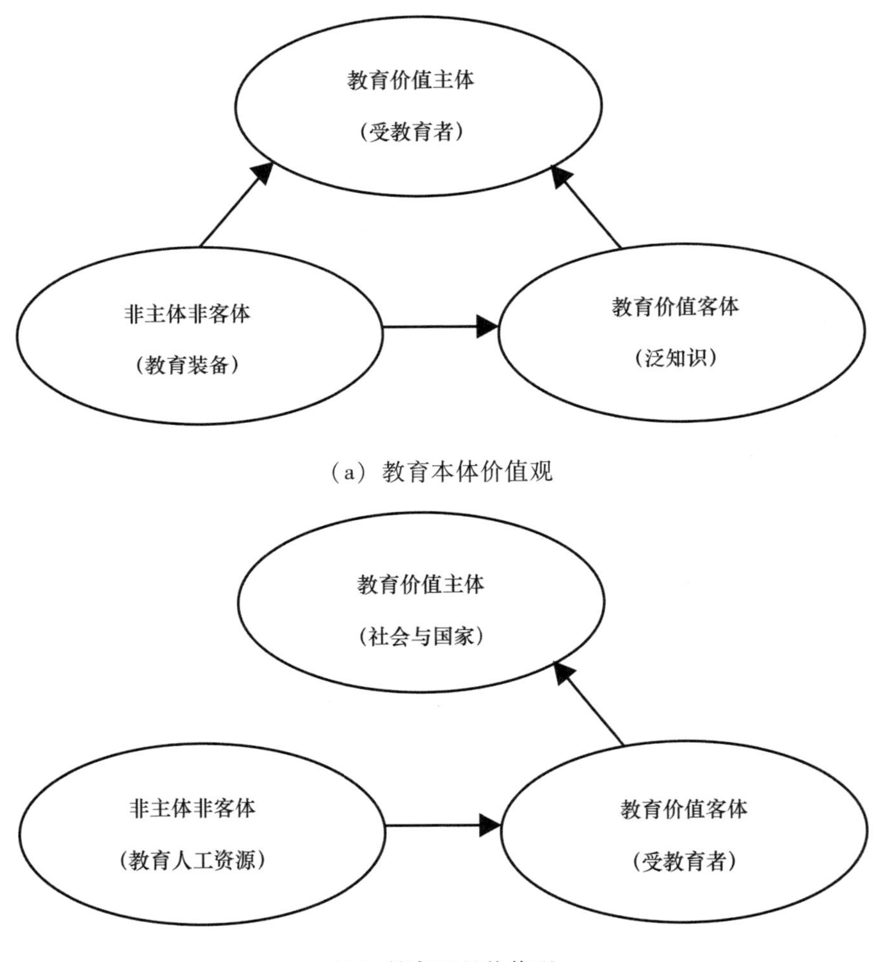

（a）教育本体价值观

（b）教育工具价值观

图 3 - 5　教育价值体系关系

其实，图 3－4 与图 3－5 还存在着一个较大的差别，图 3－4 中的教育主体是教师和学生，其中教师部分还包含教育管理者（只是为了作图简便而未显示），但在图 3－5（a）中教育价值主体就只保留了受教育者——学生。教师与教育管理者严格地讲是为学生服务的，从价值体系的完整性考虑，在教育本体价值观下教师与教育管理者应该属于教育的价值客体部分。

以上的讨论虽然重点在主客体问题上，但是从图 3－4 与图 3－5 的三个结构图中可见，既非主体亦非客体的教育装备的存在价值却一直没有发生任何变化，它的价值属性是稳固的，没有因为不同的价值观而受到任何影响。于是，理论上地位的稳固就使得教育装备在其哲学体系研究中更具有了重大意义。

教育装备的存在价值涉及教育的价值和装备的价值问题，但是对于教育的价值和装备所处世界的价值问题都存在着众多的不同观点，形成了完全不同的价值观。对于装备的价值，本节选择了人类价值观中的狭义价值体系，而对于教育的存在价值本节选择了教育价值体系中的教育本体价值观和教育工具价值观，但是更加倾向于教育本体价值观。

对教育装备的理论研究，其内容终究有一天会上升到哲学层面，这是学术研究的使然，也是基础理论研究的需要。对教育装备存在价值的讨论已经开始踏入了哲学的大门，这种研究还将继续下去，直至将涉及教育装备的所有问题探讨透彻。

第五节　教育装备目的论

目的论（teleology）是一个重要的哲学范畴，主要探讨事物产生的目的、缘起及其最终归宿。教育装备这个存在物与人类、自然物不同，它不是自然生成的，而是由人工制造出来的，所以教育装备目的论问题就不同于对人类和自然物目的论的研究，它具有自己的特点。但是，教育装备目的论与教育装备价值论具有相同的研究目标，它们都是要阐释这样一个核心问题：作为存在物，教育装备何以存在的理由。只是教育装备价值论讨论其存在的价值（何以作用或影响），而教育装备目的论则讨论人们制造它的必要性、必然性，以及发展走向（何以产生与发展）。

一 哲学目的论

目的论是古老的哲学命题之一，从西方古典哲学问题的研究一出现，这个命题就已经产生了。作者在这里希望通过对哲学目的论各种观点的描述来逐步呈现出哲学目的论的意义，以及对本书中心议题的作用。

（一）哲学目的论的观点

哲学目的论经历了上千年的发展，形成了诸多流派，但是争论最为集中且与本节的讨论直接相关的观点可以归纳为以下几点。

1. 拟人目的论与自然目的论

拟人目的论（或拟人论目的论，代表人物柏拉图）认为自然世界中各种自然现象的出现是由于受到一个类似于人类东西——造物主的控制，这个造物主出于自己的目的而创造了万物[①]；这种观点随着自然科学的发展和科学思想的建立而逐渐被人们抛弃。自然目的论（代表人物康德）与拟人目的论的观点相反，认为自然世界万物的产生与发展都具有它们自己的目的，而且是以人类为中心的[②]。自然目的论虽然与拟人目的论不同，但是其观点也遭到了人们的抛弃，同样是随着自然科学的发展和科学思想的建立，自然目的论也变得不具有存在的必要性。

2. 外在目的论与内在目的论[③]

外在目的论（代表人物苏格拉底）认为世界之所以呈现出它所"是"（to be，即存在）的这个样子完全出于神的目的，由于神的目的性是理想的，于是世界具有规律性和有序性。内在目的论（代表人物亚里士多德）则认为世界万物产生、发展和终结的原因是内在于事物中的，不是某种超自然的东西施加于万物的，事物产生的目的性主要体现在它的功能性上。外在目的论为人们所接受的时间较长，对人们的影

---

① 张舟：《目的论、功能和意识》，博士学位论文，华中师范大学，2012 年，第 3 页。

② 陈新夏：《康德的目的论与"人类中心主义"问题》，《首都师范大学学报》（社会科学版）2003 年第 1 期。

③ 周发财、李小平：《自然法中的目的论》，《理论界》2007 年第 8 期。

响较为深刻。

3. 内在目的论的详细划分

内在目的论所以对人们的影响较为深远是因为亚里士多德哲学目的论学派对世界万物产生、发展和终结原因的细致划分。虽然内在目的论的研究对象包括了世界万物，但是它详细划分的目的论对象主要涉及三类事物：人类、有机体、人造物。人类作为具有能动作用的事物，它的行为目的是为了某些事情而从事的活动；有机体具有自我保护与生存或物种保护与生存的形式目的以及为在天然有机体之间建立关系的功能性目的；人造物（或人工制品、工具/装备）的出现是最能够反映人类目的性行为的，以此直接解释人类行为的目标、意图、意向、理念等。

4. 其他相关目的论[①]

与上述目的论观点具有相关性的其他目的论还有许多，它们多出现于近现代，反映了目的论在哲学中又逐渐被人们重视，又开始发展起来。这些目的论具体表现为：程序目的论（代表人物生物学家德尔伯吕克和E·迈尔），认为事物发展是按照某种程序或信息密码而运行的动态过程；自然神学目的论（代表人物牛顿），认为宇宙的和谐与有序、生物结构的适应性、万物的活动功能和相互作用都是造物主设计的结果；控制论目的论（代表人物维纳），用纯粹科学的方式说明目的性过程；系统论目的论（代表人物贝塔郎菲），将一般系统论的目的性行为解释为准稳态的开放系统的一种性质；自然选择目的论（代表人物达尔文），认为生物发展是自然本身的纯物质性有规律的相互作用过程。

（二）哲学目的论的意义

哲学的一个最为核心的问题就是哲学本体论（ontology）。哲学本体论开始是探讨世界的本源，逐渐发展成为讨论存在物（being）何以存在（to be）的理由，即万物产生、存在、发展的目的，也就是目的论要解决的问题。从上述各种目的论观点简介可以看出，无论是古代哲学还是近现代哲学都不可避免地要涉及目的论问题；同时还可以看出，无

---

① 桂起权：《目的论自然哲学至复活》，《自然辩证法研究》1995年第7期。

论人文学科研究还是自然科学、社会科学研究都必须阐明自己研究对象存在的目的因（telos）。

当教育装备研究开始走进哲学殿堂时，人们就不得不从头考虑教育装备作为一个存在物的存在理由，也就是教育装备这个研究对象产生与发展的目的因。这个问题决定了教育装备是否具备继续向前发展的条件，并且指示出它发展与前进的方向。

二 工具/装备目的论

工具/装备的一个最大特征就是它为人工制造物，它的人工制造特征使得其在目的论问题上表现得最为清晰和单纯。

（一）目的论视角的存在物分类

通过对前文介绍的各种目的论及其观点可以看出，作为研究对象的世界万物大致可以被分为人类、自然生物（动植物）、自然非生命体、人造物等几种类型。其中，对于人类自己产生目的因的研究是最为根本、最为复杂、最为深刻的，从造物主创造人类说到生物进化论，各种学说几乎都是围绕这个核心问题展开的。对自然生物目的论的研究也很多，但这都不是最终目标，对它的研究实际上基本都是为证明人类产生目的因服务的。对自然非生命体存在目的的讨论是近现代哲学中讨论的重点，无论是牛顿的自然神学目的论、维纳的控制论目的论还是贝塔郎菲的系统论目的论都涉及了这个问题。但是在各种目的论观点中，对于人造物产生目的的讨论仅仅在亚里士多德的内在目的论中有所提及，而且提出的目的也只是为了说明人类的目的性行为。

针对工具/装备目的论的研究少之又少，使得本节讨论的问题显得十分困难，这就要求我们不得不从最为根本、最为初始、最为原则的地方探讨这个问题的解，提出自己的独立观点，以满足奠基整个理论体系的需要。

（二）工具/装备目的论探析

人类、自然生物以及自然非生命体都是自然产生的，工具/装备是人造物，不是自然生成的，所以它的存在目的因就与上述三种事物不同，它有着自己的特点。

1. 工具/装备目的论的内在性

工具/装备的功能是通过施加、作用在自然客体上而呈现出来的，它使得自然客体的存在性能和存在价值发生了变化。由于这一作用是发生于工具/装备与自然客体之间，体现了工具/装备自身的内在目的因，所以称其为工具/装备产生与发展目的论的内在性特征。

2. 工具/装备目的论的外在性

工具/装备是由人类主体创造的，而人类主体在设计制造工具/装备时运用了思维，思维形态与物质形态不同，思维形态具有正误之别，所以创造出的工具/装备就会具有对客体的适用性与非适用性、高适用性与低适用性，还会对主体形成“善”的工具/装备与“恶”的工具/装备（如：杀人武器装备）。由于这一过程发生于工具/装备与人类主体之间，体现了人类主体对工具/装备外部施加的作用，属于外在目的因，所以称其为工具/装备产生与发展目的论的外在性特征。

3. 工具/装备目的论的因果性

工具/装备能够存在并发展的一个重要原因是其作用产生了预期的效果。由于这个因果关系能够反映这一作用的性质，本书称其为工具/装备产生与发展目的论的因果性特征。

（三）决定工具/装备目的论与价值论差异性的因素

前面谈到，决定工具/装备目的因的是工具/装备的人工制造特征；而作者的《教育装备的存在价值》① 一文中则强调了决定工具/装备存在价值性质的是工具/装备所具有的既非价值主体亦非价值客体的特征。由于这两个特征是完全不同质的，所以造成工具/装备目的论与价值论之间并不具有相关性，或者说它们之间不存在什么必然的联系，也就是工具/装备的存在价值远远偏离了工具/装备的产生目的。人类早期制造工具的目的非常单纯，不过是为了获取食物而已，但是随着人类的进步和工具/装备发展，使得工具/装备的存在价值已经成为世界主体提升存在价值和提升世界客体存在价值的必要条件了。

---

① 艾伦：《教育装备的存在价值》，《中国现代教育装备》2020 年第 20 期。

三 教育目的论

教育目的论与教育价值论在很大程度上容易被人们混淆，此处讨论教育目的论的同时就必须涉及教育价值论以及教育功能、教育意义等相关问题。

（一）教育目的论与教育价值论

从逻辑上分析，目的是先于价值的，所以目的论是在讨论事物的逻辑缘起（逻辑起点）和历史源起（历史起点），是事物产生的原因；而价值论是在讨论事物呈现的功能和作用的意义，是事物存在的效果。这一因果关系在教育上就表现为教育的目的论和教育的价值论。黑格尔说："目的是对最初起点（开始）的否定，但由于目的与最初的起点有同一性，所以目的也是对于它自身的否定。"① 对于教育来说，这句话可以从两个方面被理解：一是说明，教育产生的目的就是为了最终消灭教育，其实任何事物产生的目的都具有这种性质；二是指出，教育本身并不能成为目的，教育的目的是能够在教育的过程中体现它的存在价值。正是由于教育有了"目的因"，于是才具有了存在价值的果，但是教育的目的与教育的价值有时并不一定能够统一起来。教育是一种社会现象，由于社会各种因素的影响，使得教育形成了各种不同的结构和具有了各种不同的属性，这些结构与属性决定了教育的功能，而社会主体对于教育功能的选择就限定了教育的存在价值②，于是便产生了不同的教育价值观（如：教育的本体价值观与教育的工具价值观），这与教育的逻辑缘起和历史源起之间就可能造成了偏差。但是这里应该强调指出，教育的本体价值观最接近教育产生之目的，否则也不能称其为"本体价值"。

（二）教育目的论探析

从逻辑顺序角度分析，教育目的论应该先于教育价值论；从历史发

---

① ［德］黑格尔：《小逻辑》，贺麟译，商务印书馆 2017 年版，第 426 页。

② 王全宾：《教育功能、教育价值、教育目的论》，《山东师大学报》（人文社会科学版）2001 年第 5 期。

展角度分析，教育目的表现最明显的时期应该是教育刚刚产生的时期；从统计学角度分析，教育目的论应该隐藏在诸多教育家的教育思想之中。所以，追溯教育产生的目的可以通过对教育起源、教育价值观的建立以及诸多教育家的教育观中去分析和探索其真谛。

1. 从教育的起源分析教育的目的

黑格尔的辩证法认为，事物的逻辑起点与历史起点是统一的。根据这一原理，可以从教育的历史源起推论出其逻辑缘起，而教育的历史源起存在着教育的四种起源说，它们是教育的生物起源说、教育的心理模仿起源说、教育的劳动起源说和教育的社会需求起源说。

四种教育的起源说都反映了教育的目的因，它们所具有的共同点为都表现出教育的目的是对受教育者传递技能、知识、文化，以使受教育者能够适应在各自环境下的生存；而它们之间的差别则在于教育目的产生的主观性与客观性。教育的生物起源说、教育的心理模仿起源说和教育的劳动起源说都属于对教育的一种客观需求，教育是在无意识中客观产生的；教育的社会需求起源说则属于教育目的的主观需求，是人为制定的。所以，如果教育的目的是客观存在的，那么教育的目的是为了人类生存和延续；而如果教育的目的是主观产生的，那么教育的目的就是为了使社会发展和使个体社会化。

2. 从教育价值观回溯教育的目的

教育目的论先于教育价值论，所以教育价值论中必然带有教育目的论的痕迹。教育价值体系主要包括两种重要的教育价值观：教育的本体价值观和教育的工具价值观。教育的本体价值观认为教育源于人类社会需求，社会是由个体（社会本体）构成的，所以教育的本体目的是促进个体人的发展，增强其主体性，丰富其个性，开发其潜能，获得人的尊严和价值。教育本体价值观强调人本位或以人为本的教育价值。教育的工具价值观认为教育源于人类社会需求，而社会是一个整体，所以教育的目的是培养人成为合格的社会成员而满足社会发展需要，进而使得个人超越现实社会条件发展而促使社会向更高文明层次迈进，于是教育起着工具一样作用。教育工具价值观强调教育要为社会与国家的政治、经济做增值服务，用以促进社会与国家的发展。

两种教育的价值观应该都属于教育的社会需求起源说，同时也都是从人类主管需求出发而产生的对于教育功能的需求，如果它们能够反映出教育的目的性，这也就意味着教育的目的因是带有主观意识性的。但是如果综合四种教育起源说一起考虑，教育为个体服务的功能要大于教育为社会服务的功能，教育的本体价值观更加接近教育的目的因，所以教育的初始目的应该是更加关注人类个体发展，或者说，教育对于人类个体发展的目的是直接的，而对于人类社会发展的目的是间接的。

3. 从中外教育观归纳教育目的

无论教育目的是主观的还是客观的，从中外教育家对教育目的的论述中总能发现对教育目的界定的规律，为此作者对《教育哲学通论》（黄济著）和《教育哲学》（奈尔·诺丁斯著）中与教育目的论相关的内容做了分析和归纳，希望从中发现规律。《教育哲学通论》的附录一中开列了 41 个中国古代与近代教育家和教育著作对教育目的论述的摘录，总结后可以发现这些摘录共同的观点为：教育是让人在个人方面明明德，在社会方面为亲民①。也就是提高个人修养而融入社会。《教育哲学》中介绍了苏格拉底、柏拉图、亚里士多德、卢梭、裴斯泰洛齐、赫尔巴特、福禄贝尔、杜威等西方重要的哲学家与教育家对教育目的的论述②。相对于中国古代与近代教育家的教育观点，西方教育目的论显得定位明确而分歧众多，他们直接给出对教育目的的观点，而且明确地分为个人本位目的和社会本位目的、同一目的和多元目的、外在目的与内在目的以及以杜威为代表的“教育无目的”等观点。但是通过分析可以发现中外教育目的论的总体方向仍然是：教育的直接目的是促进个人发展，间接目的是推动社会进步。

（三）教育目的论与价值论的趋同性

从前面的分析可以看出，教育的目的论与教育的价值论是基本趋同的，教育产生的目的是促进人的发展与社会的发展，监狱的存在价值同

---

① 黄济：《教育哲学通论》，山西教育出版社 1998 年版，第 670 页。

② ［美］奈尔·诺丁斯：《教育哲学》，许立新译，北京师范大学出版社 2008 年版，第 1—32 页。

样是促进人的发展与社会的发展。在这一点上教育目的论与教育价值论具有明显的趋同性。

四　教育装备目的论探析

前文讨论了教育目的论与工具/装备目的论，在此基础上可以对教育装备目的论做一些分析，因为教育与装备目的论决定了教育装备目的论。

（一）教育与装备目的论决定了教育装备目的论

教育装备是被限定在教育这个大环境下的工具或装备，所以它产生的目的因一定与教育有关，也一定与工具/装备有关，在这里将要分别阐述它们之间的关系。

1. 教育装备与教育的同源性

教育装备与教育是同出一源的，即从逻辑缘起上讲，教育装备是教育的基本构成部分，就像教育的主体与客体一样不可或缺，没有教育装备的教育不能称其为教育；而从历史源起上讲，教育装备与教育是同时产生的，当教育出现之时教育装备也就伴随着出现了。关于这一点的详细论证，请见“教育装备起源论”一节。教育装备与教育的同源性使得相对于教育主体而言，二者的产生目的具有相似性。

2. 教育装备对工具/装备的继承性与差异性

教育装备继承了工具/装备的两个重要属性，一个是人类制造特性，一个是既非主体亦非客体的特性。但是对于工具/装备，教育装备既具有继承性同时还具有差异性，这是因为人类社会晚于人类出现，从教育的社会需求起源说出发，则教育也就晚于人类出现，所以教育装备的出现必然是在工具/装备出现之后发生的事情。随着人类的进步和工具/装备的发展，工具/装备的存在价值得到了提升，这种提升必然会影响到教育装备的产生目的，使得教育装备产生的目的偏离了工具/装备的产生目的。

（二）教育装备目的论特征

教育装备继承了工具/装备的两个重要属性（人造性、非主体非客体性），这使得教育装备目的论特征与工具/装备目的论特征具有相似点。

1. 教育装备目的论的内在性

与工具/装备的功能是通过施加、作用在自然客体上而呈现出来的一样，教育装备的功能是通过施加、作用在教育客体上而呈现出来。所以，教育装备产生的目的在较大意义上是体现了教育装备自身的内在目的因的。具体地讲，教育装备一定是为了能够向教育主体更好地呈现出教育内容的意义而被设计制造出来的。

教育装备目的论的内在性就是教育装备产生的内在指向性，它的指向是教育系统的客体。如果一个教育装备的设计制造目的是针对教育客体的泛知识，则该目的因是最为本体性的。

2. 教育装备目的论的外在性

教育装备是由人类主体设计创造的，是人类主体对教育装备外部施加的作用，为教育装备产生的外在目的因。与人类主体在设计制造工具/装备时运用思维的情况一样，对教育装备的设计制造也会由于思维上的误判，使得创造出的教育装备对教育客体产生非适用性、低适用性。

另外，人类主体既包括教育主体人也包括非教育主体人，于是就必然会存在非教育主体人为了非教育的目的来设计制造教育装备的情况（例如，为了纯粹商业目的），致使设计制造出的教育装备不具有教育的适用性或适用性很低。所以教育装备的外在目的因是不能够反映教育本体价值和教育本体目的的。

（三）教育装备的发展与归宿

理性的教育装备发展，会使得教育装备设计制造目的从外在特性向内在特性转化，这也是一条必然的发展路线。所以，教育装备的适用性问题必然会成为教育装备基础理论中重要的组成部分，并成为研究热点。同时，对教育装备适用性的测量、评价、规定是在教育装备元标准中体现出来的，对于教育装备元标准建立的必要性和迫切性非常突出地表现出来。所以，目前教育装备的发展最重要的是基础理论研究与发展。

正如黑格尔对“目的”的解释一样，教育装备产生的终极目的因必然也是最终要消灭教育装备自己，教育装备应用的终极形式是表现为没有教育装备。这就是教育装备的最终归宿。

在教育装备理论的建设中，教育装备目的论是一个绕不过去的问题。教育装备的存在论（本体论）、本质论、起源论、概念论、价值论、目的论、道德论、方法论以及教育装备美学都是教育装备理论建设、教育装备哲学体系建立必须要面对的问题。当前，教育装备应用领域已经产生了突飞猛进的跨越式发展，对其发展方向的正确引导也就显得尤为重要，理论无实践则空，实践无理论则盲，教育装备的跨越式发展绝不能将教育装备的理论建设与发展跨越过去。

第六节　教育装备道德论

“有两样东西让人们无限敬畏：一个是我们头顶上的灿烂星空，一个是我们心灵中的道德律令。”康德的这句名言道出了人类所面对的两个世界，一个是人类外部的自然世界，另一个是人类自身的内心世界。而人类自身内心世界中的道德律令如此令人敬畏，正是由于它的存在而规范了人类的思维与行为，从而使得“人之为人”得以实现。

道德论，严格地讲其实应该是人心道德论，它是对人类内心世界那个令人敬畏的道德律令的研究，其实也就是对人类本身作为存在物何以存在的研究，是研究“人之为人”的道理。教育装备不是人，而是人工制造之物，它本身不具有思维或行为，但是它的产生与发展却反映出了其制造者与使用者们内心世界道德规范下的思维与行为，教育装备道德论正是对这一问题的研究，研究教育装备的存在条件，即它的产生与发展所必须满足的那些人类共同的道德规范。

一　伦理学与道德论

人属于动物，但是又不同于其他动物，不同点就在于人类可以时时刻刻中断那些从动物那里继承来的生物本性，中断自然的生理要求，按照心中建立起来的道德规范约束自己的意识，抑制私欲而实施利他行为。在哲学体系中，伦理学是研究人类道德规范的学问，是哲学的一个学科；而在社会生活中，人们也是经常将伦理与道德放在一起使用来规范社会的行为。这就使得本书在此处不得不将那些与教育装备有关的伦理学与道德论问题同时进行讨论。

（一）伦理学

伦理学作为一门学科主要来源于西方哲学体系，它的研究对象是道德与道德现象。所以，伦理一词的英文可以用 ethics，也可以用 morals（道德）表示；而伦理学（ethics）有时也被称为道德哲学（morals philosophy）。从这个意义上讲，在西方，伦理概念应该包括道德概念，伦理是个大些的概念，而道德是在伦理概念下的一个子概念。

在中国，伦理与道德两个概念是同时出现和使用的，只是它们所界定的事物或现象有所不同，伦理一词常用于家族现象，而道德一词则常用于社会现象。所以在中国的传统意识中，伦理与道德是同一层次的概念，没有隶属关系。只有在接受了西方文化之后，人们才开始关注如何去区分它们，并重建它们之间的关系。即使是这样，作为中国人依然同时受到中国传统意识与西方思想认知的双重影响。这一影响作用在教育道德论、工具/装备道德论以及教育装备道德论的讨论上，就会表现出逻辑上的混乱，这是在此处不得不提及并给予重视的问题。这也就是本书的标题没有使用教育装备伦理学（没有作为一个学科），而使用了教育装备道德论（只限定在一种社会现象）的原因，它既符合了中国对伦理道德的传统意识，又不违背西方对伦理道德的思想认知。

（二）道德论

道德是伦理学的研究对象，而道德问题所涉及的领域是十分宽广的，此处只讨论一些与教育装备相关的道德问题。应该特别指出，这些道德问题所讨论的道德对象不是自然世界与社会世界的主体人类，而是世界客体及客体事物的道德论，但是这些客体或客体事物的存在与出现却影响了人类心中的道德律令。

1. 社会道德

人之为人是因为人人心中都具有的道德律令，但是人的思维形态是有差异的，所以每个人心中的道德律令都不尽相同，此道德可称为个体道德。在人类社会中，与人心道德相关的行为是一种社会现象，而作为社会整体对这种行为的认可与否是由社会公认的道德规范所决定的，于是便存在着社会道德问题，有时也称为社会公德。显然，社会道德的道德主体应该是人类社会。

社会道德是与个体道德相对应的一个概念，是以社会作为主体所具有的道德总和，它以宏观利益为基础，反映整个社会的经济、政治状况，调整社会整体利益关系①。不同性质的社会具有不同的社会道德，因为社会道德是为该社会自己的经济和政治利益而建立的，它具有利己性，是为该社会的发展而建立起的社会公德，同时，作为公德它还具有他律性。与此相比，个体道德倒是更具有利他性和自律性，因为社会个体必须要为这个社会道德主体着想，约束自己的行为而符合社会利益。

教育起源于社会需求，是一种社会现象，所以作为教育人工物力资源的教育装备，教育装备道德必然被社会道德所规定，也必然受到社会公德利己性和他律性的影响。

2. 生态道德

生态道德，“又称环境道德，是道德范畴具有特殊涵义的一部分，指反映生态环境的主要本质、体现人类保护生态环境的道德要求，并须成为人们的普遍信念而对人们行为发生影响的基本道德规范”②。生态道德具有这些特征：“第一，它必须是反映人与自然、人与人之间最本质、最主要、最普遍的道德关系的基本概念；第二，它的规定性必须体现一定的社会整体对人们的道德要求，显示人们认识和掌握道德现象的一定阶段；第三，它必须是作为一种信念存在于人们内心，并能时时指导和制约人们的行为。”③

显然，生态道德的道德主体仍然是人类社会。在主体认定上，生态道德论与生态价值观（属于广义价值体系或自然价值体系）完全不同，生态价值观的价值主体是自然物（人类之外的自然生物甚至非生命

① 邵南征：《社会道德论》，博士学位论文，华中科技大学，2011 年，第 19 页。

② 李金：《生态道德论》，《前沿》2008 年第 9 期。

③ 窦玉珍等：《论人与自然关系的道德调节》，《2001 年环境资源法学国际研讨会论文集》（下册），福州，2001 年 11 月，第 296—299 页。

体[①]，而生态道德论的道德主体是人类社会。教育装备道德是被社会道德规定的，所以必须同时要满足生态道德规范。教育装备必须按照生态道德规范要求来发展，教育装备的生态发展问题主要涉及教育装备企业生产时的节能减排、教育装备产品本身的绿色环保、用于生态教育的教育装备、教育装备的科学型与节约型管理以及用于学校环境保护的设备与设施等方面。

3. 科技道德

科学技术是人类对于自然世界和社会世界的知识体系与方法体系。科技活动的主体是人，所以科学技术必然会受到个体道德的影响；同时科技活动处于社会之中，所以科学技术也必须要遵循社会道德的约束[②]。人们常用科学技术是一把双刃剑来形容科技产品对人类道德善与恶的反映。在科技活动中和科技产品中表现出的对人类道德规范的逆顺可称为科技道德。

教育装备是人工制造物，同时也是科技产品，其必然具有科技道德属性。教育装备对科技道德的反映应该是既表现在其产品的使用目的与效果之中，也表现在其产品的设计与生产过程之中。

4. 大数据道德

大数据道德并非一个十分确切的概念，它实际上是反映由于计算机与互联网的应用以及各个领域的数字化，人类进入了一个全新的大数据时代，于是便出现了一系列新的道德问题。大数据道德是指人类进入大数据时代后面临的互联网道德、普适计算道德、赛博伦理（cyber ethics）、网络伦理、信息伦理、数据哲学等一系列由信息技术带来的伦理道德问题[③]。严格地讲，大数据道德仍然属于科技道德的范畴。

教育信息化的本质是教育装备的信息化，而教育装备信息化发展过程中同样会出现新的伦理道德问题，这是在讨论教育装备道德问题时必须特别加以关注的内容。

---

① 艾伦：《教育装备的存在价值》，《中国现代教育装备》2020 年第 20 期。

② 李磊：《科技伦理道德论析》，《理论月刊》2011 年第 11 期。

③ 唐熙然：《大数据的伦理问题及其道德哲学——第一届全国赛博伦理学研讨会综述》，《伦理学研究》2015 年第 2 期。

5. 人工智能道德

人工智能道德常被称为人工智能伦理，这是人类进入智能化时代所必须加以充分重视的问题，同时也是十分重要的人工智能哲学问题。作者曾在《做智能化社会的合格公民——探讨智能化时代人工智能教育的核心素养》一文中详细讨论了智能化时代人们可能面临的人工智能道德问题，认为该问题涉及三个方面：第一是人与自然界的关系方面，第二是人与自我的关系方面，第三是人与社会的关系方面。

在讨论人与自然界的关系方面将自然界中人以外的客体视为工具，于是人与自然的关系也可认为是人与工具的关系。这里所谓的工具既包括物化的工具也包括认知工具，既包括人文的工具也包括科技的工具。这些工具的智能化使得人们在人对智能的理解、思维方式的变更、人工智能产生的知识、人工智能具有的思维形态等问题产生了较大影响，使得在智能化社会人类面对新出现的智能化工具需要考虑如何重塑与它们之间的关系，使其构成了科技道德问题的一部分。在讨论人与自我的关系方面，人工智能的出现涉及新的生死观、自我意识的改变、新的价值观等问题，使得智能化社会人类面对新的“自我”需要重新考虑人生观与价值观，需要重新建立心中的道德律令。在讨论人与社会的关系方面，出现了个人隐私问题、新出现的生命体、问责与法律等问题，使得智能化社会的社会关系构成了社会道德的新问题。

二 教育道德论

教育道德论的讨论将涉及教育本体的道德属性、教育功能的道德属性以及教育主体的道德属性。

（一）教育本体的道德属性

教育本体的道德是讨论教育作为一个存在的事物，其本身所具有的伦理道德问题，即它的存在是否满足个体道德规范与社会道德规范。这个问题要从教育的目的论和教育的价值论进行分析，所以必然与教育的起源具有直接的关系，为此，这里不得不将教育的四种起源学说再次提出来做解释。

教育的生物起源说认为教育源于成年动物将生存的基本经验和技能

传给小动物的行为；教育的心理模仿起源说认为原始社会中儿童对年长成员生存活动的无意识模仿就是最初形成的教育；教育的劳动起源说认为劳动中人们传递生产经验和生活经验的实际需要就是教育的过程；教育的社会需求起源说认为教育起源于社会群体传递、发展文化和个体的社会化这两个方面的共同需要。这四种教育的起源说有一个共同点，就是长者教幼者获取生存资源的本领与规律，即如何获取生存资源。资源是人类赖以生存的条件，一些自然资源也是动物赖以生存的条件，但社会文化对于人类同样属于生存资源，教育就是要传授如何获取生存资源。但是人类和动物教育的不同点在于，人类的教育既要传授如何有效地获取生存资源，同时还要传授如何正当地获取生存资源，而动物的“教育”只传授如何有效地获取生存资源。此后，人们将人类传授如何有效地获取生存资源表述为教人做事，而将人类传授如何正当地获取生存资源表述为教人做人，教人正当化即教人做人，也就是教人做有道德的人、做不同于动物的人、做与人为善的人，教人之为人的道理。从这个角度看教育，教育本身是具有道德属性的，它的道德属性在于教授人类脱离动物界而文明化。人类的出现在于区别于动物，它本身即是道德的；人类社会的出现在于人类的进一步文明化，它本身也是道德的；同理，人类教育的产生本身也反映着人类的文明，也是道德的。

（二）教育功能的道德属性

教育的功能既反映教育目的论也反映教育价值论。教育产生的目的是促进人的发展与社会的发展，教育的存在价值同样是促进人的发展与社会的发展，在这一点上教育目的论与教育价值论具有明显的趋同性。而其中反映出的教育功能可以归纳为两个：一个是教育的本体功能，即让受教育者个体社会化（育人），另一个是教育的工具功能，即为社会、为国家造就人才（育才）。育人与育才是现代教育的两大功能，将育人与育才统一起来是我国教育现代化发展的基本理念。[①]

教育育人功能的道德属性是教育本体道德属性的直接反映，不言而喻，教育的育人功能反映了教育的本体目的因和教育的本体价值观，它

① 中共中央、国务院：《中国教育现代化2035》。

显然具有道德属性。教育的育才功能对教育道德的反映应表现在社会道德方面。前文说到，社会道德具有利己性和他律性，与个体道德的利他性和自律性不同，所以教育的育才功能所体现的道德与教育的育人功能所体现的道德是不同的。个体道德的道德主体是个体的人，与教育本体价值的价值主体具有一致性；而社会道德的道德主体是社会，与教育工具价值的价值主体也具有一致性，在社会中讲求的是社会公德，从这个角度分析，教育为社会培养人才的功能没有偏离社会道德，教育育才功能具有社会道德属性。

（三）教育主体的道德属性

教育系统的主体是人（学生、教师、教育教学管理者等），其中学生是道德教育的受体（不是客体）；而教师与教育教学管理者为道德教育的施教者，他们作为教育系统的主体所具有的道德属性主要体现在两个方面：善与爱。善与爱是教育主体最基本的道德属性，也是对教育敬畏的表现。

前段时间互联网上广为流传着一名美国中学校长写给新教师们的信，该校长是“二战”时纳粹集中营的幸存者，他的信中写道：“亲爱的老师，我是一名纳粹集中营的幸存者，我亲眼看到了人类不应当见到的情境：毒气室由学有专长的工程师建造；儿童被学识渊博的医生毒死；幼儿被训练有素的护士杀害；妇女和婴儿被受到高中或大学教育的士兵枪杀。看到这一切，我疑惑了：教育究竟是为了什么？我的请求是：请你帮助学生成长为具有人性的人。你们的努力决不应当被用于创造学识渊博的怪物，多才多艺的变态狂，受过高等教育的屠夫。只有在使我们的孩子具有人性的情况下，读写算的能力才有其价值。”这是一个感人的故事，作者无法考证这个故事的真伪，但是宁愿相信那封信中所描述的真理，具有人性就是要与人为善，善良、良知是人类心中道德律令的底线。这是对道德教育受体（学生）的道德主体提升，是教育系统主体与教育道德主体统一的追求。

爱是多样的，最基本的爱是伟大的母爱与亲情之爱，对父母的爱是因为父母的养育，对亲朋的爱是因为亲朋的帮助，这些爱都是所谓“经验的爱”，它是被人人经历的。而对于那些崇拜对象的爱被称为

“超验的爱”，因为人们并没有得到过那些崇拜物的养育与帮助，对它的敬畏和对它的爱是超验的。学生对于教师并非“衣食父母”，但出于对教育的敬畏，教师对于学生要具有一种“准超验的爱”，这种爱也基本是超验的，同时也是作为施教者的教育主体并为教育道德主体的基本品格。

三　工具/装备道德论

在整个自然世界中人类是主体，人类以外的自然物是客体，而作为人工制造物的工具/装备介于主体与客体之间，它们既非主体亦非客体。在自然世界与社会世界的道德体系中，人类永远是道德主体，但由于工具/装备是人工打造的资源，所以它们产生目的和存在价值中必然会反映和装载着人类的道德属性。

（一）工具/装备目的道德

人类出于什么目的来设计制造工具/装备会直接反映出人的道德水准，同时这个反映在工具/装备上的人类道德也就可以被称为工具/装备的目的道德，就像是一面镜子形成的物体影像一样。所有的工具/装备都具有技术含量，现代的工具/装备这一特征更加明显。科学技术被何人使用与如何利用，其道德属性最终都会体现在工具/装备的实现上。核技术是用于造福人类，还是用于屠杀人类，这是两种完全不同道德观的反映。用一句人们耳熟能详的话来说就是：“科学技术是一柄双刃剑。”当人们把科学技术比喻为“剑”时，其实是将科学技术“加载”到了工具/装备之上。

（二）工具/装备价值道德

工具/装备具有科学技术含量，同时还具有文化特征含量。但是，文化与科技不同，科技本身不具有民族性，而文化则具有非常大的民族差异性，不同的民族、不同的国家具有完全不同的文化，于是人们就会具有完全不同的价值观，这个文化与价值观将会影响到社会道德、民族道德，最终必将会影响到工具/装备的设计制造，从而形成了这里讨论的工具/装备价值道德。为了说明这个问题，作者在这里举一个较为典型的例子。

一位中国玉雕艺术家将他的一个作品放到国际展会上参加评选，他的作品是一位翩翩起舞的古装少女含笑地手拿一个丝帕遮住下巴。所有的外国专家都给该作品以 95 分以上的高度评价，但在场的中国专家却都给它打了零分，原因是作品中少女口下有一巾，在汉字里寓意上吊的“吊”字，是中国文化中不吉利的象征。截然不同的评价结果是由中外专家完全不同的价值观决定的。艺术反映了文化而不是科学技术，对文化艺术作品人们主要考虑其艺术价值，对它的评价不使用科学判断，所以中国专家的评价是无可指摘的，但是若将这种评价方式用于科学技术判断就是不恰当的了。

上述例子中的艺术作品虽然不是一般性的工具/装备，但是它为人工制造物，而且承载了制造者的价值观；工具/装备同样是人工制造物，也会反映不同的文化与价值观，最终要反映出价值道德，所以工具/装备具有价值道德属性。

（三）工具/装备功能道德

如何使用工具/装备即如何实现工具/装备的功能有时也能体现出使用者的伦理道德。一把用于收割农作物的镰刀也可以成为一件武器或凶器，关键在于使用者如何使用，而对于工具/装备在使用功能上反映出使用者的道德问题在这里被称为工具/装备的功能道德。这个简单的问题在后面讨论教育装备替代伦理道德时会表现得较为突出，此处不再做进一步分析。

四　教育装备伦理道德

对教育装备伦理道德的讨论是建立在教育道德论与工具/装备道德论基础上的，教育装备属于工具/装备，但是又被限定在教育的范围之内，所以它的伦理道德问题必定反映教育的道德属性与工具/装备的道德属性。

（一）教育装备的自身伦理道德

教育装备自身伦理道德即教育装备的设计生产不能使其在外观、使用习惯、绿色环保、校园环境等方面触及违反社会公认的伦理道德和价值观。

学校是一个神圣的所在，在校园环境和人文景观建设方面应该保证其教育的崇高性。2013 年，中国城市科学研究会绿色建筑与节能专业委员会公布了《绿色校园评价标准》。该标准对于中小学绿色校园的规定中有：场地建设不破坏文物及其历史环境、自然水系和其他自然与文化保护区；学校远离殡仪馆、医院的太平间、传染病院等建筑或设施。该标准对于高等学校绿色校园的规定中有：校园场地建设不破坏当地文物、自然水系、湿地、基本农田、森林和其他保护区。所有这些规定都反映了学校建设在遵守社会公共道德方面与学生高尚道德培养方面的要求。

（二）教育装备的使用伦理道德

由于工具/装备是人工设计制造的物化资源，所以其本身就具有技术含量，技术装备即装备，教育技术装备即教育装备。于是，在教育装备设计制造的路线上就存在两种不同的取向，一种是从教育教学需求出发的设计制造与配备取向，另一种是从技术出发的设计制造与配备取向。

从技术出发的设计制造与配备取向是目前较为广泛存在的教育装备开发与应用路线。当一个新技术出现时，人们习惯性地开始考虑这个新技术将如何在学校中使用，如何用于开发新型的教育装备并进行配备，其中 5G 技术的出现就是一个非常典型的例子。这种不是从学校的教育教学出发的教育装备设计制造和配备取向是一种盲目的技术路线，它将会带来教育装备的使用伦理道德问题。当人们还未曾对由一种技术实现的教育装备做适用性研究，未对教育装备做教育教学需求分析，而盲目地设计制造且在学校进行配备时，其实是将使用这些装备的使用者当成了实验品，这显然触及了教育系统的道德主体，违背了教育的伦理道德。

（三）教育装备的替代伦理道德

各个领域都有自己的工具或装备，而各个领域的装备其作用对象各有不同。农业装备、工业装备的作用对象是非人类的东西，医疗装备和教育装备的作用对象是人类自己，只是医疗装备的作用对象点是人类的肌体，而教育装备的作用对象点是人类的头脑或思维。自动化、智能化装备的出现是希望取代人类的劳动，如智能农田机械代替了人类农民的肢体，工厂里的智能机械手代替了人类工人的操作，无人驾驶车辆的智能系统代替了人类司机，智能疾病诊断系统代替了人类医生的判断等等。但是教育系统中的教师是否应该被人工智能取代以及是否能够被人工智能取代一直是人们争论的问题，这个问题本质上触及到了教师的存在价值和教师作为道德主体而引发的替代伦理。作者在《中国现代教育装备》杂志 2019 年第 18 期刊出的《智能化不会使教师沦为工具》一文中提出了教师不应被人工智能取代的观点，而在本节中则进一步强调指出，这一观点还是基于教育本体道德属性的，教育就是教人做人和教人做事，而期待由一个非人类的“东西”去教育人类如何做人是不道德的，用人工智能教育机器人去取代教师违背了教育的本体道德属性，是不应该做的事情。

道德是作为世界主体的人类所具有的属性，而工具/装备既非主体亦非客体、教育装备既非教育系统主体亦非教育系统客体的性质使得对教育装备道德论的研究十分艰巨。在此情况下将教育装备道德论阐释清楚是非常困难的事情，本节虽然进行了一些分析，但是显得十分肤浅。然而，教育装备的基础理论要想发展就必须通过这一关，这是建立教育装备哲学体系绕不过去的一个问题。

此处对于教育装备道德论提出的观点必然存在问题，作者对于教育装备道德论提出的论点也并不成熟，但仍希望抛此石、引璎珞，为教育装备理论建设献力。

第七节　教育装备美学

真、善、美是哲学需要研究的问题，其中“善”是哲学研究的核心，而“真”和“美”在哲学中也都有涉及。美学（aesthetic）属于哲学的一个分支学科，是研究人与世界审美关系的一种精神文化活动。对教育装备美学的研究则重点在两个方面，一个是由教育装备形成教育教学环境时构建的生态美，另一个是教育装备作为产品的自身艺术美，而前者是本书的重点讨论内容。

一 哲学美学

哲学讲究逻辑、思辨和理性，而在哲学的所有分支学科中，美学是最具有感性特征的。美学是研究美的，古希腊哲学家柏拉图认为：美是理念的感性显现。英文 aesthetic 一词是美学的意思，而与其同源的英文 aesthesis 一词是感觉、知觉的意思。所以，美学的研究停留在感知的基础上。哲学研究“真”，就是探求真理，哲学真就是善之真；哲学研究“美”，就是追寻“爱”的情感之源，哲学美就是善之美。

（一）美学学派与研究对象

作者认为美学可分为三种主要类型，可分别称为本体论学派、艺术论学派和心理论学派（注：这三个学派的名称是作者根据它们各自的特点命名的，并没有专门的出处，特此说明），这些类型的区别主要体现在它们研究对象的不同。

1. 本体论学派

代表人物是被称为“美学之父”的鲍姆嘉通（德国人，Alexander Gottlieb Baumgarten，1714—1762），著有未完成的《美学》一书。该学派认为，美学的研究对象就是美本身，就是研究感性认知的完善，美学教导人怎样以美的方式去思维，是研究低级认知方式的学科。美学要讨论的问题不是具体的美的事物，而是所有美的事物所共同具有的特征以及“美之为美”的道理。

2. 艺术论学派

代表人物是黑格尔，著有《美学》一书。该学派认为美学的研究对象是艺术，美学就是艺术的哲学。黑格尔说美学研究的“对象就是广大的美的领域，说得更精确一点，它的范围就是艺术，或毋宁说，就是美的艺术”。按照这种观点，美学审美不应该包括自然美。

3. 心理论学派

代表人物是朗菲德（德裔美国人，Herbert Sidney Langfeld，1879—1958），著有《审美态度》一书。该学派认为美学的研究对象是审美经验和审美心理，是人对美好事物的心理感受，主张用心理学的观点和方法来解释和研究一切审美现象，把审美心理和审美经验置于美学研究的中心位置。

（二）美感的主体与客体

从上述三种美学分类的特点出发进行分析，可以发现它们的共同点是美学的感性化。人对事物的认识具有三个层次：感性、知性和理性，感性是认识上的最初始层次，是凭借人类的感官对事物的感知，并且包含着人的情感。所以，美对于人类就是利用眼、耳、鼻、舌、身这五种感觉器官，再通过“意识”而形成的“向外的内感知”。这样就等于是确定了美感的主体应该是人类，美是人作为主体而对客体事物产生美感。

上述三种美学类型在研究对象上的不同实际上反映了它们在区别美的客体上产生了分歧。本体论美学研究美的本质，所以美本身为美感客体；艺术论美学研究美的艺术，所以艺术为美感客体；心理论美学研究审美心理，所以心理感受为美感客体。这三个客体的共同特征是它们都不在实物的范围之内，它们都是抽象的东西，即使是艺术论美学也没有将其研究对象或美感客体定位于艺术作品。

（三）生态美学

美感是人的情感，美学是对美感的研究，美感对象（客体）又是多元化的，但人的情感会随时间的迁移而发生变化，存在审美疲劳现象，于是教育装备美学就不能停留在前述三个美学流派的基础之上，它所依据的美学原理更加符合现代发展起来的生态美学观。

生态美学是20世纪后期产生的一个新兴学科，它是在近代存在主义哲学的基础上，并融合了生态学与美学的基本思想而形成和发展起来的。从原则上讲，生态美学不能算作美学的一个学派，它应该属于一个独立的学科。近年来人们对生态美学的研究热情很高，在“超星发现”网站上以“生态美学”为关键词进行查询，检索到的文献个数为20676，总被引次数为91517（截至2021年1月31日）；其中图书619部，期刊文章11494篇，学位论文5242篇。此处对期刊文章引用率处于前列的几篇文章做分析，从中归纳出生态美学的一些基本概念和普遍观点。

1. 生态美学的研究对象与目的

关于生态美学的研究对象、研究目的、研究任务等问题，研究者们的观点基本是一致的，只是在表述上略有不同。李欣复认为："生态美学以研究地球生态环境平衡和谐发展所具有的审美价值为主要内容和任务。"① 曾繁仁则认为生态美学是"以探索人与自然的审美关系为出发点，涉及人与社会、人与宇宙以及人与自身等多重审美关系，最后落脚到改善人类当下的非美的存在状态，建立起一种符合生态规律的审美的存在状态"②。并在另一篇文中写道："由此可见，生态美学的对象首先是人与自然的生态审美关系，这是基础性的，然后才涉及人与社会以及人自身的生态审美关系。"③ 杨春时认为："生态美学是从审美角度来确立人与自然的关系，从而达到保护生态的目的。"④

可以看出，生态美学是从保护地球生态和社会生态的目的出发，而以环境美、人与自然的和谐美、人与社会的和谐美为其主要研究对象。

2. 狭义生态美学与广义生态美学

关于生态美学的流派区分，只有在曾繁仁的文章中出现，而且被分为两派。曾繁仁认为："对于生态美学，目前有狭义与广义两种理解。狭义的生态美学着眼于人与自然环境的生态审美关系，提出特殊的生态美范畴。而广义的生态美学则包括人与自然、社会以及自身的生态审美关系，是一种符合生态规律的存在论美学观。"⑤ 在作者的另一篇文章中说到："从目前看，关于生态美学有狭义和广义两种理解。狭义的生态美学仅研究人与自然处于生态平衡的审美状态，而广义的生态美学则研究人与自然以及人与社会和人自身处于生态平衡的审美

---

① 李欣复：《论生态美学》，《南京社会科学》1994 年第 12 期。

② 曾繁仁：《生态美学：后现代语境下崭新的生态存在论美学观》，《陕西师范大学学报》（哲学社会科学版）2002 年第 3 期。

③ 曾繁仁：《试论生态美学》，《文艺研究》2002 年第 5 期。

④ 杨春时：《论生态美学的主体间性》，《贵州师范大学学报》（社会科学版）2004 年第 1 期。

⑤ 曾繁仁：《生态美学：后现代语境下崭新的生态存在论美学观》，《陕西师范大学学报》（哲学社会科学版）2002 年第 3 期。

状态。”①

生态美学被分为狭义的和广义的两种类型是非常有意义的事情，因为对于人与自然、人与社会、人与自己关系的研究从根本上讲具有完全不同的属性，而其间体现出的审美观也必然存在着巨大的差别。关于这一点，在其他几位作者的文章中虽然没有直接指出，但讨论的内容也都体现了这一思想。

3. 生态美学的主客体性

生态美学受生态学和生态哲学的影响，在审美主体与审美客体上是不进行区分的，这是一个普遍的观点。陈望衡认为：“生态美学的哲学基础是生态哲学。”并且“生态哲学是不主张主客两分的。人与自然密切联系，为一整体，它们的区分只具有限的相对意义，生态哲学的立足点与其说是主客相分，还不如说是主客不分。”② 刘恒健认为：“生态美学主张超越人与自然的两分对立，回归人与自然浑然未分的一体化状态，主张在万物一体化的生态平衡状态中保护生态的整体和谐美。”同时写道：“因此，从本源性的生态上讲，人和自然万物浑然不二、原本一体，这是对于主客二分的理性主义美学的一种回归式超越。”③ 杨春时认为：“主体性哲学建立在主客二元对立的基础上，把存在确定为人对世界的创造、征服，主体成为存在的根据。而主体间性哲学则消除了主客二元对立，把存在确定为自我主体与世界主体的交往、融合。”并进一步指出：“主体间性是审美的真正哲学基础，也是生态美学的哲学基础。”④

在生态美学主客体的认识上研究者们的意见是一致的，确定生态美学不应该区分审美的主体与客体。但是，作者则认为上面的论述至少存在两个方面的问题没有交代清楚：第一，研究者们在论述生态美的主客

---

① 曾繁仁：《试论生态美学》，《文艺研究》2002 年第 5 期。

② 陈望衡：《生态美学及其哲学基础》，《陕西师范大学学报》（哲学社会科学版）2001 年第 2 期。

③ 刘恒健：《论生态美学的本源性——生态美学：一种新视域》，《陕西师范大学学报》（哲学社会科学版）2001 年第 2 期。

④ 杨春时：《论生态美学的主体间性》，《贵州师范大学学报》（社会科学版）2004 年第 1 期。

体性时是在狭义生态美学的语境中做出的结论，并没有讨论广义生态美学中人类面对社会、面对自己时应该如何区分美的主客体问题；第二，研究者们在提出主客不分、天人合一、主体间性时并没有区分是对生态美学进行研究时的主客体关系，还是生态美学体系内部（即对生态美学研究对象）的主客体关系。本节在对教育装备美学进行讨论时会严格区分它们，避免出现误会。

4. 生态美学与美学

生态美学虽然不属于哲学美学的一个学派，但是它与哲学美学具有紧密的关系。对于生态美学的学科性质，李欣复认为："我们也可以规范它是介于生态科学与美学之间、是两者边缘地带交叉渗透结合的学科性质与地位。"① 陈望衡认为："严格说，生态美并不是美的一种形态，它很难独立存在，犹如自然美、艺术美、技术美，但各种独立存在的美的形态，都存在生态美这一要素。可以说，生态美是美的本质属性。"② 刘恒健认为："生态美学实际上就是一种以大道形上学为基础的美学，或者说是一种向着本源性的大道回归的美学。"③ 曾繁仁认为："所谓生态美学就是生态学与美学的一种有机的结合，是运用生态学的理论和方法研究美学，将生态学的重要观点吸收到美学之中，从而形成一种崭新的美学理论形态。"④

可见，生态美与哲学美学中界定的美有着本质的不同，哲学美学中的美是人的主观感受，是美感；而生态美则已经脱离了人的感觉，进而成为客观存在的和谐美、本真美。这个被生态美学界定的美是近代生态学发展追求的目标。

① 李欣复：《论生态美学》，《南京社会科学》1994 年第 12 期。

② 陈望衡：《生态美学及其哲学基础》，《陕西师范大学学报》（哲学社会科学版）2001 年第 2 期。

③ 刘恒健：《论生态美学的本源性——生态美学：一种新视域》，《陕西师范大学学报》（哲学社会科学版）2001 年第 2 期。

④ 曾繁仁：《生态美学：后现代语境下崭新的生态存在论美学观》，《陕西师范大学学报》（哲学社会科学版）2002 年第 3 期。

二　对生态与生态美的认识

此处讨论的核心问题是教育装备的生态美，其中必然涉及生态的概念和生态美的概念。作者在这些问题上有着自己的认识和观点，与上述研究者不尽相同，特将一些重要的差异性观点在此提出做澄清。

（一）生态系统的构成

教育装备是教育这个大环境中的产物，而教育学属于社会科学，因此教育装备生态美学就必然性地进入了广义生态美学的范畴，它不仅要研究人与自然的和谐美，还要考虑人与社会的和谐美以及人与自己的和谐关系。于是社会生态与教育生态的系统构成以及协调控制等问题就都要展现在人们面前。

无论是狭义生态还是广义生态，生态系统都是由三个部分构成的，此处可以将它们称为资源，即人力资源、人工资源和自然资源，其中人力资源是系统主体。在这个生态系统中，人力资源和人工资源消耗着自然资源，生态平衡就是希望降低自然资源的消耗，并通过人力资源来提高人工资源的作用以弥补自然资源的不足。

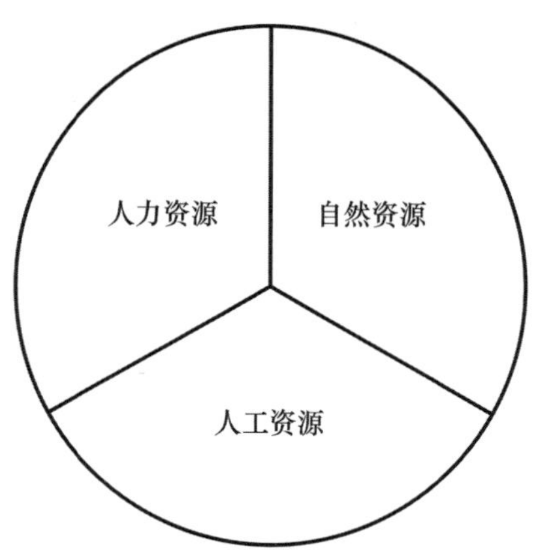

图 3－6　生态资源系统构成

（二）生态美学的主体

生态美是主观感受还是客观存在这是一个原则性问题。从前文所述可见，美学中的美强调的是美感，是主观感受；而生态美学中的美则不仅是具有美感的问题，因为生态美学中美的主客体不分特性，所以它必然是客观存在的美。

主客体不分的事物一定是客观存在的事物，但这个命题的逆命题并不成立，即客观存在的事物并不一定是主客体不分的。作者认为，生态美学中的美仍然具有主体和客体之分，在生态系统中，人类依然是主体，自然界与社会都应该被赋予客体的地位。如果将生态系统看作资源系统，则人类（人力资源部分）也是主体，而自然资源与人工资源部分就被界定为客体。这是因为：一方面，当我们将整个生态系统划分为人类、自然界、社会三个组成部分或者划分为人力资源、自然资源、人工资源三个组成部分时，都是我们人类对事物在做思维规定，这并非一定是人类之外的存在物之分类本意，既然是人类进行的分类，则人类在其中的主体性就已经充分表现出来了。另一方面，前述生态美学研究者们在强调生态系统主客不分、天人合一、主体间性时其实是先将世界上的存在者做了分类，随后再去由人类否定这一分类，这在逻辑上就形成了建立在人类主体化基础之上的人类非主体化理念。

作者强调生态美学也要区分主客体化的目的是为了能够以此为依据来讨论教育装备生态美学，因为在校园中构成的教育生态以及对教育生态美的界定必须体现出主客体的特征来。

（三）生态系统的相互依存性

良好的生态系统，其各个组成之间一定是相互依存的，它们谁也缺不了谁。1866 年，德国生物学家与哲学家恩斯特·海克尔提出了生态学（ecology）的概念。“ecology”具有“自然界的经济学”的意思，后来该领域的学者们把生态学概念界定为：研究生物或生物群体与其环境的关系，或生活着的生物与其环境之间相互联系的科学。这一概念包含两层涵义，第一，生态学的研究对象是生物系统；第二，生态学的研究目的是使得生物与环境之间构成和谐关系，这个和谐关系其实就是相互之间的依存。应该强调的是，这一环境既包括生物元素组成部分也包括非生物元素组成部分，既包括自然资源组成部分也包括人工资源组成部分，而和谐关系就是生态美的体现，相互依存即是美。

（四）生态与熵减过程

如何评价一个生态系统的生态水平（即生态美的水平），关键是如何确定反映生态水平的变量以及怎样对这个变量进行测量，作者认为最好的变量就是熵函数。“熵”是一个热学物理量，用于表示系统的混乱程度（熵增）或有序程度（熵减）。

学界普遍认为宇宙是由一次大爆炸形成的。宇宙形成前是一个质量无穷大的奇点，大爆炸后迅速向外膨胀，宇宙作为整体在膨胀时其系统的熵是在增加的，即整个宇宙逐渐趋向混乱的状态，宇宙膨胀是一个熵增过程。但是，当地球上的生命出现时，生物的形成是从混乱到有序，是一个熵减过程。进一步分析可认为：生物死亡后返回无机界的过程是一个熵增过程；例如，绿洲的沙漠化是一个熵增过程，而沙漠的绿化则被视为一个熵减过程。所以，判断一个系统的生态如何是完全可以借助熵函数（变量）的增与减来进行表述的。

可以测量的生态美一定是具有客观性的，但是这种客观存在的美同时会反映到人的心理，使人对其具有美感。

三　教育美学

教育美学是从20世纪末期才建立和发展起来的一个学科，其研究目的、研究对象与研究内容的定位都不是十分清晰，无论国际上还是国内，时至今日研究者们对它的认识仍然存在巨大分歧。本节在此处仅将研究者们的论述做一个简单的梳理，从中确定较为一致的思想观点，以推动本书中心目标的建立和展开。

（一）教育美学综述

表3－1开列了10篇国内较有影响的教育美学专著，并将它们的作者、出版时间以及书中阐述的教育美学研究对象和研究内容统计出来，以便于进行对比和分析。

表 3－1　　　　教育美学专著论述

著作名称	作者	出版时间	研究对象	研究内容
《教育美学》①	叶学良	1989 年	研究在学校教育中，人（教育者和被教育者）对教育活动（教育内容、形式、手段、过程、效果）的审美体验、审美欣赏和审美创造，以及研究学校教育过程本身的审美创造规律的科学	教育审美场；教育审美的整体效应；教学过程的审美机制：教师，学生，时空、环境和物质条件；作为审美条件的教学结构；作为审美要素的教师语言；作为审美表现的教学节奏；作为审美烘托得教学氛围
《教育美学》②	何齐宗	1995 年	教育美学是运用美学理论研究存在于教育领域的审美现象及其发展规律的科学。它主要探讨如何使教育按照美的规律来进行，使之达到审美化的境地，从而提高现代教育的质量	教师美；教育环境美；教育内容美；教育活动美；教育美的功能；教育美感；教育艺术的创造
《教育美学论稿》③	郑钢、杨新援	1996 年	教育美在教育过程中的发生和发展，教育美的形态及其对受教育者心理结构作用的规律。我们可以将它分为两个相互联系的方面：一方面，是教育工作者通过立美操作，建立起具有美的形式的教育影响；另一方面，是学生在教师的引导和帮助下去感受和认识具有美的形式的教育影响，将其内化为自身的心理品质，以愉悦的心态，审美化的态度去从事全部学习活动	教育美的本质与特征；教育美感的心里发生；立美育人的过程与原则；教师美与学生美；教育环境美；教育艺术

① 叶学良：《教育美学》，四川人民出版社 1989 年版，第 58—59 页。

② 何齐宗：《教育美学》，重庆出版社 1995 年版，第 6—7 页。

③ 郑刚、杨新援：《教育美学论稿》，湖南教育出版社 1996 年版，第 7—8 页。

续表

著作名称	作者	出版时间	研究对象	研究内容
《贫困的教育美学》①	冉铁星	1999 年	教育美学的研究对象不仅仅是艺术和教育中的美和美感，而是人类生命生活中的美如何通过教育使教育者和受教育者感知、认识并掌握其规律	美与教育联姻中的误区；走出方法论的迷宫；难分难解的教育美学与审美教育；教育美学与宗教；教育美学与德育、智育、体育；教育美学理论结构的预设；走向新世纪的教育美学
《有一种美，叫教育：教育美学思想录》②	陈建翔	2005 年	教育遵循“美的规律”，就是要在教育活动中把社会目的性（善）与对象身心发展的规律性（真）高度统一起来，能够自由地掌握和驾驭规律，以此来规定教育主体的操作行为，引导主观的目的顺利到达现实的彼岸。遵循“美的规律”的教育，能够创造出自身的美即“教育美”，它主要包括教育活动美和教育产品美	以往美育观的缺陷；新美育观的实质：教育按照“美的规律”来实施；对教育思想史的重新审视
《教育美学散论》③	彭文晓	2009 年	教育美学是研究“教育美”的学问，是教育学和美学的交叉学科。“教育美”是我国上世纪末期出现的一种教育思潮。素质教育、主体教育分别对应于应试教育、灌输教育，而“教育美”则是对应于教育异化而言的。“教育美”是一种不同于素质教育、主体教育的教育思想理论体系，抑或是对素质教育、主体教育的总结与超越	美育的本质；美育的人文旨趣；教育的“形上”追求；“教育美”思辨；“教育美”探析；“教师美”叩问；“学习美”沉思

① 冉铁星：《贫困的教育美学》，湖北教育出版社 1999 年版，第 33 页。

② 陈建翔：《有一种美，叫教育：教育美学思想录》，四川教育出版社 2006 年版，第 1 页。

③ 彭文晓：《教育美学散论》，华中科技大学出版社 2009 年版，第 1 页。

续表

著作名称	作者	出版时间	研究对象	研究内容
《教育美学引论》①	周义	2010 年	美育是正人的，对他人的审美教育；教育美学是正己的，是对教育自身的美育。 长期以来，教育太注重“科学”与“效率”，透露出一种现实中“穷怕了”的心理，而严重忽略了对自身的“美育”；达到了美的水平的教育，则意味着“真”与“善”已在其中。因此，可以说，好的教育一定应是自身富于美感的教育	教育美学范畴；学校之美；治校之美；校长之美；风气之美；课程之美；学科之美；校园环境之美；学习之美；“教师考古学”；教师之美
《教育美学》②	陈吉庆	2013 年	教育美学研究的对象是作为教育主体的教师和作为学习主体的学生。教育美学研究的内容主要是教师如何按照美的规律来进行教育教学活动，即寓教于乐；学生是如何按照美的规律来进行学习活动，即寓学于乐	教育美学对教师的美学要求；按美的规律进行教育教学活动；教育美学的其他美学要求（教育环境）
《教育美学十讲》③	杨斌	2015 年	从研究对象说，教育美学不是研究美学，而是研究教育；就其思想资源说，历史上一切关于让教育变得更合规律、更有智慧、更美的教育思想，都是教育美学应该汲取的思想营养；而美学则是一个泛化的概念，主要是提供一种哲学的视角和参照，即确立一种追求的境界	教师之美；教学之美；知识之美；校园之美；生命之美；美学修养；美育
《教育美学新论》④	何齐宗	2017 年	同 1995 年何齐宗著《教育美学》	同 1995 年何齐宗著《教育美学》

通过对表 3－1 列出的著作进行阅读分析，可以发现以下这些规律

① 周义：《教育美学引论》，天津教育出版社 2010 年版，第 2 页。

② 陈吉庆：《教育美学》，湖南师范大学出版社 2013 年版，第 50 页。

③ 杨斌：《教育美学十讲》，华东师范大学出版社 2015 年版，第 5 页（导言）。

④ 何齐宗：《教育美学新论》，人民教育出版社 2017 年版，第 9 页。

和特点。

（1）作者们在教育美学研究对象方面的认识不尽相同，但主要集中在教育系统主体的审美观、教育美的形式、审美规律、教育之美、美的教育（即美育）等几个方面。

（2）从目的论出发的教育美学的研究，作者们的观点一致性比较好，基本统一于教育美学的研究目的是为了优化教育教学。

（3）从这些著作研究内容上分析，它们的差异性很大，每位作者基本上都是从不同的角度来阐述教育美；但是有两个内容是大家都论述到的，一个是教师之美，另一个是学校环境之美。

（4）上述著作出版时间跨度近 30 年，但是在研究内容的认识上保持一致并坚持下来的是教学环境美的创建，这实际上反映了学界对教育生态以及教育生态美的重视。

（5）非常重要的一点是：教育美学为中国特色。对上述论著阅读后可以发现，教育美学无论是作为一个学科还是一个研究领域，都是起源于 20 世纪后期的中国，书中提到的外国研究者基本都是哲学美学学者，并没有专门的教育美学研究者，所以，教育美学是中国的本土产物。作者曾用“educational aesthetics”（“教育美学”英文直译）为关键词在大英百科网站（https：//www. britannica. com/）、美国国家学术出版社 NAP 网站（https：//www. nap. edu/）以及美国科学促进会 AAAS 网站（https：//www. aaas. org/）进行查询，并没有搜索到相关信息。而李如密教授一篇题为《国内外教学美学研究状况及存在问题》的文章揭示了其中的原委①。该文指出，国外较早地提出的研究为教学美学，文章英文部分使用了“teaching aesthetics”这一词组表示汉语的“教学美学”。该文以美国、原苏联和德国为例，介绍了国外教学美学研究涉及教学法的美学意义、教学内容的审美改造、审美教育的教学理论等问题，教学美学仅作为一个研究领域出现，并没有形成一个学科。这一点上有些像教育技术学发展的情况，20 世纪后期从美国发起的教育技术原文使用的是“instructional technology”，可译为教学技术，后被我国学术界以“教育技术”

① 李如密：《国内外教学美学研究状况及存在问题》，《教育学术月刊》2008 年第 1 期。

(educational technology)命名，并形成了一个学科。

(二) 教育生态美学

教育美学应该为教育生态美学所替代，也必然会为教育生态美学所替代。教育美学所倡导的教育美，从本质上都属于教育生态美的体现，本节将对此做出较为详细的分析。

1. 教育生态

1976年，美国哥伦比亚师范学院院长克雷明·劳伦斯在他《公共教育》一书中首先提出了教育生态学的概念，定义教育生态学是将教育及其生态环境相联系，并以其相互关系及其机理为研究对象的一门新兴学科。教育生态学关注教育生态结构的研究，教育的生态结构包括宏观、微观两个方面①。宏观教育生态的研究对象为环境（自然、社会等)、输入（人力、物力等)、转换（调节、控制等)、输出（人才、成果等)。微观教育生态则考虑学校、教室、设备的分布对教学的影响以及教学的目标、内容、方法、评价等微观系统分析，也包括学习者学习空间、心理状态对教育教学的影响。

国内的教育生态学研究起步于20世纪80年代，主要在教育生态学的研究对象、教育生态环境、教育生态系统平衡、教育生态原理与规律等方面进行研究；并且研究趋势逐渐从宏观研究走向微观研究，从理论探讨走向实践分析，更加关注个体生存教育的生态研究②。

2. 教育生态美

教育生态美之概念的界定与教育生态学有着必然的关系，对教育生态美的追求一定是为了达到教育生态的优化即教育的优化。除此，教育生态美与教育目的论、教育价值论、教育道德论等基本范畴也有着必然的关系，教育生态化一定是这些基本关系的体现。

教育的直接目的因是促进人类个人发展，间接的目的因是推动人类社会的进步；教育的存在价值首先体现在人类个体的社会化（育人)，然后才考虑个体对社会的贡献问题；而教育的道德则强调教育的主体道

① https://baike.baidu.com/item/，2022年12月4日。

② 邓小泉、杜成宪：《教育生态学研究二十年》，《教育理论与实践》2009年第5期。

德。教育生态化就是要使得教育回归教育最为本质的目的因、最为原始的价值观和最为本体的道德论，教育生态美就是对这些回归所做出的客观评价和主观感受。

3. 教育产业化问题

本节在这里特别提出了教育产业化现象，因为教育产业化是教育生态化发展的最大障碍。教育产业化有两种表现形式：第一是教育的商业化，第二是教育的工业化。教育的商业化就是将知识当作商品，受教育者向教育者或教育机构通过交付费用并以购买货物的方式获取知识或课程（教育的人工智力资源）；教育的工业化就是将受教育者当作工业产品，以提高效率和提高效益为目的，通过使用技术手段将受教育者按照一个统一的规格成批地从学校里生产出来。教育产业化不是教育的本意，它违背了教育目的论、教育价值论和教育道德论所规定的基本原则，违背了教育生态化发展的基本原则，它与教育生态美是相悖的。

四　工具/装备美学

工具/装备美是一个陌生的命题，工具装备美学也未曾有人研究过，本书提出这个概念纯粹是为了能够据此对教育装备美学问题进行讨论。

（一）工具/装备与哲学美学的关系

西方哲学从早期的理性主义发展为近现代的存在主义，从理性主义哲学本体论研究“世界是什么”“我来自哪里”即“人是什么”，发展为存在主义哲学本体论的“人活着”。如果说“人活着”的问题是现代哲学本体论研究的内容，而“为什么活着”则是哲学道德论研究的内容，进而“活得怎样”就成为哲学美学研究的内容；哲学美学是对人“活得怎样”的研究，而且“活得怎样”与人类制造的工具/装备有着直接的关系，哲学美学的发展史也确实经历了从“工具本体论”到“个体生存论”的发展过程①。人类为了更好地活着，就必须不断地改

① 徐碧辉：《从工具本体到情本体——从人类学实践论美学到个体生存论美学》，美学、文艺学基本理论建设全国学术研讨会，厦门，2006 年 11 月，第 108—113 页。

造自己的生存环境，而这个改造过程绝对脱离不了工具/装备的制造与工具/装备的使用。所以，工具/装备是创造人类主体美的重要条件。

生态美学要研究生态系统的构成，而生态系统中的人工资源部分就包含了工具/装备的内容，工具/装备不仅对人类获取自然资源和打造人工资源起着重要作用，而且在促进系统中的生态平衡与相互依存也起着关键性作用。

（二）工具/装备的科学技术之美

20 世纪末，哲学美学发展为“实践美学”学派。实践美学的“实践”是其哲学和美学的核心范畴，“实践”则是指人类制造工具和使用工具进行物质生产活动，称为人类学工具本体论①。

人类走出动物界的一个显著标志就是工具/装备的制造，工具/装备的发展给人类带来了文明与进步，其本质是工具/装备的发展体现着人类科学与技术的发展，所以人与动物的根本区别是科学思想的建立和技术手段的实现。人类任何一件工具/装备的产生都包含着科学思想和技术手段。试想早期人类在打造一件用于砍伐树木的锋利石斧的过程。为了使得石斧锋利，人类头脑里产生的想法是将石料向着变薄的方向进行加工，而不能使其变得粗钝，这一符合实践逻辑的想法就是原始的科学思想，原始人类就是在这一原始的科学思想指导下进行着原始工具的打造。同时，在石斧加工时为了使得石斧变得锋利，人类采取了在平整的石头上进行打磨的技术，这一原始的技术手段以及不断更新的技术手段也是在工具的制造过程中逐步发展的。于是可以得出结论，由于工具/装备的制造和使用，随着人类的出现，科学思想已经在人的头脑中产生，而技术手段也已经在人类活动中体现。工具/装备不仅是技术的产物，也是科学的产品。

科学技术美学是以科学技术产品以及科学技术活动本身的审美特征为研究对象的美学分支。它的主要研究包括：审美修养在科学创造中的作用、科学公式和科学理论体系中的审美结构、科学与艺术在工作方式

---

① 张开焱、李也青：《工具本体论：实践美学哲学基础的阿基里腱——兼析李泽厚实践哲学种群论视角的缺失与问题》，《湖北大学学报》（哲学社会科学版）2013 年第 1 期。

上的相似性以及科技产品的审美造型①。工具/装备既然体现着科学思想与技术手段，就一定能够表现科学技术美，所以对工具/装备本身的审美即对科学技术审美。

（三）工具/装备审美的非主体性

工具/装备美学或许并不能成为一个学科，甚至也不能成为一个大家都关注的研究领域，但是它对教育装备美学的讨论和研究都是十分必要的。在工具/装备美学体系中，工具/装备本身不能成为审美主体，它们有可能成为审美客体或称审美对象，正如上面讨论的问题，因为工具/装备体现着科学思想和技术手段，所以它们具有科学技术之美，这是它们成为审美客体的一种表现，这就与工具/装备在被制造时所具有的客体地位是一样的。但工具/装备在其美学体系中的主要作用并不在于此，它们的作用是帮助审美主体去构建审美环境，或者说去构建生态美的环境，此时它们既非审美主体亦非审美客体，这就如工具/装备在哲学体系中既非主体亦非客体的地位一样，工具/装备是创造人类生态系统、构建生态美的重要条件。

五 教育装备审美

教育装备继承了教育和工具/装备的本质特征，教育装备审美也就继承了教育审美与工具/装备审美的本质特征，与工具/装备美学尚不存在情况一样，教育装备美学也还没有建立起来。但是，随着教育装备基础理论的发展与完善，教育装备审美问题必然会被提到一定的高度，而教育装备美学也必然会成为教育装备哲学体系中的一员。

（一）教育装备生态美学

教育装备美学应该定位于教育的广义生态美学，亦即教育装备在教育生态的构成中所体现出的哲学美感。在教育生态的系统中，教育装备既是其结构的组成部分，也是生态系统建立的工具。

1. 教育生态系统的组成部分

教育生态系统无论是从宏观角度考察还是从微观角度审视，其构成

---

① https：//baike. baidu. com/item/，2020 年 12 月 24 日。

对于教育装备来说都是不可或缺的，教育生态系统的结构完全可以仿照生态资源系统结构，由教育人力资源、教育自然资源和教育人工资源三个部分组成。其中，教育人工资源部分则包含了教育装备，没有教育装备教育生态系统是不完备的，也是根本不可能成立的。在该系统中，这三个组成部分是相互依存的，试想一个完整的校园，缺少了教师学生（教育人力资源）、缺少了空气阳光（教育自然资源）、缺少了教室设备（教育人工资源）都是不能成立的。

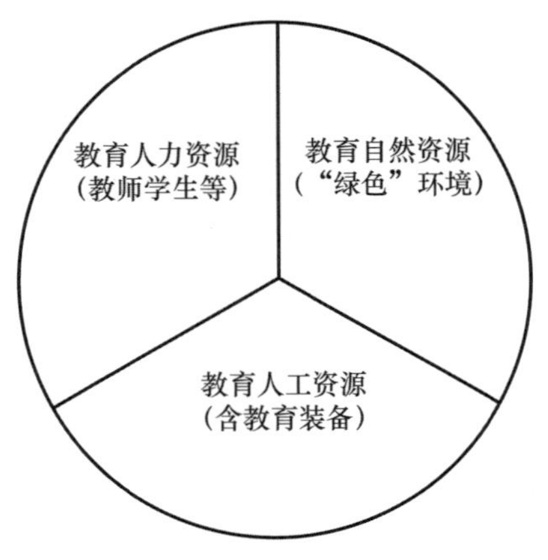

图 3－7　教育生态系统构成

2. 教育生态系统的构建作用

在教育生态系统中，教育人力资源、教育自然资源和教育人工资源这 3 个组成部分同时还是具有相互依存性的。其中，人力资源对自然环境和人工环境具有教育的依赖性，而自然资源和人工资源没有主体人的构建和维护也无法维持，它们之间的相互依存是显而易见的。

（二）教育装备在审美中的地位

教育装备在教育生态审美中有时具有客体地位，而有时又具有既非主体亦非客体的地位，但是它永远不会成为审美主体。

1. 审美客体的体现

对于主体人来说，审美客体即审美对象，教育装备作为教育生态系统审美客体的存在是由于它是教育生态系统的重要组成部分。一个完美的学校，它的教室、图书馆、体育场等建筑一定是美观的，室内的设施设备也都应该具有艺术美和科技美的特征，所以，教育装备本身就构成了审美客体。但是应该强调指出，此时所讨论的教育生态审美观其实属于狭义生态美学的范畴，表现为审美主体将教育装备视为审美对象或审美客体。狭义教育生态的典型案例就是绿色校园环境的构建，绿色环保校园不等于就是生态校园，但是生态校园包括了绿色校园环境这个组成部分。

2. 既非审美主体亦非审美客体的体现

属于宏观生态美学的教育生态审美观是不会将教育人力资源、教育自然资源以及教育人工资源中的任何一个组成部分单独作为审美对象或审美客体的，当然教育装备也就不会单独成为审美对象或者审美客体；此时，教育装备在教育生态系统中的地位既非主体亦非客体，在教育生态审美体系中的地位也是既非审美主体亦非审美客体。教育宏观生态美是教育生态各个组成部分构成的整体美，是现代教育优化的追求，是未来教育发展的方向，也是未来教育装备研究的指导思想。

在教育装备哲学理论体系中，教育装备美学是最为难以定位和最为难以驾驭的，因为除了教育装备美学以外其他问题都有研究基础，都是理性与逻辑的研究，而不是感性与感觉的研究。本书提出的教育装备美学理论还非常地肤浅，肯定还存在着大量的遗留问题，这些问题有待业内专家学者的继续研究和解决。本书将教育装备美学定位于教育广义生态美学的范畴之内，但是由于篇幅所限，对于教育生态以及教育生态美学并没有展开进行具体的讨论，作者将在后续研究中着重论述教育生态以及教育生态美的问题，以作补充。

第四章　教育装备方法论

以下内容严格地讲体现的是教育装备研究方法，它应该属于教育装备方法论范畴，进而作者认为部分内容也应该可以归到哲学方法论范畴。

第一节　教育装备研究方法

教育装备是教育资源中的人工资源部分，在学校教育教学过程中教育装备是不可或缺的物质或非物化基础，是支撑教育教学工作的保障，是“教书育人的必要条件”①。教育装备作为一个研究领域，与其他学科或研究一样，其研究者都是首先从建立研究方法开始的，最初大量的研究工作与成果都属于方法论范畴。

一　教育装备研究的学科性质

从学科角度讲，教育装备研究应该属于社会科学的学科范围，因为它是教育学的一部分，而不是“装备学”的一部分。

（一）学科大类

康德在他《实践理性批判》一书的最后一章中道出了人类对世界的认识：“有两种东西，我对它们的思考越是深沉和持久，它们在我心灵中唤起的惊奇和敬畏就会日新月异、不断增长，这就是我头上的星空

---

①　教育部：《关于新形势下进一步做好普通中小学装备工作的意见》（教基一［2016］3）号。

和心中的道德定律。”这句名言被刻在了康德的墓碑上。他告诉我们，人类面对的世界有两个，一个是自然世界，就是我们“头上的星空”；另一个是人类世界，就是造成我们“心中的道德定律”的那个人类自身。所以，人们的研究也就开始于两大类：一个是自然科学（Natural Science），研究自然世界；另一个是人文学科（Humanities），研究人类精神世界。

自然科学的研究对象是人类精神之外的自然世界，如物理学、化学、生物学等学科。人文学科的研究对象是人类的精神世界，如文学、历史学、哲学、艺术等学科。但是，随着人类面对社会问题的增加，人们开始了对人类社会的研究，形成了社会科学学科。社会科学（Social Science）就是用自然科学的研究方法来研究人类社会问题的学科，如社会学、经济学、法学、教育学等学科。于是，人们将学科分为三个大类：自然科学、人文学科（注意，不是“人文科学”）和社会科学。有时，人们也将人文学科与社会科学混称为“人文社科”。

（二）教育装备的学科性质

教育装备虽然还未形成一个完整的学科，但对它的研究已经较为深入。人们对教育装备的认识论、方法论、道德论和历史观这四个方面的研究都具有了一定的基础。如果可以称为“教育装备学”，则它应该是社会科学的一种，附属于教育学而不是“装备学”。“教育装备学”的研究对象虽然是装备物，但它并不属于自然科学，这是因为装备物不是自然物而是人工物，并且它的研究不是“只见物不见人”的研究，而是对人（学生、教师）、知识以及装备物三者关系以及它们构成的教学系统进行的研究。“教育装备学”是社会科学，它也是用自然科学的研究方法来研究教育教学问题。

社会科学是处于自然科学与人文学科之间的一些学科，但是它们并不“集中”在一起，而是均匀地分布在自然科学与人文学科的“学科空间”中（如图 4 - 1 所示）。一些学科更加接近自然科学，另一些学科更加接近人文学科，而还有一些则处于中间的位置，它们在“学科空间”中所处位置决定于它们的研究对象。这是一个有趣的现象，例如像教育技术学、心理学这些学科的毕业生在获得学位时，他们可以获理学学位，也可以获教育学学位，就是这个现象的例证。那些更加接近人文学科的社会科学类学生是不会获得理学学位的。“教育装备学”也是比较接近自然科学的社会科学学科，所以一些高校的教育装备研究生也能够获得理学硕士学位。

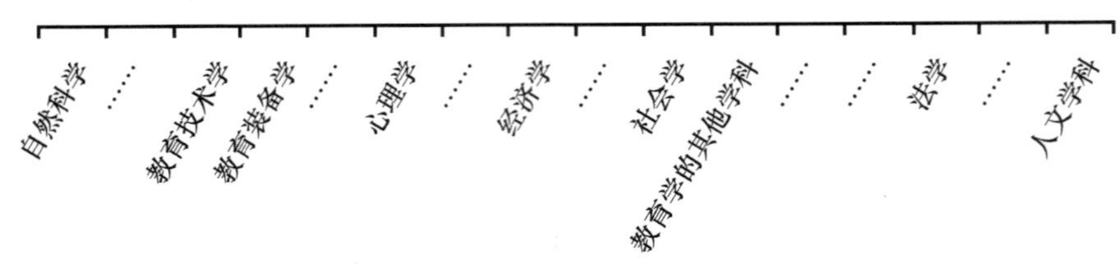

图4－1 “学科空间”中的社会科学学科分布

（三）教育装备研究的基本理论

与其他学科或者研究领域一样，对教育装备研究的深化需要建立它的基本理论体系，这个基本理论体系应该由四个部分构成：（1）属于认识论范畴的描述性理论，解决“是什么与为什么”的问题；（2）属于方法论范畴的操作性理论，解决“做什么与怎么做”的问题；（3）属于道德论范畴的解释性理论，解决“何以这样想与何以这样做”的问题；（4）属于历史观的史实性理论，解决“前人怎样想与前人怎样做”的问题。而教育装备研究中属于方法论范畴的操作性理论是本节重点讨论的问题。

二 教育装备研究方法

（一）教育装备研究方法类型

教育装备的研究对象是教育教学系统中的装备物，但是对它的研究应该是“见人见物”的，即研究内容必须是构成教育教学系统中的人、知识和装备物之间的和谐关系。于是便产生了四种类型的研究内容：（1）人对装备物的关系；（2）装备物对人的关系；（3）知识对装备物的关系；（4）装备物对知识的关系。这些关系及相关的研究内容列在表4－1中。

表 4－1 **教育装备相关研究类型**

关系类型	所属研究领域	举例
人→装备物	教育装备管理	项目管理、日常管理、标准化、绩效测评等
装备物→人	教育装备功能	教育装备适用性、均衡性等
知识→装备物	教育装备研发	需求、设计、开发、生产等
装备物→知识	教育装备理论	认识论、方法论、道德论、历史观

在人、知识和装备物的三者关系中，人与知识之间的关系（教学论、心理学等研究内容）不是教育装备研究的内容，但也应该对它有所了解，以便借鉴其成果促进教育装备研究。以下我们逐一对表 4－1 中所列的内容做较为详细的介绍。

（二）教育装备管理研究方法

教育装备管理研究涉及管理学的若干问题。

1. 项目管理方法

在学校的装备配备阶段，管理工作属于项目管理性质，其又大致分为需求论证阶段、采购阶段和项目验收三个阶段。需求论证阶段又具体分为需求调研、需求分析和需求管理问题。采购阶段又具体分为招标文件撰写、评标过程控制和合同签订问题。项目验收阶段又具体分为质量控制、功能验收（初验）和技术指标验收（终验）等问题。所有这些问题都有其详细的管理方法。

2. 日常维护方法

在学校的装备进入日常维护阶段时，管理工作属于日常管理性质。教育装备的日常管理工作包括技术保障、装备造册、维修与抢修等内容。这些内容都具有对应的管理方法。

3. 标准化管理方法

教育装备标准化问题涉及标准如何分类、配备标准如何制定、教育装备元标准如何制定以及基础教育相关标准如何进行统计等。

4. 绩效测评方法

教育装备绩效测评的方法问题涉及测量与评价原则如何规定、调研问卷如何设计、测量变量如何选择、测量的数据如何处理、装备管理评价指标体系如何建立以及一些具体的管理问题，如用户周期费用的最小值求法、对成本与效益进行的数据包络分析、教育装备达标评价预测的算法等。

（三）教育装备功能研究方法

教育装备的三大功能为：辅助认知功能、环境优化功能和教育管理功能。其中辅助认知功能方面主要考查装备的教学适用性问题，而环境优化功能与教育管理功能已经不属于教育教学的基本要求，它们的配备情况主要表现在教育的均衡性方面。

1. 教学适用性研究方法

对教育装备辅助认知功能的要求突出地表现在它的教学适用性方面。教育装备在教学系统中对教学主体应该具有生理、心理、认知、教师、学生、时间、空间、文化八个方面的适用性。这一规定实质上是在辅助认知功能上的具体要求，而对这些适用性方面的研究在方法上是目前亟待解决和十分困难的问题。

2. 装备均衡性研究方法

对教育均衡性的要求是具有条件取向性的，判断教育装备的均衡性可以使用差异系数 CV，可以借鉴基尼系数 G，也可以使用教育装备均衡指数 J 来进行计算、评价和判断。无论使用差异系数法、基尼系数法还是均衡指数法都需要明确具体的计算方法，以及对计算出数值的意义解释和定义。

（四）教育装备研发研究方法

教育装备的产品研发不仅是企业的事，更应该是研究机构和应用单位的任务。研发过程是一个复杂过程，研究方法涉及的问题也很多，但最重要的应该是需求分析及方法。装备物的需求应该由应用单位提出，由相关企业、研究机构和用户共同进行论证。需求论证包括必要性分析和可行性分析，其中企业提供技术可行性，用户提供应用的必要性和条件的可行性，研究机构应对待开发产品的教育教学适用性提出要求并予以控制。

（五）教育装备理论研究方法

严格地讲，这是在哲学层面对教育装备理论进行研究，探讨这个理论的逻辑起点与历史起点，确定研究对象、寻找研究方法。解决“是什么与为什么”的问题，需要采取描述性的方法；解决“做什么与怎么做”的问题，需要采取操作性的方法；解决“何以这样想与何以这样做”的问题，需要解释性的方法；解决“前人怎样想与前人怎样做”的问题，需要史实性的方法。

三 教育系统与教学系统的装备问题

在此之前，我们并没有对教育装备与教学装备、教育系统与教学系统进行区分，但要在研究方法上将问题阐述清楚就必须将它们分别讨论。

（一）教育系统与教学系统

《教育大辞典》中对教育的解释是：“传递社会生活经验并培养人的社会活动。通常认为：广义的教育，泛指影响人们知识、技能、身心健康、思想品德的形成和发展的各种活动。……狭义的教育，主要指学校教育。”对教学的解释是：“以课程内容为中介的师生双方教和学的共同活动。学校实现教育目的的基本途径。特点为通过系统知识、技能的传授与掌握，促进学生身心发展。”[①] 既然教学是“学校实现教育目的的基本途径”，所以教学显然应该附属于教育，是教育的一个基本内容或重要的组成部分。教育是个大概念，教学是教育下的一个小概念。构成教育环境的是教育系统，构成教学环境的则是教学系统，教育系统与教学系统都是复杂系统，因为它们都具有众多的影响它们存在和发展变量，而且这些变量大多都是隐变量，变量之间呈现出非线性的关系。同时，教育系统比教学系统更加复杂。教育系统的复杂性决定了教育学与自然科学之间有着巨大的区别，使得它具有作为社会科学学科存在的必然性。

（二）教育装备的教学适用性与教育适用性

教育装备包括了教学装备，教学装备是教育装备中体现辅助认知功

---

① 顾明远主编：《教育大辞典》（增订合编本上），上海教育出版社 1998 年版，第 711 页。

能的那一部分。我们在讨论“教育装备的教学适用性”问题时，其实是在讨论“教育装备中教学装备的教学适用性”。教育装备既有教学适用性问题也有教育适用性问题，教育装备的教学适用性就是常说的生理、心理、认知、教师、学生、时间、空间、文化八个方面的适用性问题，它们是针对教学装备提出的。而教育装备的教育适用性，则是要关注和讨论那些与教育系统有关的教育装备问题，它们不是学校教学中的问题，而是教育问题。

为了说明教育适用性与教学适用性的区别，这里举一个典型的教育装备教育适用性问题的例子。2016 年作者参加全国基础教育装备调研项目，在四川南部山区进行实地调研时采访了几个当地的中小学校。这些学校受到全国教育信息化的推动，学校里的许多教室都安装了多媒体设备，计算机、投影机和投影幕是最为普遍的标准配置。但在采访时发现，所有的投影机都已经不能工作，原因是投影机灯泡都达到了寿命上限。学校在上级主管部门的关照下安装了这些设备，却没有后续的经费购买必须的耗材与配件。在经费管理制度上固然存在一定的问题，但是作为产品开发商和采购供应论证人员，他们并没有认真考虑学校装备的教育适用性问题是个不争的事实。中国城乡之间的教育投入有着很大的不均衡性，如何生产与采购适应中国国情特点、具有中国教育装备适用性的学校设备是十分重要的问题。配备经久耐用的设备是采购人员需要认真对待的任务；不一味追求售后增值利润，而为中国教育生产无需后期配件的设备是教育装备开发商与厂商的职责。从技术角度讲，这是完全可行的。

四　教育装备比较研究方法

在社会科学的研究中，比较研究是一种常用的研究方法。教育装备研究作为社会科学的一部分，也能够采用比较研究方法。

（一）比较研究的特点

在讨论教育装备研究方法时，将比较研究方法单独拿出来阐述是因为它具有特殊性，在前文表 4－1 所呈现的教育装备系统的研究方法中，并没有比较研究方法的位置。《社会科学研究方法》一书中将比较研究的概念界定为：比较研究方法，又称类比分析法，是指对两个或两个以上的事物或对象加以对比，以找出它们之间的相似性与差异性的一种分析方法。它是人们认识事物的一种基本方法①。

比较研究既有在空间上的比较（称地区比较），也有在时间上的比较（称历史比较），空间上的比较研究是最为常用的。在这里我们重点讨论的比较研究方法也属于空间上的比较研究法，特别是国内与国外这种空间上的比较研究。

（二）中英教育装备比较研究

2016年，《中国现代教育装备》杂志申请并获得了英国外交与联邦事务部全球繁荣基金——中国繁荣战略基金2016/2017年度项目“中英教育装备与教育技术比较研究”，项目课题编号（即项目代码）：16ED13。该项目属于空间上国与国之间的比较研究。

作为项目的中方申请者，认定该项目的研究目的是：明确中英教育技术与装备标准的比较优势，为优化中国教育技术与装备标准体系提供参考，为促进双方形成多层面、宽领域、重实效的深度合作创造条件。项目分三个阶段要分别达到三个研究目标：第一阶段，分析确定中英教育技术与装备标准差异与比较优势；第二阶段，中英双方部分教育装备企业达成合作共识，建立初步的合作机制；第三阶段，教育技术与装备标准比较优势在中英双方学校中具体实现。整个项目的开展是以第一阶段的研究为基础的，所以中英教育装备标准的比较研究是最为重要的部分，采取的具体研究方法为：文献调研和实地考察、采访的方法。

（三）中英教育装备研究方法差异

英国不使用“教育装备”，而是用“教育科技”一词代替“教育装备”。他们在教育装备（或教育科技）研究上最关注的是辅助认知功能类与教育管理功能类装备的开发、生产问题。而研究方法上也与我们存在着很大差异，尤其是在教育装备产品需求分析方面。中国教育装备的产业特点是更多地表现为企业“推送”产品到学校，即当一个新技术

① 林聚任、刘玉安编：《社会科学研究方法》，山东人民出版社2004年版，第151页。

或新产品出现后，企业将它介绍到学校，并期望其在教育教学中发挥作用。英国更多地表现为学校根据教育教学中的难题提出技术需求，企业深入学校进行调研，再与学校相关人员一起共同开发相应的技术产品，再进一步推广使用。

英国教育教育装备或科技产品的主要表现在计算机辅助教学和学校教育管理的智能软件方面，这些软件从采用的技术角度看其水平并不是太高，但是他们从教育教学需求出发而发现问题、解决问题的创新思路和活跃新颖的方式方法都是需要我们认真学习的。同时，这些软件在建立数学模型和创建算法上也表现得非常突出。

教育装备研究方法是教育装备研究领域最早发动、最为深入、成果最多的理论研究，把它们系统化和进一步理论化在指导该研究领域的发展具有十分重要的意义。本节希望通过对它的讨论进一步发现研究规律，为我国新时期教育装备的发展和其管理水平的优化提供理论支持。

第二节　教育装备逻辑学——变量的因果关系

在教育装备研究领域存在一个非常普遍的现象，即研究者通常将实证研究得出变量的相关关系误认为是因果关系，从而作出了一些错误的判断，使得一些研究成果处于“一实验就成功，一推广就失败”的尴尬境地。本节将就这种现象提出解决问题的根本思路，并给出理性的判断依据和科学的求证方法。

一　变量的相关性与因果性

本节先来介绍变量的相关性、因果性等基本问题，为后面几节的讨论做必要的准备工作。

（一）相关性与因果性实例

为了方便理解，我们在这里从一个实例开始讨论。表 4 -2 中开列了 2000 年、2005 年、2010 年与 2014 年国家 GDP、全国小学校生均计算机台数以及小学生近视人数占比的数据分布情况。①

表 4－2　　相关变量数据分布

	2000 年	2005 年	2010 年	2014 年
国家 GDP（亿元）	100280	187319	412119	641281
生均计算机（台/人）	0. 015	0. 034	0. 059	0. 091
学生近视百分比（%）	20. 23	28. 67	40. 89	45. 71

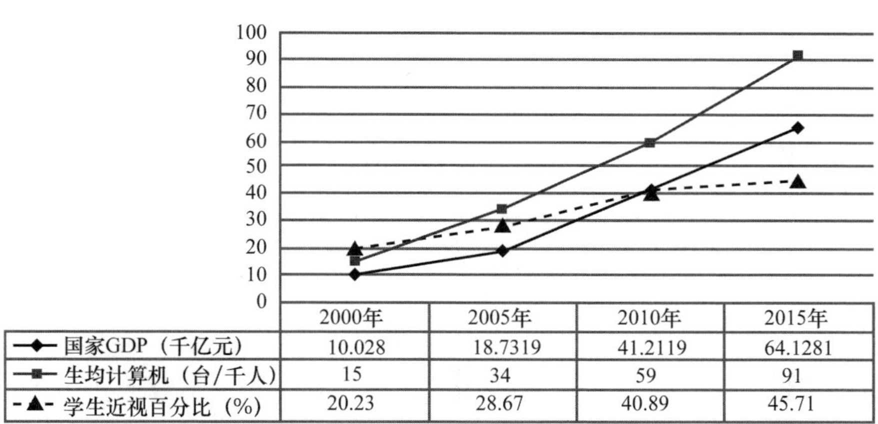

图 4－2　相关变量数据逐年变化规律

将表 4－2 的数据代入 Excel，生成数据变化折线，折线如图 4－2 所示。为了使得图中的曲线更便于观察，作者将国家 GDP 单位改为千亿元，将生均计算机台数单位改为台/千人，小学生近视百分比去掉了百分号%。我们定义国家 GDP 为变量 A，生均计算机台数为变量 B，学生近视占比为变量 C，则图 4－2 中的曲线反映了 A、B、C 这 3 个变量的逐年变化情况，而这三条曲线具有基本相同的趋势变化特点。可以猜想到，A、B、C 这 3 个变量具有相关性。

将表 4－2 中的数据代入 SPSS（作者使用 SPSS 19 汉化版），做双变

① 其中国家 GDP 数据来源：https：//www. kylc. com/stats/global/yearly_ per_ country/g_ gdp/chn. html。全国小学校生均计算机数据来源：http：//www. moe. gov. cn/s78/A03/ghs_ left/s182/。小学生近视人数占比数据来源：https：//www. sohu. coma24638337 0_ 99897435。

量线性相关性分析，得出的数据如表4－3所示。

表4－3　　SPSS 相关分析结果

		国家 GDP（A）	生均计算机（B）	学生近视率（C）
国家 GDP（A）	Pearson 相关性	1	0.996**	0.965*
	显著性（双侧）		0.004	0.035
	N	4	4	4
生均计算机（B）	Pearson 相关性	0.996**	1	0.971*
	显著性（双侧）	0.004		0.029
	N	4	4	4
学生近视率（C）	Pearson 相关性	0.965*	0.971*	1
	显著性（双侧）	0.035	0.029	
	N	4	4	4

注：** 在 0.01 水平（双侧）上显著相关。* 在 0.05 水平（双侧）上显著相关。

从表4－3可见，变量C（学生近视率）与变量A（国家GDP）具有显著相关性（$p<0.05$ 水平）和高度相关性（相关系数 = 0.965）；变量C（学生近视率）与变量B（生均计算机数）具有显著相关性（$p<0.05$ 水平）和高度相关性（相关系数 = 0.971）；变量B（生均计算机数）与变量A（国家GDP）具有显著相关性（$p<0.01$ 水平）和高度相关性（相关系数 = 0.996）。所以，变量A、B、C之间具有显著且高度相关性。

由变量B与变量C的相关性，我们可以猜测出生均计算机数量B有可能是造成学生近视率C的原因，即B是因、C是果，B与C是因果关系。但是，由变量A与变量C的相关性，我们不能轻易得出国家GDP的增长A是造成学生视力减退C的原因，即A与C之间不应该是因果关系。变量之间的相关性不等于因果性，我们从相关关系中不能直接导出因果关系的结论。

在教育装备研究或者在教育教学实证研究时，人们使用的分析工具本质上讲都是对数据做线性相关性处理，无论是假设检验中使用的T检验、F检验、$\chi 2$ 检验等，还是使用SPSS做统计分析，基本上都是建立在数据的线性相关性分析基础之上的，SPSS 中的非线性相关分析同样也没有脱离对变量之间做相关性的检验。所以，人们在使用这些分析工具进行处理时得出的研究结论仅仅是确定了变量之间的相关关系，而并不能轻易得出它们之间是自变量与因变量的因果关系。于是，研究结论中那些影响教育教学效果的变量其实并非对因变量起作用的自变量。这就造成了教育装备或教育教学实验研究中存在着“一实验就成功，一推广就失败”的情况。正是由于研究变量之间并不存在因果关系，所以在研究成果推广中所建立的自变量不会真正去影响因变量，于是使得推广验证失败。

（二）判断相关性的条件

应该注意这样一个问题，即我们在考虑两个事物（或事件）是否具有相关性时要求这两个事物必须都是变量，无论是随机性变量或者是确定性变量都可以。但是常量不行，常量是不变化的量，两个常量之间或者一个变量与一个常量之间无法判断它们的相关性，因为相关性是在变量的取值发生变化中进行比较的，就像上面的实例，如果每年的国家 GDP 相同、或每年的人均计算机数相同、或每年学生近视率相同，更或者只有 1 年的数值，即 A 或 B 或 C 就成为无变化的常量，那么它们之间相关性的讨论将都不存在。这个结论非常重要，因为在后面变量因果关系充分条件的讨论时要用到它。

另外还需要指出，一般人们将一个随时间或空间发生变化的量称为变量。宇宙间两个最基本的量就是时间（t）与空间（x，y，z），其他所有变量都是这两个基本量的函数。但是，其他的变量也可能成为另一个变量的函数（因变量），例如：温度是时间和空间的函数（因变量），但是物体的热膨胀尺度又是温度的函数（因变量）。所以，在实际的研究中，尤其在教育装备或教育教学的研究中往往不直接涉及时间与空间这些量的作用。

二　变量相关性与因果性之间的关系

这一节我们将要讨论变量相关性与变量因果性之间的关系，从而为下一节的论断做事先的准备。为了讨论时描述问题不过于繁琐，我们在这里先定义两个运算符：用“Ⓧ”表示相关关系，用“Ⓨ”表示因果关系；A Ⓧ B 表示变量 A 与变量 B 具有相关性；A Ⓨ B 表示变量 A 与变量 B 具有因果性，且变量 A 为因（自变量），变量 B 为果（因变量）。

（一）相关性是因果性的必要条件之一

前文我们一直强调变量具有相关性不能代表它们同时就具有了因果关系，在这里我们提出的一个命题是：变量的相关性是变量因果性的必要条件。对必要条件通俗的解释是：“没有它不行，但有它不一定行。”例如，对于种子发芽这个事物，如果除去种子本身内部因素不考虑的话，使得这个事物成立的外部条件一般认为共有三个：温度、水分、空气。这三个条件对于种子发芽来说，任何一个单独拿出来都是一个必要条件，因为缺少其中的任何一个都不能使得种子发芽，即“没有它不行”。但是如果只有其中一个条件成立，种子依然不能发芽，即“但有它不一定行”。

变量的相关性是变量因果性的必要条件可表为：对于变量 A 与 B，A Ⓧ B 是 A Ⓨ B 的必要条件。即 A Ⓧ B 不成立，则 A Ⓨ B 必然不成立，若 A Ⓧ B 成立，则 A Ⓨ B 有可能成立。两个变量如果不相关，则必然不会存在因果关系，这是个很明显能够成立的道理，因为任何两个具有因果关系的变量之间肯定是相关的。而两个变量具有相关性，但是不存在因果关系这样的例子就如同我们第一节中所讨论的情况：国家 GDP 这个变量与学生近视率这个变量具有相关性而不存在因果关系这个事实是客观存在的。

（二）关于因果性递进的讨论

现在我们讨论这样一个问题：如果 B 是 A 的果，而 C 是 B 的果，那么 A 与 C 是否还保持因果关系；即 A Ⓨ B，B Ⓨ C，那么 A Ⓨ C 是否成立。结论是：若 A Ⓨ B，B Ⓨ C，则 A Ⓨ C 不一定成立。也就是说从 A 到 C 的因果关系没有被传递下来，而要证明这一点很容易，只要举出一个不成立的例子就可以了。在前面的实例中，国家 GDP 的增长 A 是学校生均计算机数 B 提高的一个必要条件，所以 A Ⓨ B 成立；而生均计算机数 B 是学生视力下降 C 的一个诱因，所以 B Ⓨ C 成立；但是因为国家 GDP 发展 A 不是学生视力下降 C 的直接原因，所以 A Ⓨ C 不成立。这一证明运用了演绎法的逻辑判断“有一例不成立则原命题不成立”。

上面这个讨论提示我们一个关键问题，若两个变量之间存在因果关系，则这两个变量必须相互之间直接作用才行，上例中国家 GDP 发展 A 没有直接作用于学生视力下降 C，所以它们之间虽然是相关的，但不具有因果关系。我们将两个变量之间直接相互作用以运算符“→”来表示；变量 A 作用于变量 B，记作 A→B；反之，变量 B 作用于变量 A，记作 B→A。其实还可能存在变量 A 与变量 B 相互作用的情况，但是这种情况不在本次讨论范围之内，也就不在此定义相应的运算符。

（三）变量因果性的其他必要条件

通过上述这个讨论可以看出，两个变量成为因果关系的另一个条件是它们之间存在相互直接作用。如果它们之间不是直接的作用，则不能保证它们存在因果关系。前面的实例中，国家 GDP 的增长没有直接作用于学生视力，所以它们之间不一定具备因果关系。

这里还有一个问题必须予以澄清：A→B 与 A Ⓧ B 是否具有相关性，也就是说 A 作用于 B，是否就是 A 与 B 相关了。为此，我们可以举一个实例：设有事物 A 作用于事物 B，但是并没有使得事物 B 发生变化，也就是 B 的状态保持了一个常量，前文谈到常量与变量之间不能具有相关性，所以 A→B 与 A Ⓧ B 是相互独立的两个条件。这再一次说明 A→B 与 A Ⓧ B 各自为 A Ⓨ B 成立的必要条件，它们不是相互依赖的。

三　变量具有因果性的条件

根据上面的分析，现在可以给出变量 A 与变量 B 之间因果关系成立的充分且必要条件，用数学语言描述如下：

对于变量 A 与 B，当且仅当 A Ⓧ B 且 A→B 成立时，A Ⓨ B 成立。

（一）条件的必要性

使得一个事物成立的必要条件往往不止一个，例如：使得种子发芽的（外部）必要条件有温度、水分、空气共三个；使得 A Ⓨ B 成立的条件有 A Ⓧ B 和 A→B 共两个。这些条件对于相应事物的成立都是必要的，都属于“没有它不行”的。没有适宜的温度或者没有充足的水分或者没有富氧的空气，种子都不能发芽；而没有 A Ⓧ B 或者没有 A→B，A Ⓨ B 就不能成立。必要条件中的每一个对于相应事物的成立都是必不可少的，这就是对条件必要性的解释。

（二）条件的充分性

使一个事物成立除了满足条件的必要性以外还需要满足条件的充分性，例如：使种子发芽的三个必要条件（温度、水分、空气）必须同时满足，缺一不可；使得 A Ⓨ B 成立的两个条件（A Ⓧ B 和 A→B）也是必须同时满足，缺一不可。但是，使得事物成立的条件可以有一些冗余，例如：阳光、肥料这两个条件和温度、水分、空气这三个条件一起作用于种子时，种子仍然能够发芽，但是阳光和肥料不是必要条件，没有它们参与是可以的；当只提供温度、水分、空气这三个条件时已经使得种子发芽的条件充分了，所以说使得种子发芽的充分且必要条件（简称充要条件）是温度、水分、空气同时存在。

同理，使得 A Ⓨ B 成立的充要条件是 A Ⓧ B 和 A→B 同时存在。以此可见，条件的充分性可以用通俗的语言表达为："多出允许，缺少不行。"

（三）条件的完备性与正交性

我们在下论断"当且仅当 A Ⓧ B 且 A→B 成立时，A Ⓨ B 成立"的时候，强调了 A Ⓧ B 与 A→B 是同时满足了充分性和必要性的两个条件。充分性条件与必要性条件除了可以简称为充要条件外，事物成立条件的充分性与必要性也被合称为完备性，即完备性 = 必要性 + 充分性，所以充要条件也可以称为完备性条件。

另外，前文提到 A Ⓧ B 与 A→B 是相互独立的两个条件，它们之间没有相互依赖、相互依存的关系，这一点被称为它们具有正交性。使用"正交性"这个词，是因为它们的关系很像数学中直角坐标系两个相互垂直的坐标轴所代表变量之间的关系，两个坐标轴相互在对方上的投影都仅仅是一个点，不能表现变化且绝无相关性。所以，具有正交关系的两个变量不具有相关性，它们既不能线性相关，也不能非线性相关。非正交关系的一个例子是将使得种子发芽的两个条件设为温度与阳光，阳光的作用会引起温度的变化，它们之间具有相关性，或者说它们之间不具有正交性，所以不能同时出现在种子发芽的正交完备条件中。

这样，AⓍB 与 A→B 就成为使得 AⓎB 成立的、具有正交性与完备性的条件。

四　对一些容易混淆问题的进一步解释

我们首先提出一个概念：当变量 A 是变量 B 成立的必要条件时，则变量 A 与变量 B 是因果关系，即 AⓎB。例如：温度是种子发芽的必要条件，则温度与种子发芽之间就是因果关系。这个概念与我们的主题"AⓍB 是 AⓎB 的必要条件"之间容易造成思维上的混淆。AⓍB 指出 A 与 B 是相关关系，而不能以此证明 A 与 B 是因果关系；同时还表达出 AⓍB 这个事件与 AⓎB 成立这个事件之间是又因果关系。这看似矛盾的两个表述其实所描述的对象是完全不同的，"AⓍB 成立不能证明 AⓎB 成立"这个描述的对象是变量 A 和变量 B，而"AⓍB 与 AⓎB 之间是因果关系"这个描述的对象是事件 AⓍB 与事件 AⓎB。

我们在这里讨论这个问题意义在于：发现教育装备或教育教学实证研究中产生"一实验就成功，一推广就失败"的原因可能有哪些。以下对这个问题做出解释。

1. 用相关分析代替因果分析

这是普遍存在的情况。例如，我们想研究教育装备的使用对学生学业水平是否具有促进作用，研究方法使用大数据的数据挖掘、数据采集后的统计分析或者通过问卷调查进行假设检验，得出的研究结果往往都会是具有显著相关性，于是就轻易地得出具有促进作用的结论。但是，促进作用要求证明教育装备的使用与学生学业水平必须是因果关系，用相关分析代替因果分析是这种研究中普遍存在的一个弊病。这里我们强调的是人们没有做因果判断的问题。

2. 条件充分性的缺失

教育教学系统是一个复杂系统，影响教育教学效果的自变量并非只有一个。而我们在进行实证研究时遵循的原则是"单因素，双水平"，即通过控制"干扰项"得到单个的检测变量（单因素），再通过从实验组与对照组采集到的实验数据做统计分析（相关性分析），最后由假设检验的差异性（双水平）判断实验效果。但是，影响教育教学效果的往往是多个变量同时作用的结果，就像是温度、水分和空气共同作用种子发芽一样，单个变量的作用没有满足事物成立的充分条件。这里我们强调的是因果条件不充分的问题。

3. 线性相关与非线性相关

本节讨论的相关性基本上都属于线性相关性，没有涉及非线性相关问题。但是，教育教学系统是一个复杂系统，复杂系统的特点之一就是其中的变量之间普遍存在着非线性关系。教育装备与教育教学研究中出现的一些困境与此有极大关系，复杂系统研究以及非线性问题目前还处于初期研究阶段，尚无较好的研究方法可借鉴到教育装备研究领域。

4. 正交性与完备性

在教育装备与教育教学实验研究中，对变量的选择非常重要，尤其自变量的选择，既要满足完备性（充分且必要）还要满足正交性（相互独立）。充分考虑和认真对待这些问题是实验研究能够成功的基本保障。

教育装备研究与教育教学研究属于社会科学研究。社会科学的研究方法是将自然科学在实验室中的研究方法借鉴到社会学研究领域。所以，自变量与因变量的选择与确定就显得非常关键，而判断变量的因果性也就尤为重要。同时，研究结论的成立又必须要求使得其成立的条件满足正交性与完备性。这些问题在教育装备研究领域目前还没有做得很深入，希望通过对这些问题的讨论引起业内专家学者的关注，并投入力量进行深入研究，使教育装备理论获得快速且良性的发展。

第五章　教育装备历史观

第一节　教育装备历史研究

一　教育装备历史研究方法

在教育装备发展史的研究工作中，我们面临着一个巨大的困难，那就是这项研究是一个前无古人的研究，我们没有可以借鉴的现成成果，必须将散落在浩如烟海的历史文献中的那些教育装备的相关内容一点一滴地收集，从而完成我们的研究工作。这就使得我们不得不去寻求一个科学的思想方法和一种优越的技术手段，以求我们的研究工作更加有效，更加高速。本节就是在这样一种思想的支配下进行的探索工作。

（一）指导思想：马克思主义逻辑与历史统一的理论

最早提出逻辑与历史统一理论的是德国哲学家黑格尔，他在其著作的《逻辑学》《小逻辑》和《哲学史讲演录》中，从理论上明确地阐述了逻辑和历史相统一的思想，认为哲学学说的历史发展次序要与逻辑发展的次序相一致、相符合。马克思肯定了黑格尔关于逻辑和历史相一致的思想，从辩证唯物主义出发，对其进行了科学合理的改造，批判地吸收了黑格尔这一思想的合理内核，使之成为更加科学的原理和方法。对于马克思主义逻辑与历史统一的理论，马佩在他的《辩证逻辑》一书中指出："所谓逻辑的历史的统一法乃是这样的构建科学理论范畴体系的方法，用这种方法构建的范畴体系能够也必须以'凝缩'的形式再现研究对象的历史发展的基本顺序、方向、趋势。"① 用更加通俗的语

---

① 马佩：《辩证逻辑》，河南大学出版社 2006 年版，第 262 页。

言来描述这一理论的作用和方法，可以这样说：为了找到一个事物的历史发源起点，不妨先从逻辑上对该事物的起源进行推导，继而找到它可能出现的时间与空间范围，以更加精确地定位而减小工作量。

针对教育装备发展史研究工作中的困难，采用首先使用逻辑推导的办法找到相关资料的藏匿地点，然后再去发掘这些资料、资源是完全可行的。在严格的逻辑推论过程中，教育装备发展的历史重现了。

（二）技术手段：海量图书文献全文检索引擎

有了指导思想可以让教育装备史的研究方向和目标快速定位，但是在浩如烟海的历史资料中去搜索教育装备的相关信息仍然是一个十分困难的工作。采用信息技术手段，利用搜索引擎进行信息检索将使得研究工作更加有效、效率更高。“读秀学术搜索”采用双层 PDF 检索技术，是由海量全文数据及元数据组成的超大型数据库，为读者提供 330 万余种中文图书、约 10 亿页全文资料、6700 多万种期刊的全文检索。读秀学术搜索的馆藏纸质图书、电子图书、随书光盘等学术资源，为研究者提供最全面而准确的学术资料。

登录读秀网站，在知识、图书、期刊、报纸、学位论文、会议论文等栏目中选择自己关注的内容；在文本框中输入需要查找的关键词；点击“中文搜索”或“外文搜索”按钮，相关信息目录将会呈现在屏幕上。

（三）逻辑论证：教育装备源起历史的研究

教育装备发展史的研究需要追溯教育装备的起源，而教育装备的起源涉及教育的起源与装备的起源。

第三章中“教育装备的起源论”一节论证了“教育装备是与教育和装备同源的”这一观点，并指出自有人类社会起就有了教育，同时也就有了教育装备。而关于装备的起源，该节也有较为详细的论述。根据逻辑与历史统一的理论和方法，当采用不同的教育起源学说时，必将引出不同的教育装备历史的探究起点。如果采用教育的生物起源说，追溯教育装备发展的历史将要从动植物本能行为开始，这与我们教育装备的概念界定（教育装备是教育资源中的人工资源部分）相抵。而如果采用教育的心理起源说，因为该学说是探讨“没有学校、没有教师、没有教材的原始状态"，于是就没有了这些教育活动赖以生存的教育资源，也就没有了教育装备的概念。教育的劳动起源说可以理解为劳动本身即教育，则一切劳动工具都将成为教育装备，或者说人类赖以生存的一切生活资源就都成为教育资源，这显然也是与教育装备概念不相容的。同时，从教育的本质上讲，它其实是脱离了当时生产劳动的一种社会活动（如：宗教活动、艺术活动、早期教育活动等），往往是由失去体力劳动能力而具有丰富经验的老人承担教育者工作。在这些分析之后，可以得出结论：从教育的人类社会需求起源说出发，则有可能成为研究教育装备起源的唯一有效途径。

由于"教育起源于社会群体传递、发展文化和社会个体社会化这两个方面的共同需要"，所以就应该在社会群体传递、发展文化的活动中和个体社会化的活动中去寻求源起的教育装备。人类最早期社会文化传递与发展的活动主要表现为艺术和宗教。而个体社会化是作为一个自然人（或生物人）对社会的融入，是个体在社会环境影响下，认识和掌握社会事物、社会标准的过程；所以个体社会化活动其实是泛教育（包括在校教育和非在校教育）的代名词。于是，人类的教育就应该起源于艺术、宗教以及有意识的早期教育活动。进而得出结论，对教育装备发生历史的追溯，也就应该从这些活动开始。

（四）考古发现：教育装备史的实物证明

走进任何一个历史博物馆，丰富的展物令人眼花缭乱，那些文物记录着历史，反映着当时人们的生活、战争、文化、建筑、艺术等，以及工农业生产的情况。但是在仔细观察后总感觉有一些遗憾，不知什么原因，人们几乎看不到任何一件能够如实反映当时教育水平的教育装备文物。或者是人们把它们的作用忽略了，抑或中国古代的教育真的就没有教育装备的概念。通过认真研读中国历史，我们仍然能够发现中国古代教育装备应用的痕迹，并在历史文物上表现出来。

对于商代（约公元前 17 世纪—前 11 世纪）殷墟的甲骨文，《简明中国教育史》中有这样一段描述："郭沫若同志发现一片甲骨上有一行较工整的文字，另有四行极不工整、几不成字的同样的文字，其中又间有二三字极为工整，可能是当时的'习刻文字'，反映了当时传授与学习文字的真实情况。”① 显然，当时的这块甲骨应该属于教育装备的范畴。2006 年 10 月 3 日，在中国国家图书馆举办的“文津讲坛”上，由中国社会科学院历史研究所研究员王宇信先生作的一个名为《殷墟：世界文明的宝库》的讲座，吸引了众多的听讲者。王先生在讲座中提及了一块甲骨，其特点是骨块上文字有“13 个界格”，共有“15 段文字，但是不成词例”；这样的甲骨容易被人认为是伪造，但它确实是从骨灰中被发掘出来的。受郭沫若先生的启发，作者认为这个骨块同样是当时用来“习刻文字”的“教育装备”。

教育装备发展的历史是忠实的，它顽固地守护着事物的原貌；教育装备发展的历史又是含蓄的，它需要人们具有思辨的头脑、敏锐的目光去发现事物的原貌。

二 中国教育装备发展历史研究内容

改革开放 40 余年来，我国教育装备事业随着中国教育的跨越式发展，从基础薄弱、条件落后的状态转变为体系健全，规模宏大，现代化程度较高的新局面，为教育的有效发展提供了重要的条件和保障作用。

为促进教育装备事业可持续科学发展，全面展现和总结改革开放 40 余年来我国教育装备事业改革与发展的巨大成就、基本经验和发展规律，重温改革开放 40 余年党中央深谋远虑做出的一系列重大教育决策的深刻背景，回顾改革开放 40 年并由此上溯至新中国成立以来教育装备事业的历史发展轨迹，记录教育装备领域的创新和开拓精神，有必要站在建设教育强国的战略高度，通过大量卓有成效的包括很多具有开创性的发展教育装备的具体工作实践，积极投身教育改革伟大实践的奋进历程，以国际化的视野和民族复兴的历史视角，全面深入具体地记录教育装备发展历史过程。期望通过这一项目，进一步明晰教育装备事业的发展规律和重要地位，为教育装备事业的科学发展提供借鉴，为教育事业的发展做出新的贡献。

我国已成为教育大国，正在向教育强国的宏伟目标迈进。改革开放

① 王炳照等编：《简明中国教育史》，北京师范大学出版社 1985 年版，第 8 页。

40 余年来，中国的教育事业成就有目共睹。教育事业发展的同时也是教育装备工作的发展。教育装备工作从无到有，从小到大，从计划经济模式到市场经济模式，从简单教具到高科技装备，机构经过多次调整，到目前已发展成为一个拥有从业人员数十万、年投入数百亿规模的专业化体系，表明中国教育事业成就与教育装备工作的发展有着相互促进、密不可分的内在联系。教育装备事业的技术进步，投入增加，行业规模扩大和进步，极大地促进了教育现代化发展的历史进程。然而遗憾的是，目前有关中国教育装备发展史的研究几乎是空白。

以史为鉴，可以知兴替。中国教育装备发展史研究主要记载了自中华人民共和国成立以来，教育装备事业从无到有、从小到大、从弱到强的发展历程，是对过去工作的肯定和总结。中国教育装备发展史研究可从一个侧面反映出党和国家对教育事业的关心和重视，可以展现出新中国教育发展的巨大成果，全面反映教育装备与近现代教育教学发展不可分割的内在联系与科学发展规律。中国教育装备发展史研究还是送给后人的一份丰厚礼物，可为决策者提供科学决策的参考依据。可以说中国教育装备发展历史研究的编写是极具历史意义和现实意义的。以下是编写总纲。

（一）总论与理论发展

1. 总论

（1）中国教育装备发展的历史阶段；

（2）教育装备事业的基本特征；

（3）装备建设的基本内容与目标、方向。

2. 教育装备实践发展变化

（1）旧中国教育装备的基本状况；

（2）中华人民共和国成立后教育装备工作的历史背景及文件；

（3）“文化大革命”时期教育装备设施的配置管理；

（4）改革开放后教育装备工作的历史性变化；

（5）现代教育装备事业的各个阶段及不同特征。

3. 教育装备理论研究

（1）教育装备研究的方法及意义；

（2）教育装备理论的产生与发展；

（3）教育装备发展的一般过程；

（4）中国现代教育装备发展；

（5）世界教育装备发展的一般情况。

4. 教育装备体系的构成、沿革和发展

（1）教育装备行政管理体系的改革和发展；

（2）教育装备行业的形成及发展；

（3）教育装备企业的发展；

（4）教育装备科研教育人才体系形成及发展。

（二）教育装备管理问题

1. 教育装备管理制度建设

（1）装备管理制度建设与教育改革；

（2）装备管理制度的基本内容及发展；

（3）管理的基本原则与方法、职责；

（4）管理制度、规则的修订；

（5）装备采购制度的产生及演变；

（6）教师、技师、管理员的管理和配备；

（7）装备人才的专业培养、培训体系。

2. 教育装备与教育均衡发展

（1）教育现代化与教育装备建设；

（2）教育均衡发展与教育资源配置；

（3）国家区域发展战略指引下的教育装备建设；

（4）国家及各级政府对欠发达地区教育装备建设的相关政策和行动。

（三）教育装备信息化

（1）波澜壮阔的中国教育现代化浪潮；

（2）教育信息化的理念与基本范畴；

（3）教育信息化的内容与系统构成；

（4）多媒体辅助教学与信息化教室建设；

（5）传统图书馆体系改造与数字化图书馆建设；

（6）高教基于多媒体的各类功能教室（语音教室、体育教学课堂、模拟教室）；

（7）校园网及基于网络的教学管理系统；

（8）基于网络的校园安防监控系统；

（9）信息通信技术（ICT）与教学信息化；

（10）数字化校园体系建设与现代校园文化。

（四）实验教学与实践教学

1. 实践教学体系教育装备建设与配置

（1）实训基地建设与培养大批实用创新型人才；

（2）实训基地的分类与教学；

（3）职业教育实训基地建设；

（4）国家重点工程。

2. 各类实验室及各学科教学装备

（1）传统实验室分类及新型实验室概念扩展；

（2）全面实施素质教育，强化各类实验室建设；

（3）深化教育改革，发展艺术类教育专用教室及其教学装备；

（4）体育装备更新与教学升级；

（5）通用技术课程开发与教学装备配置；

（6）普通教室的更新升级改造；

（7）实践为特质的广阔课堂。

3. 新课程改革推动装备研发生产配置体系的转变

（1）新课程改革的基本内容及对教育装备的适应性要求；

（2）各级装备部门工作重心的相应调整和部署；

（3）各类装备研发、生产企业、教学单位（自制教具）的快速响应；

（4）各级装备部门、生产企业为新课程改革提供了大量装备；

（5）新课程改革所需装备在应用中的问题及解决。

（五）教育装备标准化

（1）教育装备标准化概况；

（2）实施教育装备标准化建设的必要性与紧迫性；

（3）教育装备标准化的主要内容与基本要求；

（4）教育装备标准化建设与质量管理；

（5）国家及地方推动教育装备标准化建设的努力。

（六）全国发展与国际发展

1. 西部大开发战略与民族地区教育装备建设

（1）改革开放前西部教育装备状况；

（2）西部大开发对教育发展的基本要求；

（3）西部改善办学条件，加大教育装备投入；

（4）“十五”“十一五”期间加大对西部教育装备的投入；

（5）西部教育装备建设和管理相关政策；

（6）民族地区教育装备状况。

2. 国际交流与合作

（1）国际交流合作产生的背景；

（2）国际交流合作的内涵与理论探讨；

（3）国家、行业协会、企业的国际交流活动；

（4）学术交流发展概述；

（5）交流与合作效应。

第二节　教育装备发展简史

一　中华人民共和国成立前的教育装备发展简史

目前，教育装备的理论体系建设还不够充分、不够完备，仍然处于建设的过程之中。造成这种理论发展缓慢和迟滞的根本原因在于教育装备本身的发展状况。当教育装备还仅仅停留在黑板加粉笔的状态下时，教育装备的理论不可能发展，甚至没有理论建设的必要。而当教育装备有了大规模发展、大数量使用以后，关于教育装备的建设、配备、管理、使用、设计、开发、生产、评价等研究问题便应运而生，理论建设的问题也就逐渐凸显出来。所以，从这个角度来看，教育装备的理论发展史不会也不应该太久远。于是本章关于 1949 年 10 月 1 日之前的教育装备理论研究，就不可能太多地关注理论本身的建设和发展，而是要将主要探索内容放在教育装备的产生、发展方面。

（一）人类起源时的教育装备

胡金平在他所著的《中外教育史纲》中针对人类起源时的教育内容有这样的论述：“这些内容主要包括本氏族的历史传说、风俗习惯、道德规范、图腾、禁忌等方面的知识，以及与宗教活动有关的音乐、舞蹈、给画方面的技能。”①

1. 中国原始教育活动中的教育装备范围

中国原始教育活动中的教育装备范围并不是很宽泛的，它们仅表现在文字、生产技能、氏族风俗等传承方面。因为我们对教育装备的定义是“教育资源中的人工资源部分”，即人工打造的教育资源，所以诸如学校校舍、学校建筑等应属于教育装备的范畴。公元 4000 多年前仰韶文化时期陕西西安半坡村的这所大房子既然具有教育功能，当然应该属于当时的教育装备。人类起源时期类似这样功能的“大房子”一定还有很多，只是它们或者还未被考古发现，或者已经踪迹全无，或者没有被记载下来。

语言文字的教育是文化和精神传承的重要内容。中国出现最早并被记录下来的文字应属陶符和甲骨文。陶符属于原始文字，产生于新石器时期。半坡陶符也是在陕西西安半坡村出土，这些记录在陶器上的符号具有文字传承的意义。甲骨文的出现要晚于陶符，它们产生于商代（公元前 17 世纪—前 11 世纪）时的殷墟这个地方，所以被称为“殷墟文字”，时间大约为公元前 1600 年。这些甲骨在当时不仅用于记录文字，同时还有教授文字或学习文字的作用，属于教育装备的范畴。

人类早期生产技能的传授也是人类原始的教育行为。东汉时期的典籍《白虎通义》中说明了氏族公社的人类教人取火的方法：“钻燧取火，教民熟食。”并且还叙述了因为教民渔猎和农耕而被誉为“神农”的原因：“神农因天之时，分地之利，制耒耜，教民农作，神而化之，使民宜之，故谓之神农也。”所有这些生产技能的传授，无一不需要工具的参与，而这些现场的生产工具同时担负了教育装备的作用。

① 胡金平主编：《中外教育史纲》，南京师范大学出版社 2001 年版，第 4 页。

2. 中国原始学校校舍与设施的诞生

学校是有意识原始教育的重要表现，而原始学校的校舍与设施则成为早期的教育装备。在《简明中国教育史》中有这样的论述：“古籍记载，我国唐虞以前的五帝时代（公元前2700年）已有大学，名叫‘成均’。‘成均’的名称，最初见于《周礼》《礼记》二书，而认为‘成均’是五帝之大学，最早出自董仲舒。董氏之说，根据何在尚待考证，但也不能贸然断定是他凭空杜撰的。”① “成均”应该是中国历史上较早出现的具有教育功能的“学校”。

到了夏代（公元前21世纪—前16世纪），学校有所发展，《简明中国教育史》说到：“夏朝的学校在古籍中也有明确的记述，但仍无直接证据。……夏朝统治者为了对外征讨和对内镇压，特别注重习射，以培养武士。习射必兼习礼，要求射者与观者遵守长幼先后的次序，所以名其学曰‘序’。”② 在《中外教育史》中则这样论述：“据《礼记·明堂位》称：‘米廪，有虞氏之庠也。’‘米廪’为氏族储存公共粮食的地方，由老者看管，……‘庠’是饲养牛羊等家畜的场所，由老者负责饲养。……由于原始社会通常由经验丰富的老人来承担传授知识的角色，养老与教育紧紧结合在一起，因而庠也同时是教育的场所。……从历史发展的角度来说，夏代应该已有学校教育的萌芽，‘序’‘庠’当初步具备了学校的雏形。”③

如果说“成均”“序”“庠”还都是兼作学校场所的话，而到了商代（公元前16世纪—前11世纪）便出现了真正意义上的学校了。《简明中国教育史》：“商朝的学校不仅有古籍记载，而且有丰富的地下发掘文物作为实证。……殷人重祭祀、崇礼乐，所以特设‘瞽宗’。……由此可见，商代的学校，除了养老和习射的庠、序之外，已有学习一般文化知识、专门进行思想品德教育的‘学’，还有专门学习礼乐的‘瞽宗’，较之虞夏时代，稍为完备些了。”④ 另有《中外教育史大事对照年表》中记

① 王炳照等编：《简明中国教育史》，北京师范大学出版社1985年版，第5—6页。
② 王炳照等编：《简明中国教育史》，北京师范大学出版社1985年版，第7页。
③ 王晓华、叶富贵主编：《中外教育史》，首都师范大学出版社2009年版，第7页。
④ 王炳照等编：《简明中国教育史》，北京师范大学出版社1985年版，第7页。

载："约（公元）前1711年，中国社会进入商代。学校教育制度较虞夏完备，除'庠''序'之外，还有正式专用的'学'和学习礼乐的'瞽宗'。各民族之间的文化教育交流业已开始，邻国多遣子弟游学于商。"①

学校的出现意味着一些专门用于教育教学的设施或设备会相继产生，教育装备的源起在这样的环境中静静地发生了。

3. 中国原始宗教活动中的教育装备作用

原始宗教活动主要表现为图腾和鬼神崇拜，《中外教育史》的作者认为："图腾和鬼神崇拜、自然崇拜等在原始社会十分常见，巫术和专门施行巫术的巫师开始出现，虽然其本质上是一种迷信活动，但在客观上起到了一定的教育作用。"② 所以，可以将原始宗教活动视为一种教育行为，人们通过它传输一种精神文化。贺兰山岩画被认为是新石器时期人类的作品③，它表现为当时人们的图腾崇拜物。类似这些图像的图腾柱、图腾画、鬼神像、自然崇拜物画像等物品，在原始宗教活动中起着教具的作用，可以称为原始宗教教育活动的教育装备。

中国宗教活动以后的发展一直没有离开这些教具（或教育装备），最为典型的是庙宇（或佛教石窟）中那些壁画，它们记录着教义中的精神、思想、礼数、义理和宗教故事等，作为向人们施教的工具。佛珠又称念珠，是几乎所有佛教信徒们必带的信物。当他们诵念经文时，手中不停地捻动念珠，其作用除了表示虔诚外，人们普遍认为它还有计数器的作用，即记录自己诵念的次数。此时，这个念珠就是一个学具，它属于教育装备。

4. 中国原始艺术活动中的教育装备表现

中国原始的艺术活动主要表现为工艺制造活动，"氏族公社时期，制造石器、骨器、木器的手工业不断发展，进而扩展到制陶、纺织、房屋建筑等，他们中有些甚至需要非常复杂的工序，包含很高的技术成分。仰韶、半坡等出土的陶器达到了相当高的工艺水平。利用丝麻和骨

---

① 汪刘生、黄新宪编：《中外教育史大事对照年表》，吉林教育出版社1990年版，第4页。

② 王晓华、叶富贵主编：《中外教育史》，首都师范大学出版社2009年版，第8页。

③ 贺兰山岩画，http：//baike. baidu. com/view/31524. htm，2022年12月24日。

针制衣等技巧也是原始工艺技术教育的重要内容之一。”① 与人类早期生产技能的传授过程不同，由于工艺制造工序的复杂和技术的高超，传授工艺技能多采取师徒教学形式，且有时不允许徒弟（学生）直接在生产工具或生产设备上进行操作训练，而必须有一些替代物、替代工具或替代设备用于练习。于是，这些用于练习的替代物、替代工具或替代设备就完全脱离生产工具，而独立出来成为专门用于教学的教育装备。

除了制造工具之外，一些高技能的生产已经开始使用测量工具，如：木工用于测量直角的“矩”。《周髀算经》（原名《周髀》）是算经的十书之一，成书于公元前 1 世纪，其中记述了商代（公元前 1000 年左右）发现勾股定理的商高与周公的对话：“周公曰：大哉言数！请问用矩之道。商高曰：平矩以正绳，偃矩以望高，覆矩以测深，卧矩以知远，环矩以为圆，合矩以为方。”这段对话中商高解释了直角测量工具矩的用途和用法。这一工具在当时的知识传授与技能传授中充当着教具。

（二）古代教育装备的发展

古代教育装备的发展一节主要追溯从周代建立（公元前 1046 年）到清代灭亡（1912 年）这一段长达 2958 年时间里，教育装备产生与发展的情况。期间经历了数十次的改朝换代，但教育装备随着教育的发展，历朝历代都得到了重视。在这段历史时期，由于中国工业发展的迟缓，教育装备的类型还是非常受限的，主要表现在学校校舍、教材、笔墨、测量仪器、实验仪器设备等方面。

1. 学校校舍与教学设备的发展

（1）西周时期

西周时期（公元前 11 世纪—前 771 年）已经有比较完整的教育制度，学校教育分为“国学”和“乡学”两大类。它们由不同等级的人掌管，具有相对固定的教学科目、学习年限和考查制度。西周时期的学校以官办为主，教育教学主要是官学。关于西周时期的教学设备和器具，在《简明中国教育史》中有这样的论述：“西周的教育制度是政教

① 王晓华、叶富贵主编：《中外教育史》，首都师范大学出版社 2009 年版，第 7 页。

一体、官师合一的，这是‘学在官府’的重要标志。这是因为：古代的典章文物，如典、谟、训、诰、礼制、典章，都藏于秘府，有专官执掌，唯官有书；礼、乐、射、舞所用的器具，都藏于宗庙，由典乐官掌握，唯官有器。欲学者必就官而学。因此学校教师都由官吏兼任。”①这段描述清楚地告诉我们，西周时期的教育在很大程度上是非常依赖当时的教育装备的，而且说明了教育者对教育装备的重视和珍稀程度都是非常高的。

（2）春秋战国时期

春秋（公元前770年—前476年）战国（公元前476年—前221年）时期官学衰落而私学兴起。造成文化、学术下移，私学兴起的原因不是别的，而恰是当时教育资源、教育装备掌管权利的下移所致。《中外教育史》中关于这一情况有如下记述：“西周以前，典章文物都藏于官府，知识和学术为官府所垄断，只有贵族才有机会接受教育，接触和掌握知识和学术。但到春秋战国时期这种局面被打破，文物典籍和掌管文物典籍的官吏流落到各诸侯国和民间。”② 由此可以看出，教育装备在教育的变革中确实起着十分关键的作用。春秋时期中国伟大的教育家孔子于公元前522年开始建立私学，招徒讲授，“私学内设有讲学用的‘堂’和学生住宿用的‘内’”③。说明在他建立的学校里已经设立了教室和学生宿舍等这些教育教学设施，它们是人工建设的教育资源，所以属于当时的部分教育装备。孔子之前的老子，之后的庄子、墨子、孟子、荀子、鬼谷子等都有开办私学的经历，都有自己的校园与校舍。

（3）秦汉时期

秦（公元前221年—前207年）汉（公元前202年—公元220年）时期的教育又从私学为主返回到以官学为主。公元前221年秦始皇下令统一文字，普设官学（学室），颁布“禁私学”令。汉代在学制上继承

---

① 王炳照等编：《简明中国教育史》，北京师范大学出版社1994年版，第11页。

② 王晓华、叶富贵主编：《中外教育史》，首都师范大学出版社2009年版，第23页。

③ 汪刘生、黄新宪编：《中外教育史大事对照年表》，吉林教育出版社1990年版，第8页。

了秦制，把学校教育作为巩固统一中央集权的重要工具。据《中国古代学校》中记述[①]：太学生的数目在西汉末年已增至3000人。随着学生的不断增加，西汉末年曾大规模地扩建校舍。东汉时太学生人数大增，最多时达三万余人，京师形成太学区。太学建有博士宿舍和内外讲堂。至汉顺帝永建六年（131年），“拓建房屋共计240房，1850室”。如此规模的太学出现在我国汉代，在世界教育史上首屈一指，标志着我国汉代的经济文化在当时世界上处于领先地位。可见在当时校舍的建设受到非常大的重视，它们为汉代的教育活动提供了优异的条件保障。《中外教育史大事对照年表》中记述了公元133年（汉顺帝阳嘉二年），诏举敦朴之士，张衡、马融皆与其选。张衡制造了候风地动仪和浑天仪。马融是著名经学大师，生徒常有千余人[②]。其中张衡制造的候风地动仪和浑天仪在当时的教育中起到了教育装备的作用，对此在刘济昌先生的《教具理论研究导论》中也有论述[③]。

（4）隋唐时期

隋（581—619年）唐（618—907年）时期之前的魏晋南北朝（220—589年），属于中国历史上长期战乱的时期，学校废置无常，数量大大减少。从隋代开始学校中兴，到了唐代，学校有了更大的发展，学制已经十分完备。

隋代对中国教育的一大贡献是开始实行科举制。隋炀帝于大业三年（607年）诏令实行科举制[④]，目的主要是为了选仕（官），但是也同时推进了当时的考试制度和教育制度的改革。到了唐代的“唐太宗执政时期，试行偃武修文的文教政策，重振教育，扩建学校，兴建校舍为国家培养后备人才，以确保科举取士的数量与质量”[⑤]。考试时的考具，如桌椅、纸等应该是由官府统一提供和配置的，而其他考具，如笔、墨、砚等是否自带说法不一。《中国科举史话》认为考生可自带文具

① 郭齐家：《中国古代学校》，商务印书馆1998年版，第84页。

② 汪刘生、黄新宪编：《中外教育史大事对照年表》，吉林教育出版社1990年版，第32页。

③ 刘济昌主编：《教具理论研究导论》，教育科学出版社2011年版，第3页。

④ 郭齐家：《中国古代考试制度》，商务印书馆1997年版，第60页。

⑤ 郭齐家：《中国古代考试制度》，商务印书馆1997年版，第62页。

（笔墨纸砚）[1]，而《中国古代考试制度》认为考生只是“应试之日要自备水、炭、蜡烛、餐具等，等候胥吏唱名搜身，方依次进入贡院”[2]。

唐代对中国教育的一大贡献是开始建立书院。书院是中国古代特有的教育组织形式，对中国古代教育和学术文化发展产生过重要影响。“现有史料证实，最早使用书院之名的是唐代官府”[3]，称丽正书院。丽正书院开始的功能主要是抄书、修书和校书，对藏于宫中历史久远，逐渐丢失、损坏的旧书进行缮写、刊校，以弘扬经籍。以后，书院逐渐发展为以私人创办和主持为主，大多数书院都由名师大儒聚徒讲学，书院的师生多以醉心学术、潜心修炼心性为目标。另有一些授业者开学馆，置书楼，“这些聚书万卷、千卷的学馆、书楼，延四方之士，聚徒讲学，虽未以书院命名，实际上已是教育性质的书院”[4]。

（5）宋元时期

宋（960—1279 年）元（1271—1368 年）时期教育有很大的发展，尤其是宋代经过三次兴学运动后，“十月建辟雍，可容生员三千。崇宁二年（1103 年）定诸州养士人数，并不断续增州县学生，扩充学校。崇宁三年（1104 年）于原有太学以外，添置算学、书学、画学。宋代学制更为完备”[5]。

宋代的科举制度比隋唐时期更加完善，也更加重视。隋唐在实行科举制的同时并没有废黜察举制（推荐制），而宋代则采取罢察举、重科举的政策。宋代的书院也是十分突出的，全国建立书院 700 多所[6]，其中最著名的是四大书院：白鹿洞书院、岳麓书院、睢阳书院（应天府）和嵩阳书院。从教育装备的角度看，书院中已经有了非常完备的教学设施，如：讲堂、书案等。这些书院中以白鹿洞书院最为著名，其他各书院规模也很大，仅岳麓书院就“建讲堂五间，斋舍 52 间，并建祭祀先

---

① 林白、朱梅苏：《中国科举史话》，江西人民出版社 2002 年版，第 107 页。

② 郭齐家：《中国古代考试制度》，商务印书馆 1997 年版，第 84 页。

③ 王炳照：《中国古代书院》，商务印书馆 1998 年版，第 11 页。

④ 王炳照：《中国古代书院》，商务印书馆 1998 年版，第 24 页。

⑤ 王炳照等编：《简明中国教育史》，北京师范大学出版社 1994 年版，第 147 页。

⑥ 王炳照：《中国古代书院》，商务印书馆 1998 年版，第 73 页。

师先贤的祠宇，聚集一批图书，广招生徒，开展讲学”①。

（6）明代

明代（1368—1644 年）除了官学外，私学有了很大发展。明代的私立书院已经达到近 1600 所②，另外“这一时期私学，大体分为两类。一类是以识字和学习基本知识为主的‘蒙学’，相当于‘小学’；一类是在蒙学的基础上，学习儒家经典、理学著作，准备参加科举考试的‘经馆’等，相当于‘大学’”③。蒙学亦称“乡学”“村学”“私塾”等。

明成祖朱棣于永乐元年（1403 年）在北京设立国子监，在永乐五年（1407 年）编成《永乐大典》。到永乐二十年（1422 年）国子监学生数已达 9972 人④。“明代国子监内及周边地区建有若干个宿舍区（‘学舍’），如内号、外东号、大东号、新南号，小北号、西号，交趾号等，总计有房 800 多间，还有食堂、浴室、病房等。”⑤

明代学校中的学习设施、设备、器具都已经十分完善，从《中国古代学校》的这样一段记述可以看出当时的情况：“教童子，先学爽洁。砚无积垢，笔无宿墨。蘸墨只着水皮，干笔先要水润。书须离身三尺，休令拳揉。手须日洗两番，休污书籍。案上书，休乱堆斜放。书中句，休乱点胡批。学堂日日扫除，桌凳时时擦抹。”⑥

（7）清代

清代（1636—1912 年）的教育基本继承了明代的学制，沿袭科举，兴办书院（已达 3000 余所⑦），立国子监为最高学府。但是，清代已经开始将教育教学问题上升到理论层面，出现了一些论著。在《清代前期教育论著选》中，记载了多篇论述学校教育作用与配置的文章，如：

---

① 王炳照：《中国古代书院》，商务印书馆 1998 年版，第 38 页。

② 王炳照：《中国古代书院》，商务印书馆 1998 年版，第 158 页。

③ 王炳照等编：《简明中国教育史》，北京师范大学出版社 1994 年版，第 185 页。

④ 汪刘生、黄新宪编：《中外教育史大事对照年表》，吉林教育出版社 1990 年版，第 129—131 页。

⑤ 俞启定：《书院北京》，旅游教育出版社 2005 年版，第 8 页。

⑥ 郭齐家：《中国古代学校》，商务印书馆 1998 年版，第 158 页。

⑦ 王炳照：《中国古代书院》，商务印书馆 1998 年版，第 182 页。

黄宗羲的“学校”，陈世仪的“学校议”“答郁仪臣论学校书”，庄有可的“学校论”，等等①。

清中期，外国开始在中国建立教会学校，“嘉庆二十三年（1818年），英国伦敦会所派来华传教士马礼逊为向中国传教，在南洋的马六甲开设了一所英华书院。这是外国传教士为中国设立最早的一所教会学校”②。“截至光绪二十五年（1899 年），教会学校总数达 2000 所，学生约为 4 万人以上。”③ 清后期，清政府的洋务派开始效仿西方学校，兴办新式学堂。这些学校除了学习中文古籍外，还要学习西方近代自然科学，如天文、算学、化学、物理、医学、生物等课程。光绪二十五年（1899 年）出版的教材《形性学要》反映了当时的物理教学，同时也侧面反映出对物理教学仪器设备需求和配置。

2. 教材的演变

教材作为教育装备的一部分它就是图书，而作为教学系统的一部分它是教学内容。所以此处所谓教材的演变，既包括了教材形制的演变，又包括了作为教材而反映教学内容的演变。

（1）教材形制的演变

作为教材，图书的形制曾经历了简册、帛书、兽皮书、纸写书、印刷书籍、电子书籍等演变过程。在古美索不达米亚、古埃及、古罗马、古印度等地区，还曾出现过泥版书、纸草书、贝叶书等形制的书籍。在中国，“西周时代，毛笔和纸尚未发明，他们以刀漆作笔，以竹木作纸，如有记载则用刀或漆刻画在竹木上面。集多数的竹木，用丝线或韦皮连成一排，用时打开，不用时叠起，所谓‘典册’者即是此意。这类一册二册的东西，我们叫它为‘书’，但在西周时，并不称书，名称很多。若以所书的质料分，则用竹书的称‘册’或‘简’，用木书的称‘方’或‘板’”④。这种形制的教材，经历了西周时期、春秋战国时期、秦代、西汉时期，直到东汉时期才有所改变。

---

① 李国均主编：《清代前期教育论著选》，人民教育出版社 1990 年版。
② 樊克政：《学校史话》，中国大百科全书出版社 2000 年版，第 133 页。
③ 樊克政：《学校史话》，中国大百科全书出版社 2000 年版，第 140 页。
④ 陈青之：《中国教育史》（上），福建教育出版社 2009 年版，第 26—27 页。

在西汉时期，中国虽然已有丝质和麻质纤维纸，但质地粗糙不能为书。东汉时期蔡伦总结前人经验，发明用树皮、麻头、敝布、破渔网等为原料的造纸技术。教材形制经过一段简、帛、纸并用时期，到了东晋时期（317—420年）简牍完全为纸所取代，开始是用户纸写书。但是早期的书籍往往无书名、篇名、作者名，不分章节段落，无标点符号，不编页码，无扉页和版本记录。早期的书靠人工抄写，隋代开始有了雕版印刷，到了宋代则实现了汉字的活字印刷。

（2）教学内容的演变

西周时期，对于竹书教材有多种称谓：①关于古训内容的称“典”；②关于版图及户口内容的称“籍”；③关于当代掌故内容的称“策”；④合典籍册及简牍等，用作为教学的材料时，统称之为“业”。[①]

春秋战国时期，以孔子的教育最为著名。孔子从教40余年，学生众多，号称弟子3000人，贤人（有突出成就的）72个。他的教学内容以“六经”为主，这“六经”是：①诗经，抄录西周以来的古诗3000多个；②书经，记录夏商及西周的重要历史资料；③礼经，即周礼，西周时的道德礼仪；④乐经，音乐乐曲；⑤易经，即周易，推究阴阳变化的占卜卦书；⑥春秋经，鲁国的一部编年史。“六经”是孔子教学六门课程教材，其中诗经是文学课教材，书经是政治课教材，礼经是道德伦理课教材，乐经是音乐课教材，易经是哲理课教材，春秋经是历史课教材[②]。此后，中国历代的教材基本上就是“四书五经”。四书五经是四书和五经的合称，是中国儒家经典的书籍。四书指的是《论语》《孟子》《大学》和《中庸》；而五经指的是《诗经》《尚书》《礼记》《周易》《春秋》，简称为“诗、书、礼、易、春秋”，在之前，还有一本《乐经》，合称“诗、书、礼、乐、易、春秋”，这六本书也被称作“六经”，其中的《乐经》后来亡佚了，就只剩下了五经[③]。

---

① 陈青之：《中国教育史》（上），福建教育出版社2009年版，第27页。

② 郭齐家：《中国古代学校》，商务印书馆1998年版，第47—53页。

③ http：//baike. baidu. com/view/671. htm，2022年12月24日。

到了汉、隋、唐时期，开始有了算学，其中著名的是“算经十书”。“算经十书”是指汉、唐1000多年间的10部著名的数学著作，他们曾经是隋唐时代国子监算学科的教科书。10部书的名称是：《周髀算经》《九章算术》《海岛算经》《张丘建算经》《夏侯阳算经》《五经算术》《辑古算经》《缀术》《五曹算经》《孙子算经》。①

宋代初期将《五经正义》作为法定教材，后又将王安石的《三经新义》《字说》作为教材。唐代的《九经》到了宋代则发展到《十三经》，而《四书》仍为统一教材②。明万历年间（1573—1620年），西方自然科学开始传入中国，对中国的教育思想和教育内容产生了很大影响。“在教育学方面，天启三年（1623年），艾儒略著《西学凡》，介绍西方建学育才的方法。这是西方教育史传入中国的开始。其他在地理学、西方语言、逻辑学等方面，也由西方传入中国。”③

清代初期基本上沿用了明代的教学内容与教材。到了清代中晚期，由于西方势力的大规模侵入，教育体制与教学内容发生了巨大变化。

3. 笔墨等书写工具的发展

笔墨出现以前或刚刚开始出现时，人们书写的主要方式是用刀刻。“古时的刀并不锋利，用刀刻字成书，何等笨拙！所以古人读书的困难，比较现在印刷术发明的时代，真不可以道理计；而当时学术能够被贵族阶级所把持，不能普及于一般民众，也是这个原因。”④

新石器时期中国已经出现了早期的毛笔，在半坡文化遗址人们发现了用兽毛捆绑在木棍上的原始毛笔，用来绘制彩陶。当时还没有真正意义的墨，只是用锰土、赭石一类的东西作颜料。对青铜器时期（夏、商、西周、春秋、战国）遗留壁画的考证，也可以说明当时笔墨的重要作用。汉代以前的“墨”是使用黛、石墨、黑漆等矿物颜料，到了汉代开始使用松烟墨。直到唐代以后，真正意义上的笔墨才开始大量使

① http：//baike. baidu. com/view/180917. htm，2022年12月24日。

② 熊承涤：《中国古代学校教材研究》，人民教育出版社1996年版，第195—197页。

③ 熊承涤：《中国古代学校教材研究》，人民教育出版社1996年版，第272页。

④ 陈青之：《中国教育史》（上），福建教育出版社2009年版，第27页。

用[①]。北魏（533—544 年）时期出版的《齐民要术》中即有制墨的内容。

4. 造纸术与印刷术的作用

在西汉时期，中国已开始制造丝质和麻质纤维纸，但质地粗糙，还不是真正意义上的纸，而是类似于纸浆再压平后的质量很差的草纸。一般认为，东汉时期的蔡伦总结了前人的经验，发明用树皮、麻头、敝布、破渔网等为原料的造纸技术，并将所制成的廉价植物纤维纸呈献汉和帝，这种适于作书写材料的纸张从此得到推广。关于造纸术的起源，一直有两种不同意见，一种如前所述，认为是东汉时期蔡伦发明了造纸术；另一种观点认为在西汉时期（公元前 2 世纪）已经有了以纸代简（竹简），而蔡伦不是造纸术的发明者，只是改良者[②]。纸的出现使得书与教材更加方便、广泛地得到发展，推动了教育教学的进步，起到了无法估量的巨大作用。明代 1637 年出版的《天工开物》中记录了造纸术（称“杀青”）。

据文献记载和已发现的印刷品实物分析，印刷术应该发明与唐代，但是唐代的印刷术为雕版印刷。目前发现最早的雕版印刷物为唐代公元 704 年至 751 年雕印的《无垢净光大陀罗尼经》。雕版印刷技术一直延续到清代仍在使用，有很长的时期是与活字印刷技术并存的。活字印刷技术产生于北宋公元 1041 年至 1038 年，由民间艺人毕昇所创，开始时使用的是用胶泥制作的单个汉字[③]。印刷技术与造纸技术一样，都在教材的制作上有力地推动了教育，是中国教育装备发展历史的见证。

5. 测量仪器与设备

算筹在春秋战国时期出现，是我国特有的一种计算工具。“它一般用竹子做成，也有用木或其他材料制作的，直径一分，长六寸。”[④] 算盘是进行珠算的工具，珠算应该起源于中国古代西周时期，西周的陶珠

① 林木：《笔墨论》，上海画报出版社 2002 年版，第 36 页。

② 潘吉星：《中国的造纸术》，中国国际广播出版社 2010 年版，第 8 页。

③ 李万健：《中国古代印刷术》，大象出版社 1997 年版，第 71—78 页。

④ 金秋鹏：《中国古代科技史话》，商务印书馆 1997 年版，第 31 页。

就是现在算盘的雏形。“现存最早载有算盘图的书是明洪武四年（1371年）新刻的《魁本对相四言杂字》。因此可以认为，我国珠算盘在元末明初已经定型，并普遍使用了。”①

春秋战国时期，人们还发现了磁石吸铁的现象，发明了最古老的此行方向指示器，即“司南”。秦汉到五代时期（公元前221年—公元960年），人们发明了指南车、记里鼓车、水运浑仪、透光镜等。《北齐书·信都芳传》中记载了北齐信都芳撰写的《器准》：“聚浑天、攲器、地动、铜乌、漏刻、候风诸巧事，并画图为器准。”宋代发明了天文钟、编钟、指南针等。②

特别是宋代天圣四年（1026年）医学家王唯一制造的针灸铜人模型，刻示经腧穴位；使用时向铜人内注水，表面涂蜡，再给铜人穿好衣服，练习针刺学位时，刺中则有水流出，是个典型的教学用具③。

6. 教育装备的生产

如果说将中国古代造笔、造墨、造纸、印刷、出版等算作教育装备生产显得比较牵强，与教育的直接作用相关性还不是非常大的话，则从清代开始的教育用品专门制造就完全属于教育装备生产和研究了。《中国历史大辞典》中的一个词条为“教育品制造所”，其中解释道：“清光绪三十年（1904年）由周学熙在天津玉皇阁创办。‘以仿造教育各种品武、仪器，备学堂教科之用，以浚发学识，挽回漏卮’为宗旨。制成教育用品达二百数十种。附设教育品陈列所，任赵元礼为管理。后迁至河北劝业会场内。”④

2009年10月18日的《天津日报》的都市记忆栏目刊出了一篇文章《百年前的教育品制造所》，详细地记述了“教育品制造所”的建立与功能。

（三）西方教育装备的引进

明末清初以及晚清民初两个时期之中，欧洲及北美西方国家的学术

① 李毓佩：《圆规·三角板·算盘》，天津科技翻译出版公司1999年版，第111页。
② 戴念祖、张蔚河：《中国古代物理学》，商务印书馆1997年版，第4—10页。
③ 刘济昌主编：《教具理论研究导论》，教育科学出版社2011年版，第4页。
④ 郑天挺等编：《中国历史大辞典》，上海辞书出版社2007年版，第1219页。

思想传入中国，对中国的学术、思想、政治和社会经济都产生了巨大影响，该历史过程被称为“西学东渐”。西学东渐现象是指在上述两个时期中，由来华的西方人、出洋华人、西方书籍和译著，以及新式教育等为媒介的文化活动。

1. 西方教材的引进

从明代万历年间开始，随着西方自然科学传入中国，中国的教育思想和教育内容发生了巨大变化，尤其在教材方面的西化表现突出。《中国古代教材研究》一书中详细记述了这一情形①：万历九年（1581年），意大利人利玛窦来中国，著书《天学实义》。国人李之藻随后著书《浑盖通宪备说》，论述西方天文学。万历四十八年（1620年）法国传教士金尼阁来华时带来七千多部图书，并与王征合作完成了《西儒耳目资》。在明代崇祯四年（1631年），则由西方人帮助出版了《割圆八线表》《天测》等教材。在翻译引进西方教材方面，明万历年间翻译了《几何原本》六卷和《远西奇器图说录最》三卷。法国传教士金尼阁还在陕西创办了一所印书铺，出版了译制的西方名著《伊索寓言》和《推历年瞻礼法》等书。

在清末废科举、兴学校以后，教材西化更加迅速发展。例如，《形性学要》一书就是于光绪二十五年（1899年）出版的物理学教材，该书共有四册，分为十卷。其中卷一为形性公性及动力，卷二为重学，卷三为水学，卷四为气学，卷五为声学，卷六为热学，卷七为光学，卷八为磁学，卷九为电学，卷十为气候学。书中提供了422幅描绘物理实验的图片，共设立了801个问题解答。

一些影响中国教育思想的西方著作也传入中国，例如，捷克教育家夸美纽斯（J. A. Comenius，1592—1670）所著《大教学论》（*Great Didactic of Comenius*）（1632年），它意味着教育学形成独立学科的开始。20世纪初，中国学者王国维对它的内容曾作过简要介绍。1939年商务印书馆出版了傅任敢的中文译本《大教授学》，后又改译为《大教学论》，由人民教育出版社于1957年、1979年先后两次出版。

---

① 熊承涤：《中国古代学校教材研究》，人民教育出版社1996年版，第271—272页。

2. 西方教学仪器设备的引进

西方教学仪器设备的引进也始于明代，明万历九年（1581 年），意大利人利玛窦来华后著书《天学实义》的同时，还制作了浑天仪、天球仪、地球仪、望远镜等仪器设备①。

更多的引进是在清代，尤其是在清代晚期。西方传教士在中国传教的同时，也在中国兴办西式学校，1864 年在山东登州建立的中国第一所教会大学——登州文会馆（简称文会馆）。为了满足西学教学的需要，一些传教士开始使用实验这一手段，以使教学更为直观。例如，文会馆的美国传教士狄考文“一面自己动手制造实验仪器，一面通过各种渠道在国外购买和捐募设备，经数十年努力，到上个世纪末，文会馆已拥有 300 多种教学仪器以及实验室、电机房、天文台和印刷厂。狄考文认为，这些器材和设备与美国一般大学所拥有的器材和设备相比毫不逊色”②。因为《基督教教育与中国社会变迁》一书著于 1996 年，所以文中的“到上个世纪末”是指 19 世纪末。再例如，英国传教士李提摩太“在 1881—1884 年，每月均在太原举行一次报告会，进行科学示范演示，均会邀请官员出席，希望能引起官员、士绅们对科学的兴趣。在讲学的地方，他购买了不少书籍和仪器，除了宗教书籍外，还有天文学、电学、化学、地理学、自然学、工程学、机械学等方面的书籍；还购置了众多教学仪器，如望远镜、显微镜、分光镜、手动发电机、各种化学电池、幻灯片、照相器材等。演讲的主要内容是哥白尼发现的天文现象、化学、器械、蒸汽及应用、电、光、医药学和外科学等”③。“北京汇文书院在 1907 年以前即设有电灯室、机器修理室，还收藏了相当可观的动植矿石各类标本。杭州育英书院自传教士裘德生主持院务后，便注意添置理化仪器，用于实验。先进的科学仪器对帮助学生学习西学大有裨益，拥有这些仪器设备是教会学校的优势所在。”④

① 熊承涤：《中国古代学校教材研究》，人民教育出版社 1996 年版，第 271 页。

② 黄新宪：《基督教教育与中国社会变迁》，福建教育出版社 1996 年版，第 106 页。

③ 蔡铁权、陈丽华：《渐摄与融构——中西文化交流中的中国近现代科学教育之滥觞与演进》，浙江大学出版社 2012 年版，第 164 页。

④ 黄新宪：《基督教教育与中国社会变迁》，福建教育出版社 1996 年版，第 106 页。

清代全国各地的西学发展也很快，例如，清光绪三十一年（1905年），湖北襄阳的袁玉锡到遵义任知府，“接任遵义知府的第一件事，开设‘学务局’，首先督导辖区筹建小学堂。接着在老城红花岗麓的‘协副将署’武官驻地筹集白银一万两，创办‘遵义府中学堂’。挑选举人、庠生赴北京京师大学堂进修，选其中优秀者前往日本留学，攻读自然科学，学习国外先进技艺。另又派人东渡扶桑，购置精良的教学仪器、标本制品等。1907 年，‘遵义府中学堂’的规模已洋洋大观，有校舍二三百间，操练场一个，占地约 5 万平方米。开设中学师范两班，简师一班，并附设蚕桑学校，为遵义造就不少人才”①。再例如，“1902年，杨保恒在上海创办私立二十二铺小学（后改名为龙门师范附小），在校内开展教育实验活动，成为中国近代‘实验教育的创始者’。此后各地的新式学堂多把实验教学作为教学改革的一项重要内容，纷纷派人到上海、东京等地购买教学仪器、实验设备。贵阳达德学堂堂长黄干夫去日本学习教育，回国时买了数十箱教学仪器，建立了仪器室。湖北优级师范理化专修学堂堂长陈英才，曾在日本高等师范学校学习，回国后由日本买回大批理化仪器、药品，那里的实验室可以同时进行十二种物理实验，化学实验也可分为普通无机化学实验和分析化学实验。张澜在担任顺庆府中学堂教务长时，也利用自己从日本带回的各种仪器，建起实验室，供学生实习之用”②。

3. 西方教学设施的引进

除了教学仪器设备以外，其他教学设施（如校舍、教室、课桌椅等）也都发生了变化。例如，“在浙江，沈钧儒于 1912 年 2 月至 10 月出任该省教育司司长。在任期间，他发布命令、照会等，制订了一整套教育规章制度，对省内学校进行整顿。这些规章制度涉及检定小学教员资格、规定派遣游学资格与学生冠服程式，以及学生的升级、毕业、告假、退学、奖惩、品行成绩考核等，此外还涉及学校校址、校舍、教室

---

① 吴廷述、石永言：《永远的光芒——毛泽东与遵义会议》，贵州人民出版社 2005 年版，第 98 页。

② 蔡铁权、陈丽华：《渐摄与融构——中西文化交流中的中国近现代科学教育之滥觞与演进》，浙江大学出版社 2012 年版，第 199 页。

采光、课桌椅等直接与学生健康有关的规定和建议”①。再例如，“在贵州推广‘新教育’期间，张之洞捐银1000两置田租56石，以供兴义府中学堂修缮校舍、添置课桌椅之用。后又捐银3000两，从日本购买新教材、实验仪器和教学标本等，并专门派人将这批教材、仪器和标本千里迢迢运到兴义府城，送给兴义中学堂和高等小学堂。当时的贵州，由于财政拮据，新教育举步维艰。张之洞的这些支持，为贵州发展新教育解了燃眉之急”②。

4. 教育装备配置的西化

中国清代晚期已经开始考虑教育装备在教学中的配置问题。1903年6月27日（光绪二十九年闰五月三日），张之洞会同张百熙、荣庆拟定京师大学堂及各省学堂章程，汇订四编回奏，名为《重订学堂章程》（亦即后来《奏定学堂章程》）于光绪二十九年十一月二十六日（1904年1月13日）呈报，经光绪御批，同日着京师及各省次第实行。因时在农历癸卯年，又被称为“癸卯学制”。这是清王朝废除科举制度后正式颁布并在全国实行的第一个学校教育法规。《奏定学堂章程》中共有六部章程，其中《奏定蒙养院章程及家庭教育法章程》（蒙养院即幼儿园——作者注）的“屋场图书器具章第三”，《奏定初等小学堂章程》的“屋场图书器具章第五”，《奏定高等小学堂章程》的“屋场图书器具章第五”，《奏定中学堂章程》的“屋场、图书、器具章第四”，《奏定高等学堂章程》的“屋场图书器具章第四”，《奏定大学堂章程》的“屋场图书器具章第四”均是关于教室、图书馆、教学仪器设备或教具的配置的有关规定。

（四）中国近代教育装备理论的建立与发展

中国近代时期，教育装备不仅在实际应用中，同时在理论上也已经开始有所建立与发展。但是这些理论还仅仅表现在教育装备的设计、生产、管理等方面，而且较为粗浅、简单，尚未形成完整的理论体系。

---

① 戴鞍钢：《发展与落差——近代中国东西部经济发展进程比较研究：1840—1949》，复旦大学出版社2006年版，第458页。

② 张羽琼：《贵州古代教育史》，贵州教育出版社2003年版，第432页。

1. 教育装备研发机构

近代时期教育装备的研究与开发机构的建立，主要表现在理科实验教学和相关仪器设备方面，特别是物理学研究与物理教学实验。

远在光绪二十七年（1901 年）时，清政府就已经创建了上海科学教学仪器馆，当时主要生产一些简单的仪器模型、挂图。直到民国二十二年（1933 年）才扩充了设备，才真正能够供应成套的物理实验器材。曾获得美国芝加哥大学物理博士学位，又历任北京大学、私立海南大学、光华大学教授的物理学家、教育家颜任光，是我国第一位宣传自制教具的人。他与另一位物理学家丁佐臣一起于 1925 年创办了我国第一家仪器工厂——上海大华科学仪器公司，主要研究和生产仪器仪表，特别是多种电表的设计制造，对发展我国的仪器仪表做出了重大贡献①。

为了推动物理实验研究与教学，1928 年 6 月国民政府开始创办中央研究院，同年 11 月在上海建立了物理研究所，由丁燮林（1893—1974，历任北京大学物理学教授、国立中央研究院物理研究所所长、山东大学物理学教授等）担任所长。并先后建立起标准室、检验室等，还在南京紫金山建立地磁台。同时又设立了物理仪器工场，能够制造一些研究用、实验用的仪器设备和中学物理教学仪器②。

为了解决当时的教育教学用品，国民政府于 1929 年在上海新办中华教育用具制造厂，制造当时奇缺的教学仪器③。

自制教具的提出也是当时针对教学仪器设备的急需而出现的。“训令公私立各中等学校本府教育厅奉教部训令为本部提倡国内自制理化教学仪器并充实中等学校理化设备起见委托中央研究院物理研究所制造仰调查各校设备情形全部或一部购备若干者分别列表呈报以便汇核办理等由仰将该校是否购备此项仪器详确呈复以凭汇报文”便是刊登在《山西公报》上的一篇文章所载内容。

---

① 骆炳贤、何汝鑫编著：《中国物理教育简史》，湖南教育出版社 1991 年版，第 109—110 页。

② 中国大百科全书编辑委员会：《中国大百科全书（物理学Ⅰ卷、Ⅱ卷）》，中国大百科全书出版社 1987 年版，第 961—962 页。

③ 江伟主编：《两大印书馆》，蓝天出版社 1998 年版，第 62 页。

1942 年，国民政府教育部“为供应各级学校及学术研究机关之科学仪器需要起见”，拟设立教育部中华科学仪器制造所（1950 年更名为南京科学仪器制造厂，又于 1956 年改名南京教学仪器厂，1965 年改名江南光学仪器厂），自当年 9 月 5 日起开始筹备，由吴汝麟（1903—1986，曾任金陵大学物理系主任）任制造所筹备主任。但由于种种原因，制造所迟至 1943 年 8 月才正式成立。制造所初设时的初衷为：（1）制造科学仪器及化学制品；（2）修理装配各种科学仪器；（3）运销欧美各厂科学仪器；（4）科学仪器及实验设备之研究及改造；（5）国产原料应用制造之研究及改进；（6）编辑科学实验教程及参考书；（7）训练科学仪器制造人才。在迁到南京后修正的组织大纲中，所务宗旨有所变化：（1）制造科学仪器及化学药品（及标本模型）；（2）研究国产原料及乡土教材；（3）研究仪器及实验室设备之改进；（4）编辑科学脚本及参考书；（5）训练科学仪器制造人才（引自南京师范大学教育科学学院胡金平教授于 2011 年 7 月 2 日在南京师范大学举办的“中国教育装备行业负责人管理与领导工作研修班”上作的报告：“我国近代教育装备的历史回顾与分析”）。

2. 教育装备的科学配备与管理

民国时期教育装备的科学配备与管理主要表现为政府的教育行为上。国民政府在学制改革中突出了理科教学实验室和实验仪器的重要性，在一些政府颁布的文件中有集中表现。

1911 年辛亥革命后，以孙中山为首的南京临时政府，对教育开始了一系列改革。关于学校的学制问题，当时的教育部曾规定了一个学校体系，并附有九条说明，1912 年 9 月公布，称为《壬子学制》。自该新学制公布至 1913 年 8 月，又陆续颁布了各种学校规程，对新学制有所补充和修改，于是又总合成一个更加完整的学制系统，即《壬子癸丑学制》。规定“物理化学要旨在习得自然现象之知识，领悟其中法则及对于人生之关系。物理化学宜授以重要现象及规律，并机械之构造作用，元素与化合物之性质，兼课实验”（引自南京师范大学教育科学学院胡金平教授于 2011 年 7 月 2 日在南京师范大学举办的“中国教育装备行业负责人管理与领导工作研修班”上作的报告：“我国近代教育装备的历史回顾与分析”）。

1922 年制定的“新学制”，也称“壬戌学制”，是 1922 年 11 月 1 日由北洋军阀政府以大总统的名义颁布的。“新学制”颁布后，由全国教育会联合会发起组织的新学制课程标准起草委员会主持制定了各科课程标准纲要，有关科学科目如物理、化学、生物等课程纲要中都明确规定了实验课程所占的时间比重和基本的实验项目①。

中华民国大学院是民国初期国民政府掌管全中国学术及教育行政之最高行政机构，它成立于 1927 年 10 月 1 日。1928 年 5 月大学院召集的全国教育会议在南京中央大学开幕，这是国民政府成立后的第一次全国教育会议。大会综合科学教育组提交了十余份提案，最后决议通过了《提倡科学教育注重实验并奖励研究案》。此案开始部分就明文写出：“规定各级学校科学设备经费之标准。大学院应调查各国大中小学对于科学设备之经费比例，规定标准，通令全国遵照补充；地方款项不足时，应由中央酌补。”另有“宽筹普及科学知识并提倡科学之经费。由大学院通令各地方政府指定的款，筹办科学研究所，科学博物馆，及其他奖进科学事业事项”。

1932 年颁布的初中物理课程标准中规定了 31 个实验。高中物理课程标准规定了 41 个实验，并要求学生至少做 30 个。同时对实验教学过程提出了要求，如明确步骤、记录结果、计算误差等。但在旧中国，物理实验条件十分薄弱。创始于 1901 年的上海科学教学仪器馆，长期以来只能生产一些简单的仪器模型、挂图，并不能供应成套的物理实验器材，1933 年仪器馆才扩充了某些设备。②

1933 年夏，中等理科教育讨论会在京召开时，国民政府教育部之中小学课程及设备标准编制委员会着手讨论中学理科设备标准厘定事项。“教育部因中等学校理科实验设备漫无标准，亟需规范，乃委托金陵大学理学院代为厘订中学理科设备标准。理学院即由科学教育委员会主持分组进行工作。经搜集资料，整理研究，拟订草案，征求意见，乃

① 汪奠基：《新学制高级中学教科书科学方法》，商务印书馆 1927 年版，第 137 页。

② 郭玉英主编：《物理比较教育》，广西教育出版社 2006 年版，第 10 页。

拟定正式标准，由教育部颁布施行。此项标准分物理学、化学、生物学三部，共三册，即：《中学物理学设备标准》《中学化学设备标准》《中学生物学设备标准》。”①

3. 教育装备研究论著

最能反映教育装备理论研究的应属关于教育装备的论著、教材以及论文。中国近代教育装备的论著、教材不多，而且就其内容讲也不是严格意义上的教育装备的理论，只表现在教学仪器设备的操作使用、简单制作、教具的教学应用等方面。具有代表性的如 1933 年出版的《物理器械实验法及其原理》，1943 年出版的《教育用品制造》，1948 年出版的《各种教具自制法》等。下面先将这三本著作作一个简单的介绍，其他相关书籍与文章就将以列表的形式开列出来。

1933 年出版的《物理器械实验法及其原理》一书就是一本较早出现的这方面著作，该书分为三卷，由王晚梅编著，科学仪器馆出版。

1943 年出版了《教育用品制造》一书中。该书由汪向荣编著，世界书局印行，共有 162 页，为生产教育丛书第一辑第三种。该书中记述了粉笔，蜡笔、浆糊，胶水，墨水等教具的制造方法与过程；还有讲述了修复旧照片的技术，后面附录的是 25 页各种物理和化学的数据资料表。由于当时正值抗日战争时期，物资的短缺，这本书是用草纸印刷，成为草纸本。

特别应该介绍的一本书是《各种教具自制法》。该书于 1936 年 1 月由北京商务印书馆出版，作者王国元。书中讲述教具的起源、意义、价值、自制原则，并收集了 348 件各科教具的自制方法。《各种教具自制法》共分 11 章，第一章教具的起源；第二章教具的意义；第三章教具在教育上的价值；第四章教具自制的必要；第五章教具自制的原则；第六章教具自制与教师；第七章教具自制与儿童；第八章教具自制与使用；第九章教具自制与学校设备；第十章小学各科自制实用教具；第十一章总结。其中在第十章小学各科自制实用教具中分别列举了公民科教具、国语科教具、算数科教具、社会科教具、自然科教具、卫生科教

① 张宪文主编：《金陵大学史》，南京大学出版社 2002 年版，第 271 页。

具、体育科教具、劳作科教具、美术科教具以及音乐科教具十个学科的教具制作问题。

二 中华人民共和国成立后的教育装备发展简史

1981 年 6 月 27 日，中国共产党第十一届中央委员会第六次全体会议上通过了《关于建国以来党的若干历史问题的决议》。该决议将中华人民共和国的历史分作四个时期，即基本完成社会主义改造时期（1949—1956 年）；开始全面建设社会主义时期（1956—1966 年）；“文化大革命”时期（1966—1976 年）；社会主义现代化建设新时期（1976 至今）进行记述。而本章的中华人民共和国成立初期与“文化大革命”时期是指 1949 年中华人民共和国成立到 1976 年“文化大革命”结束的这大约 27 年的时间段，即是指上述四个时期中的前 3 个时期（基本完成社会主义改造时期、开始全面建设社会主义时期和“文化大革命”时期）。

（一）中华人民共和国成立初期教育装备理论建设

1949—1966 年这段时间内中国的教育发生了根本性的转变，教育装备也伴随着教育的变革而产生了很大的发展，教育装备理论的建设也逐渐被重视。

1. 教育装备研究机构的建立与发展

教育装备研究机构的规模、数量以及研究层次可以反映一个时期教育装备理论研究的水平。新中国成立初期的教育装备理论研究，首先表现在中央和教育部在教育装备研究方面的政策与各级教育装备研究室、研究所、研究院的建立、建设方面。

（1）政府关于教育装备研究的政策

1956 年 4 月 23 日，中央人民政府教育部（以下简称教育部）在北京召开全国普通教育教学仪器生产供应工作会议。会议将确定了教学仪器设备生产和供应工作的方针任务，并研究教学仪器设备生产供应的七年规划。会上，还有苏联教育代表团的教学仪器工程师契尔柯夫介绍了前苏联教学用品工业的生产情况，以及生产、管理和组织领导等方面的先进经验。会议于 29 日结束，作出决议要求教学仪器设备的生产供应必须密切配合教学，要根据教学大纲、教材的要求。同时强调要为中、小学校和师范学校提供足够数量、质量优良、价格便宜的教学仪器设备。会议还决定要在保证不断提高产品质量的原则下，继续增加新品种。会后，于5月3日在北京师范大学的新校址举办了普通教育教学仪器展览会。这是新中国成立以来第一届教育装备展示会，展出了500多种国产教学仪器设备，其中主要是北京、南京、沈阳三个教学仪器厂生产的产品①。

从1958年开始，中国的教育开始着手进行教学形式的改革和教学手段的更新。1959年3月13日，《人民日报》转载《北京日报》3月11日的社论《加强高等学校的自然科学基础理论教学》，社论强调了基础理论的作用，提倡高等院校普遍加强基础理论和各种专业理论课的教学。1960年5月教育部发出《关于开展教育电影工作的通知》，要求各地组织好教学影片的摄制工作，大力开展电影教学，并成立了中央教育电影厂筹备处。关于教学用具的改进工作，1960年5月17日，《人民日报》发表《大力改革和制造教学工具》的社论（本段落前列出了该社论的全文）。社论提出为适应教学改革、提高质量的需要，要实行电化教育，大量增加现代化教学用具和实验设备。社论号召充分发挥广大师生的积极性和创造性，开展一个教学工具、仪器设备的技术革新和技术革命运动。此后，全国范围内的教具革新运动广泛展开。上海、北京等大中城市的各级各类学校普遍推广电化教学，上海市还成立了电化教育委员会，统一领导电化教育工作。7月，教育部成立教具研究办公室，分析研究了来自10省市的446件革新教具，选出376件推荐给各省、市、自治区的学校和有关单位制作、推广。10月8日，教育部发出《关于开展和推广普通教育教具革新工作的通知》要求力争在2至3年内，全国绝大多数中小学能配齐各科教学需要的新教具，为此要贯彻普及与提高相结合的原则，坚持自力更生，土洋并举，两条腿走路的方针，并加强宣传，制订规

① 董绍武：《建国至1989年教学仪器设备的生产与发展回顾》（上），《中国教育技术装备》2010年第35期。

划，举办教学仪器展览等①。

（2）教学仪器研究机构的建立

教育部教学仪器研究所是1980年5月经国务院批准恢复的教育部直属的、具有独立法人资格的科研事业单位，其前身是创建于1964年的教育部教学仪器研究室。“为了加强对普通教育的领导，1964年高教、教育分为两个部。教育部需要解决中国的教学仪器向何处去的问题。于是决定成立教学仪器研究室，抽调配备三十名干部和大学生，由生产供应局领导。这就是今天教育部教学仪器研究所的前身。”② 研究室建立时有工作人员31人，固定资产40万元；两年以后，于1966年被迫停止工作③。

教学仪器研究所主要职责和任务是：开展教学仪器设备理论、发展方向、品种结构、配备方案和管理体制等方面的研究；开展教学实验所用的教学仪器设备研究，开发新的教育技术、教学实验技术和教学仪器制作技术，促进教育手段现代化；在教育部主管司局指导下，制订教学仪器设备研究发展规划和各类学校的教学仪器配备目录并协助实施；承担全国教学仪器设备标准化工作，制订和组织制订教学仪器设备的国家标准和行业标准，指导和协助地方及企业制订地方标准和企业标准，负责国家标准和行业标准的宣传贯彻和指导实施；受教育部委托，负责全国教学仪器设备产品质量检验工作；受教育部委托，组织全国教学仪器科研成果和产品鉴定工作；受教育部委托，组织全国优秀教学仪器科研成果和自制教具评选工作④。

2. 教育装备理论研究著作

中华人民共和国成立初期的教育装备理论研究与著作并不是很多，这也可能是受到当时学术界和教育界关心重点问题的影响。同

---

① 彭诗琅、廖隐邨主编：《校长全书》（上卷），中国检察出版社1998年版，第732—733页。

② 刘济昌：《教具的历史与启示》，《教学仪器与实验》2011年第1期。

③ 《中国教育年鉴》编辑部：《中国教育年鉴（1982—1984）》，湖南教育出版社1986年版，第232页。

④ 彭志新：《中小学实验室工作手册》，安徽教育出版社2007年版，第4页。

时，由于受到当时历史条件和政治形势的限制，有关教育装备理论研究的著作更多的是翻译前苏联的，而且基本上都属于教学仪器与教具制作方面的。

1956年新知识出版社出版的《简易自制物理仪器》，原作者是苏联的雷库宁和雪凡尔金，由朱凤德和祝尧仁翻译；1956年人民教育出版社出版的《自制简单仪器》，原作者为苏联的果梁赤金，由乔汝棋翻译；1958年中国青年出版社出版的《物理实验和仪器自制》，原作者为苏联的斯米尔诺夫，由傅中午翻译。

同时，国内的一些个人与机构也在教学仪器与教具制作的研究方面大有建树，先后出版了许多这方面的著作。值得提到的是由普通教育教学改革展览会教具研究组组织编写的一套有关教学仪器与教具在制作、使用方面的书籍。这些书籍1960年由人民教育出版社出版，其中包括：《物理教具》《化学教具》《生物教具》《电化教具》《语文、历史、地理、美术教具》等。

在此时期，也不乏有一些教育装备研究的著作出现，并基本上都集中在1958年前后。例如，1958年由科学出版社出版的《个性积极性问题》一书，该书原作者为苏联的多柏雷宁等，由孙经灏等人翻译。1958年由四川人民出版社出版的《心理学教学法》也是一本与教育装备有关的研究型著作。1958年10月由国立编译馆出版的《普通教学法》同样对教育装备的教学应用问题进行了理论研究。

3. 教育装备理论研究期刊与论文

中华人民共和国成立初期教育装备理论研究的期刊、论文数量上还是较多的。相关文章主要发表的期刊全国有300多家，刊发教育装备类文章比较多的期刊杂志为：江苏教育、物理通报、物理、生物学通报、地理知识、安徽教育、生物学教学、化学通报、山西教育、江西教育等。其中，在江苏教育上发表的文章数几乎占全部文章的10%。这个时期（1949—1966年）有关教育装备的文章初步统计可达650篇以上，主要分布在1954—1960年这段时间里。从文章类型上看，内容主要集中在这些方面：自制教具、改造教具、教学仪器与教具的教学应用、教学仪器设备管理、教学仪器原理与设计等。其中最多的是自制教具类文章，该类文章约占文章总数的80%以上。

在教学仪器原理与设计方面的研究还是非常深入的。1964 年与 1965 年，时任教育部教学仪器研究室副主任的杨名甲分别在《物理》杂志和《物理通报》杂志上发表两篇文章，一篇为《谈谈静电演示仪器的绝缘问题》①，另一篇为《自由落体运动演示器》②。

（二）“文化大革命”时期教育装备理论研究情况

“文化大革命”期间教育发展基本停滞，教育装备也因此受阻。目前，可以查询到的“文革”期间的相关资料非常少，只能够大概进行一些描述。

1. 教具与教学仪器设备相关书籍

1966 年至 1976 年出版，可以查询到的有关教具或教学仪器设备的书籍不过 8 册，情况如下。

1973 年 7 月在上海人民出版社出版，由上海市嘉陵中学数学教研组集体编著的《自制纸版数学教具》。该书介绍以纸版为原料制作数学教具的犯法和一些实例。包括“三视图”“识图”“展开图”以及其他一些教材内容的教具。1975 年 4 月在北京人民出版社出版，由河北省衡水地区文化局编写的《自制教具（小学部分）》。该书介绍了小学算术、语文、科学常识等方面教具的制作方法、使用方法以及注意事项。1975 年 9 月在北京人民出版社出版，由河北省衡水地区文化局编写的《自制教具（中学部分第二分册）》。该书介绍了中学化学实验常用仪器、药品的简便制作方法和部分土法实验。1975 年 10 月由河北省衡水地区文化局编写的《自制教具（中学部分第一分册）》介绍了中学数学基本概念、基本性质、公式验证、度量工具、测量仪器等方面教具的制作方法、使用方法、注意事项以及制作教具中常用材料的加工方法。1976 年 6 月由上海市实验小学林有禹编写的《小学科学常识自制教具》介绍了小学科学常识课使用的活动挂图、实验仪器、模型、标本、实验用具的制作方法。由河北省衡水地区文化局编写的《自制教具（中学

① 杨名甲：《谈谈静电演示仪器的绝缘问题》，《物理》1964 年第 7 期。

② 杨名甲：《自由落体运动演示器》，《物理通报》1965 年第 5 期。

部分第三分册)》介绍了中学物理有关力学、热学基础知识以及水泵、柴油机、拖拉机专业课等方面教具的制作方法、使用方法和注意事项。此外，还有1976年由吉林省教育学院教学仪器部编著的《自制教具资料选编（中学物理部分)》；1975年由河北省衡水地区文化局编写的《自制教具（中学部分第四分册)》。

2. “三机一泵”进课堂

1975年7月在湖北人民出版社出版，由鄂州县“三机一泵”教材编写组编写了《长江12型195柴油机》。《人民教育》杂志1974年第4期刊出的江苏省扬州地区革委会教育处调查组的文章《改革中学课程的一个尝试——江苏省扬州地区〈农业机电〉课试点情况的调查》。《广西教育》1975年第1期刊出的短评“夺取教育革命的新胜利”和文章“这样办学就是好——蒙山县黄村高中坚持开门办学、为农服务的调查”。《广西教育》1975年第2期刊出的柳江县进行德公社基隆大队杨家生产队，柳州铁路局第一中学的文章“校队挂钩创办分校”。《广东师院学报》（哲学社会科学版）1975年 第3期刊出的开平县马冈中学党支部的文章《百般努力把学校办成无产阶级专政的工具》。《人民教育》杂志1975年第5期刊出的湖南省汉寿县文教局调查组，《湖南日报》通讯员的文章《学校面向农村服务农业的十项改革——湖南省汉寿县石板滩中学教育革命的调查》。《广西教育》1976年 第2期刊出的广西师范学院物理系教师何嫣芳的文章《坚持走开门办学的道路》。《天津教育》1976年第2期刊出的《朱家村“五·七”学校千方百计支援农业》。《广西教育》1976年 第2期刊出的靖西县革委会文教局的文章《校办工厂积极为农业学大寨服务》。《贵阳师院学报》1976年第3期刊出的铜仁师范学校党支部的文章《以阶级斗争为纲，搞好校办工厂，促进教育革命》。《广西教育》1976年第4期刊出的隆安县教育局的文章《深批“学而优则仕”下队办学育新苗》。

3. 电化教育系统情况

1966年到1976年，中国的电化教育受到极大的破坏。以下是根据吴在扬编著的《中国电化教育简史》第七章《电化教育再次陷入困境》

中的记述进行按时间整理的结果①。

1966 年开始，省、市电化教育馆被撤销，电教工作人员被“下放”到农村劳动或改行，电教器材被瓜分或抢劫一空，电影片、幻灯片、录音带等电教教材被毁或散失殆尽，广播电视教育纷纷停办。刚刚发展起来的电化教育又道摧残。1970 年在周思来、邓小平的关心、支持下，中国的教育有了一些恢复，电化教育也出现了一些复苏。1972 年国务院科教组开始酝酿在上海成立外语电化教育馆。上海第一医学院在这一年恢复搞电教，由照相室负责。一些省市也恢复电化教育机构，开展电化教育。南京市教师进修学院复校，于次年重新筹建电化教育组。四川恢复搞电教，成都市金牛区文教局在本区的苏坡小学摘幻灯教学试点，此后在 1975 年金牛区文教局还开了一次幻灯调演会，检查总结试验的成果，表扬先进。1973 年科教组发文上海市革命委员会筹建上海外语电化教学馆，拨款 20 万元，拨给国外赠送的英语、法语教育影片各一套，并规定其任务为编辑、生产外语教学唱片，研究外语电化教学。上海外语电化教学馆成立后，拍摄了一部关于英语时态的教学影片，出了一套英语教学唱片，编印了一本“外语电教资料”，利用语言实验室和英语教学影片为技术人员、海员和医生各办了一期的短训班。高等学校的电化教育也有所恢复。北京大学于 1973 年成立电化教育级，有人员 28 人，其中 13 人负责技术维修，2 人负责复制，9 人负责资料工作。1973 年北京电化教育馆开始恢复，从几个单位要回了 12 个人，又费了很大周折要回了房子，开展了电影、录音、幻灯教学，帮助各县培训人员和恢复电化教育机构。北京电化教育馆向区县下发了 50 台 8.75 毫米的电影机，但因可用的影片很少，租费又高，结果很少用。1973 年哈尔滨电视大学恢复。1974 年黑龙江省成立函授广播学院，学院内设立电化教育办公室，对外称黑龙江省电化教育馆，收集散失的设备，开展调研，制订规划，馆内有 279 部电影片。湖南省也在 1974 年开始抓电化教育。1975 年，北京电化教育馆并入教材组，主要工作为配合教师进修学校放电影、录音，向区、县提供资料。黑龙江省电化教育馆在海

① 吴在扬:《中国电化教育简史》，高等教育出版社 1994 年版，第 92—93 页。

伦召开全省第一次教学幻灯交流台，有30多人参加。黑龙江省的齐齐哈尔、海伦、呼兰、勃利、海村、尚志等少数市、县、学校有了电教机构，也开展一些小规模的电教活动。同年，河南省成立了一个有9名人员的电化教育组，内分编导、维修、放映、洗印、摄影、保管。电化教育组有电影片100多部，常在郑州九中等校进行幻灯、录音、电影教学试点。但是，由于极左思潮占统治地位，教育受破坏，电化教育也不可能有大的恢复和发展。

（三）改革开放以来教育装备的发展

1977年10月教育部恢复了生产供应管理局（该局于1964年由高教部和教育部分别设立，负责管理高教与普教的教学仪器设备生产和供应工作）。

1978年6月教育部在南京召开国务院各部委所属高等院校改变领导体制的交接工作会议会上除院校交接外并将沈阳、西安、武汉3个教学仪器厂收回为教育部直属企业。8月30日，国务院批准教育部筹建中央电化教育馆和中央教育电影制片厂。教育部于1978年9月23日发出《关于编制教学仪器生产长远规则的通知》。

1979年2月2日，教育部、外交部、财政部发布《关于加强外国教材引进工作的规定和暂行办法》。本办法自1979年起试行，对快速编审出版反映国内外科学技术先进水平的社会主义新教材，提高我国高等学校的教学质量起了推动作用。2月6日，教育部、中央广播事业局共同举办的中央广播电视大学在北京举行开学典礼。6月6日教育部召开“1980年全国教学仪器生产计划座谈会”研究贯彻“调整、改革、整顿、提高”的方针提出教学仪器生产“要在调整中前进在调整中提高”。7月23日教育部印发了这次座谈会纪要，提出抓紧抓好生产计划的落实、搞好产销之间的综合平衡、改善企业管理、提高产品质量等要求。12月15日教育部印发了《关于提高教学仪器产品质量的要求》指出“目前产品品种已达300多种。1979年全国教学仪器生产总值已达1 500万元”但是“当前教学仪器的产品质量问题仍然是教学仪器工业中的突出问题。通过‘质量月’的检查146个部管产品中约有1/4没达到部颁标准或企业标准”，为此要求“一、进一步提高认识。二、继续制订和修订产品标准。三、加强技术管理。四、健全质量管理。五、加强生产的计划性。六、奖励优质产品。七、积极工作。八、开展‘质量月’活动。九、规定了在1980年内实现的几项目标”。

1980年5月，经国务院批准恢复了1966年撤销的教育部教学仪器研究室，并改名为教育部教学仪器研究所。1980年6月3日教育部、财政部联合发布《教育部部属高等学校校办工厂暂行管理办法》并附发《教育部部属高等学校校办工厂整顿管理八项要求》。《暂行管理办法》明确规定“高等学校校办工厂是进行教学、科学研究和培养学生理论联系实际的重要基地为教学科研服务开展勤工俭学的生产场所。高等学校必须加强对校办工厂的领导努力把校办工厂办好”。进行教学科研仪器设备维修是“高等学校校办工厂的主要任务”之一并规定“部属高等学校对校办工厂的建立、停产和撤销必须报经教育部批准”。8月10日教育部召开全国教学仪器生产供应工作会议，同年9月12日教育部印发了《全国普教仪器生产供应工作会议纪要》。《纪要》认为“教学仪器建设是发展教育事业的三大基本建设之一”提出要“充分认识教学仪器工作在发展教育事业中的地位和作用加强领导”“省、地、县三级都应设置专门机构”。

1981年根据高等教育发展的需要，把高教基础课仪器有计划地安排到部属院校校办工厂生产。从此，高、普教仪器设备的生产统一纳入国家计划。当年8月8日，教育部印发了《教学仪器新产品试制暂行管理办法》，指出：“大力发展新产品是发展教学仪器生产，增加产品品种，提高我国教学仪器水平的重要工作。”对新产品试制的“条件”“考核”等作了明确规定。国家机械委员会也对教学仪器设备生产给予了关注，并在同年9月14日的《关于印发〈四季度日用机电产品工作安排〉的通知》中明确规定：“教学专用仪器由教育部负责。”另外，从1981年开始，中国教育领域共实施和完成世行贷款项目14个，贷款金额近14亿美元。受益领域遍及高等教育、基础教育、师范教育、职业教育等多个方面，项目单位达10多万个。

教育部根据《中共中央、国务院关于国营工业企业进行全面整顿的决定》，于1982年3月18日下发《关于部属教学仪器厂1982年整顿工作的几项要求的通知》，要求“各厂应结合本厂情况，制定本企业全面整顿计划”“安排好今年企业的生产和其他工作”“为争取达到‘三建’‘六好’企业标准打下坚实基础”，并将“全面整顿进度，按季简报”。同年8月，教育部编制了《教学仪器工业规划纲要（1982年到1985年）》，规划要求突出重点，把5000所重点中学，7000所重点小学的仪器配齐，工业总产值将达48000万元。

1983年5月，教育部印发《部署企业整顿五项工作验收标准实施细则》，内有验收细则说明：企业全面工作检查验收结论；企业全面整顿工作检查验收评分汇总表。同年7月6日，教育部又发出《关于调整部署教学仪器厂产品方向的通知》，明确沈阳厂产品方向为：原子、电子物理仪器，电真空的获得、测量、分析仪器，语言设备，教室（图书、验室）专用设备。西安厂产品方向为：计量仪器，力热声光电仪器，电教设备，其他专用设备。武汉厂产品方向为：生物仪器，教学标本，教学模型，采集加工，生物实验室专用设备。7月11日，教育部发出《关于〈教学仪器产品价格管理暂行办法〉的通知》。8月23日，教育部发出《关于编制高等院校工厂“七五”发展规划的通知》。10月28日，召开“七五”规划座谈会，就编制普教“七五”教学仪器生产规划问题做了探讨。

1984年2月，邓小平在上海视察中国福利会儿童计算机活动中心时说：计算机要从娃娃抓起。5月28日，教育部发出通知：中小学进行计算机教育试点工作。6月教育部拨款20万元购置300台计算机及配套设备，装备30所小学作为试验点。1984年4月16日，教育部发出《关于编制“七五”教学仪器设备生产规划的通知》。同年3月20日至24日，为了解世界教具发展情况，教育部组团，派生产供应管理局局长王民栋等5人，赴瑞士巴塞尔参加世界教具博览会。5月10日，根据《国务院关于进一步扩大国营工业企业自主权暂行规定》，逐步扩大部属企业在生产计划、产品销售、产品价格、物资选购、资金使用、机构设置、人事劳动管理方面的自主权，为搞活企业创造条件。5月23日，教育部发出《关于整顿教学仪器工业的通知》。教育部根据国家计委关于机电工业“七五”行业规划编制内容变化的要求，于1984年6月12日印发《关于编制“七五”教学仪器设备行业规划的补充通知》，就增减计划表格的有关问题作了说明。

1985年，国家教育委员会成立（简称国家教委），原教育部生产供应局改为国家教委教育技术装备局。1985年8月9日经专家论证和国家计委批准，在高等学校有优势的学科内建设7个装备比较先进的重点实验室。连同1984年批准的5个，共建12个重点实验室。9月25日国家教委向委属企业和高等院校校办工厂转发了国务院工业普查领导小组《关于认真做好第二次全国工业普查工作的通知》，并对搞好这次工业普查提出了具体要求。10月27日包玉刚先生无偿捐赠款建造的包兆龙图书馆在上海交通大学内举行落成典礼。12月21日，国家教委发出《关于修订教学仪器设备工业“七五”生产规划的通知》，并附发《全国教学仪器设备“七五”生产规划纲要（草案）》。

1986年开始国民经济和社会发展第七个五年计划，国家教委于1986年5月29日发出《关于发布〈教学仪器设备产品生产许可证实施办法〉的通知》。8月15日中国教学仪器设备行业协会成立，作为社会团体，挂靠在国家教委，并在天津市召开的第一次会员代表大会上，通过《教学仪器设备行业协会章程》；选举产生第一届理事会。9月10日，全国工业产品许可证办公室同意公布实施教学仪器产品许可证实施细则、考核办法、收费办法。委属教学仪器厂遵照1986年9月13日中共中央、国务院颁发全民所有制工业企业三个条例（即《全民所有制工业企业厂长工作条例》《中国共产党全民所有制工业企业基层组织工作条例》《全民所有制工业企业职工代表大会工作条例》）的通知。9月25日国务院副总理兼国家教委主任李鹏为祝贺“中国教育电视”正式开播，发表《搞好电视教学，发展开放教育》的文章。国家教委于10月下发《教学仪器产品生产许可证实施细则》。同时印发的还有《教学仪器设备生产许可证产品质量检验办法》《教学仪器设备生产许可证产品质最检验抽样办法》《教学仪器设备产品生产厂必备条件》《1986年教学仪器设备分类产品考核内容》《教学仪器设备产品生产许可证收费办法》。

1987 年 2 月 17 日国家教委发出《关于颁发教学仪器设备产品生产许可证的通知》。5 月 10 日至 14 日国家教委在河北省石家庄市举办全国卫星地面接收站展览订货会。9 月 3 日国家教委和城乡建设环境保护部联合颁发《托儿所、幼儿园建筑设计规范》。9 月 11 日至 15 日，国家教委召开全国高等学校校办工厂工作会议。11 月 20 日，国家教委发出《关于开展普通高等学校工厂评估、试点和整顿验收的通知》，附发了《普通高等学校工厂评估、试点和整顿验收工作的实施意见（试行）》。12 月 9 日，国家教委召开全国中小学实验室和仪器工作会议，讨论了教学仪器生产。会后印发了《教学仪器设备工业 1988 年至 1995 年生产发展规划纲要》和《教学仪器设备行业管理暂行规定》。12 月 26 日全国电化教育工作会议在京闭幕。18 个单位和代表介绍了各自开展电化教育的经验。修改了《关于加强省级电化教育馆建设的意见》等 8 个文件。12 月 30 日，国家教委发出《关于改变委属教学仪器厂领导体制的通知》。

1988 年 2 月 3 日，国家教委发出《关于 1988 年教学仪器设备产品颁发生产许可证工作的通知》。同年 5 月 18 日，国家教委发布《关于普通高等学校工厂整顿验收考核评分细则》。6 月 24 日，国家教委发布《1988 年生产许可证产品必备条件考核标准的通知》。10 月 27 日，国家教委发出《关于编制 1989 年生产计划、新产品试制计划和技术改造更新措施投资计划的通知》。11 月 1 日，中国教育电视台开通第二个卫星电视频道，开播第二套电视教育课程。

1989 年 1 月 28 日，国家教委、财政部联合印发《普通高等学校校办工厂管理的规定》的通知。

1990 年 2 月 6 日，国家教委发布《透明天球仪》等四项行业标准。3 月 30 日国家教委发出《关于武汉教学仪器厂由华中师范大学代管的通知》。4 月 9 日—16 日国家教委教学仪器研究所主持举办第二届高教物理教学仪器优秀研究成果评选活动。4 月 10 日国家教委发出《关于加强对集中免税进口录像机、录像带和微型计算机后续管理的通知》。4 月 21 日国家教委发布《初中化学实验箱》等 12 个行业标准。7 月 26 日国家教委办公厅发出《关于举办第三届自制教具评选活动的通知》。9 月 7 日由国家教委和中国国际贸易促进委员会共同举办的国际教学仪器设备展览会在北京开幕。10 月国家教委条件装备司主办的《国际教育仪器设备》（季刊）出版。10 月 9 日—13 日全国教学仪器标准化技术委员会工作会议在杭州举行。10 月 10 日国家教委发出通知，印发《普通高等学校体育教育专业场馆设施、器材配备目录》（试行草案）和《普通高等学校体育教育专业实验室仪器、设备配备目录》（试行草案）。10 月 11 日国家教委发出《关于首届全国优秀电教教材评奖结果的通知》。11 月 14 日国家教委发出《关于公布高校工厂首批整顿验收合格单位的通知》和《关于表彰高校工厂首批整顿验收先进单位的决定》。11 月 18 日国家教委发出《关于加强教学仪器设备行业归口管理的通知》。11 月 19 日国家教委转发国家体改委《关于同意将沈阳教学仪器厂恢复由国家教委管理的复函》。12 月 10 日李铁映签署国家教委第 11 号令，发布《教学仪器优质产品评选办法》。12 月 20 日国家教委发出通知，印发《中、小学卫生室器械与设备配备目录》。12 月 26 日国务院清理整顿公司领导小组正式批准保留国家教委直接管理的中国教学仪器设备公司及其所属 4 个全资子公司。12 月 31 日国家教委办公厅发出《关于教学仪器设备产品无证生产情况的通报》。

1991 年 2 月 8 日国家教委发布教学仪器《钟面模型》等 12 个行业标准。2 月 19 日国家教委发布《教学仪器和教学设备产品型号命名办法》《教学仪器设备产品型号申请登记办法》和《教学仪器行业标准编号办法》。3 月 14 日国家教委办公厅发出通知，公布 1990 年国家教委优质产品评审结果和 1991 年评优工作计划。4 月 22 日—28 日第三届全国自制教具评选活动在北京举行，26 日召开授奖大会。5 月 24 日国家教委办公厅发出通知，公布获奖名单，印发邹时炎的讲话和评选活动纪要。4 月 28 日国家教委发布《高等学校开放研究实验室管理办法》。5 月 13 日海关总署、国家税务局、国家教委发布《关于卫星电视教育所需进口录像机审批管理办法》。

1993 年 2 月 10 日国家教委发出通知，印发《全国高等教育基础实验教学仪器研究十年规划纲要》和《教学仪器设备研究补助费使用管理办法》。4 月 8 日国家教委发布《斜槽轨道》等九个行业标准。此前，该九个行业标准已经全国教学仪器标准化技术委员会审核通过。年 4 月 13 日国家教委发出《关于进口出版教育音像制品审批办法的通知》。同一天，国家教委印发《关于加强城市中小学生穿学生装（校服）管理工作的意见》。9 月 21 日中央电教馆建馆 15 周年纪念会在北京举行。

1994 年 3 月 3 日—5 日国家教委在北京召开部分委属院校进口业务工作研讨会。学习宣传全国进口工作会议精神，研究贯彻新颁布的《机电产品进口管理暂行办法》。同年 9 月 29 日国家教委办公厅发出《关于颁发语言学习系统产品合格证的通知》。11 月 30 日国家教委宣布，“中国教育和科研计算机网示范工程”已由国家计委正式批复立项实施。12 月 22 日国家重点实验室建设十周年总结表彰大会在北京召开。高等院校 5 个实验室被评为先进集体，29 名教师获先进工作者称号。

1995 年 1 月 9 日《神州学人》杂志创办电子版。每周五出版时通过国际计算机网络，向海外传递信息。3 月 23 日国家教委下发《九年义务教育全日制小学（初级中学）音乐（美术）教学器材配备目录》。3 月 28 日国家教委印发《教学用磁钢》等九个教学仪器设备行业标准。3 月 31 日国家教委办公厅发出《关于举办第四届全国自制教具评选活动的通知》。4 月 16 日国家教委副主任王明达出席了联想集团公司举办的第十万台电脑捐赠仪式。8 月 21 日全国高校文科计算机教学研讨会在京闭幕。会议就国家教委组织拟定的“普通高校文科专业计算机基础课程教学大纲”及其实施意见进行了研讨。11 月 19 日—25 日第四届全国自制教具评选活动在北京举行。11 月 29 日—12 月 3 日国家教委第三届优秀教材评审会议在南京大学举行。

1996 年 1 月 18 日国家教委印发《教学仪器设备新产品新技术鉴定办法》。4 月 12 日国家教委发出《教学用光学仪器通用技术条件》等六个教学仪器设备行业标准。

2000 年 1 月 13 日教育部发布《验证遗传规律玉米标本》等十一个教学仪器设备行业标准。3 月 21 日教育部印发《高等学校仪器设备管理办法》。10 月 30 日中国现代远程教育卫星宽带多媒体传输平台正式开通。11 月 6 日中央广播电视大学与 TCL 集团在北京举行现代远程教育合作项目签约仪式暨新闻发布会，宣布双方合资组建" 中央广播电视大学远程教育技术有限公司"，标志着全球最大的现代远程教育系统正式启动，开始产业化运作。11 月 21 日教育部办公厅印发《小学学具配备目录（试行）》。12 月 21 日利用计算机互联网对中小学教师开展继续教育，帮助中国 1000 万中小学教师实现终身学习的专业网站——中国中小学教师网开通仪式在北京师范大学举行。

2001 年 7 月 18 日国家“211”工程建设两大公共服务体系，“中国教育和科研计算机网（CERNET）地区主干网和重点学科信息服务体系”建设项目和国内最大的高校图书馆联盟——中国高等教育文献保障系统（CALIS）分别通过国家验收，我国高等教育信息基础设施建设取得重大突破。同一天，教育部办公厅公布《〈现代远程中等职业教育与成人教育资源建设工程〉首批开发项目》。8 月 27 日—29 日，2001 年中小学信息技术国际研讨会在长春举行。来自中国、日本、韩国、英国、美国等国家和港台地区的代表，共同交流与探讨了世界主要国家（地区）的中小学信息技术现状、问题及发展方向。10 月 25 日新闻出版总署、教育部、国家计委印发《中小学教材出版招标投标试点实施办法》和《中小学教材发行招标投标试点实施办法》。

2002 年 12 月 17 日教育部印发《九年义务教育阶段学校音乐、美术教学器材配备目录》。2 月 21 日教育部印发《普通高等学校图书馆规程（修订）》。5 月 9 日“西部大学校园计算机网络建设工程”项目在北京启动。该项目计划用一年左右时间建设西部 152 所大学校园网网络基础建设设施，实现校园网和中国教育与科研网（CERNET）高速连网，并建设一批基于校园网的教学、科研和管理应用系统。

（四）教育装备概念的建立

教育装备概念的逐渐建立主要反映在政府与地方相关部门的名称，以及报纸、杂志与图书上关于“教育装备”（或“教育技术装备”）这个名词的使用或被认可等方面。从文献上可以看出，政府部门使用相关名词最早，为 20 世纪 80 年代；之后是地方管理部门，为 20 世纪 90 年代初期开始使用；再之后是报纸、杂志、图书，为20世纪90年代后期开始使用。

1. 政府与地方相关部门

1985年国家教育委员会成立，原教育部生产供应局改为国家教委教育技术装备局。1986年国家教委教育技术装备局编制了《高等学校固定资产分类目录（增补本）》（注：教育部生产供应局曾于1984年编制了《高等学校固定资产分类目录》）。1990年国家教育委员会条件装备司编制了《 高等学校仪器设备分类编码手册》，该书由武汉市武汉大学出版社出版。1992年5月，国家教委条件装备司编制了《高等学校固定资产分类目录及实验室管理常用代码》。此标准一致沿用至今。

1996年4月18日，中国教学仪器设备行业协会召开第三届会员代表大会，在该届理事会理事单位名单中可以查到，采用“教育装备”（或“教育技术装备”）名称的各省市教育装备管理部门如下。

天津市普通教育技术装备管理处、河北省教育技术装备管理处、陕西省教育技术装备处、辽宁省教育厅教育技术装备中心、大连市教育技术装备办公室、吉林省教育技术装备处、上海教育技术装备部、上海市教委装备处、江苏省教委教育技术装备处、安徽省教育技术装备中心、江西省教育技术装备站、湖北省教育技术装备处、武汉市教学条件技术装备处、湖南省教育生产装备处、四川省教委技术装备处、成都市教育技术装备管理所、云南省教委条件装备处、青海省教育技术装备处、宁夏教委条件装备办公室等。

2. 报纸上的相关概念

1993年5月18日，《宁波日报》载文《开业敬告 宁波市中兴教育技术装备公司于1993年5月18日8时隆重开业》。1995年4月第13期《计算机世界报》刊登了作者宣刚的文章《北京大众教育装备有限公司成立》。1997年3月15日，《宁波日报》刊登作者龚哲明的文章《市教委提出新目标——搞好教育装备 推进素质教育》。自此，教育装备与教育技术装备的名词被广泛使用，教育装备的概念逐步建立起来，人们对教育装备概念的理解也正在不断深入。

3. 杂志中的相关概念

《教育仪器设备》在 1995 年第 2 期上刊出了《确立战略目标 加速教育装备》和作者崔茂登的《迈向教育装备现代化》两篇文章，题目使用了当时鲜为使用的名词“教育装备”；同年该杂志的第 4 期上又刊出了作者王正林的文章《青海教育装备出现新气象》。《教育现代化》杂志 1995 年第 4 期刊出了作者钱育祚与徐维源的文章《加快教育装备现代化步伐高标准推进实验室建设》。1966 年，上海市教育装备与技术研究中心的虞和洵分别在《教育仪器设备》第 1 期和《上海高教研究》第 6 期上发表了文章《贯彻〈教育法〉促进教育装备工作上新台阶》和《现代教育条件装备对未来教育的影响》。自此，“教育装备”与“教育技术装备”这些名词与概念便开始在一些国内知名杂志上广泛地用于各种研究性论文章。

4. 图书中的相关概念

1976 年至 2002 年，论述教育装备的著作非常罕见。1997 年，由李双成、曹锡浩编著的《行政事业财务开支标准实用手册》一书中，使用了“教育技术装备”的概念，文中记述了：“教育技术装备事业单位工作人员享受中小学教师待遇（1）按照经省编委同意下发的苏教普仪（89）6 号文件规定设立的各级教育技术装备事业单位编制内的工作人员中，凡原为中小学教师、现已正式聘任了中小学教师职务的人员可以享受中小学教师提高工资标准和实行教龄津贴的待遇，并从本文下达之日起执行。（2）上述人员如以后调离教育技术装备机构，其已享受的中小学教师待遇予以取消。”① 1999 年由赵维东主编，山东教育出版社出版的《教育装备校办产业政策法规实用指南》一书在书名中使用了“教育装备”一词。2001 年 10 月，宁波市教育委员会编制的《宁波市教育技术装备文件资料汇编》正式出版，该书的第一部分是“关于印发《宁波市教育技术装备现代化工程实施意见》的通知”，其中附件 1 为“宁波市教育技术装备现代化工程实施意见”，附件 2 为“宁波市中

① 李双成、曹锡浩：《行政事业财务开支标准实用手册》，江苏人民出版社 1997 年版，第 62 页。

小学现代教育技术装备实施标准”；第二部分是“关于印发《宁波市教委直属学校现代教育技术装备操作办法》的通知”，其附件为“宁波市教委直属学校现代教育技术装备操作办法”。其中都正确地使用了“教育技术装备”这个概念。2002 年由姚蓉主编的《中小学实验室管理概论暨现代化教育技术装备》一书在西安市太白文艺出版社出版，该书论述了中小学实验室管理、现代化教育技术装备的概念，介绍了中小学实验教师上岗培训教材：包括中小学实验室的地位、作用及管理，中小学实验室的建设与室内环境的布置，中小学教学仪器设备及管理，实验教学及其管理，现代化教学技术在中小学的应用等内容。

第六章　教育技术与科学教育的哲学分析

教育技术与科学教育都是教育领域关注的问题，教育技术是20世纪末发展起来的一个学科，体现科学教育的科学课程则一直是我国基础教育研究与对学生实施的一个重要学科。虽然不属于教育装备理论的范畴，但是如果用教育装备的哲学思想去分析教育技术与科学教育时，会发现对它们的研究中许多原来认知上的障碍与模糊不清，在这里都可以顺利突破。

第一节　技术的本体论意义

“教育技术装备”是我国教育装备应用领域通用的名称，“教育技术装备”无论分解为“教育技术”还是“技术装备”，“技术”一词都是一个关键词汇。有关技术本质的讨论广泛、深入且历史悠久，而有关技术本体论的研究则甚少，在中国知网（CNKI）上以“技术本体论”为关键词进行主题搜索，检索到的相关文章仅有17篇（截至到2022年4月30日）。但是，技术的本体论意义又是当今时代确保信息技术、教育技术、教育技术装备深入、理性发展必须厘清的概念和绕不过去的问题。本节希望从本体论出发来讨论技术的存在意义，通过对技术本体、本质的探讨，为教育装备哲学理论体系的构建做些基础性的工作。

一 技术定义的两种取向

（一）技术的词源分析

通过词源分析可以帮助了解一个概念产生的历史和它的发展历程。汉语“技术”一词所对应的英语名词是“technology”，在“词源在线”（网址：https：//www. etymonline. com/）网站上以“technology”为关键词进行搜索，可以检索到该词的进化过程。

“technology”一词是由两部分组成，即主词“techn”和后缀“ology”，它们最早源于古印欧语（PIE），其中 techn 来源于古印欧语的动词 teks -，具有编织（to weave）和制造、编造（to fabricate）意思；ology则来源于古印欧语的动词 leg -，具有收集、收藏（to collect，gather）和讲话（to speak）、措辞（to“pick out words”）的意思。以后发展到古希腊语时，teks - 发展为名词 tekhne，意为艺术、技巧（art）、技能（skill）以及手艺（craft in work）等；leg - 则发展为 - logia，具有发言（a speaking）、演讲（discourse）、论述（treatise）、学说（doctrine），理论或原理（theory）、科学或学科（science）等多重含义。此后，tekhne 与 - logia 共同构成的希腊语词汇为 tekhnologia，这个词具有艺术的系统化处理（systematic treatment of an art）、技巧或技能（craft）、工艺或技艺（technique）的含义。到 17 世纪（1610s）才形成了英语词汇 technology，它表示有关技艺的论述（a discourse or treatise on an art or the arts）。现代的 technology 是一个名词，但是从该词的发展历程以及源于动词这一点可见，它所指代的事物应该是人的一种行为。

汉语的“技術”（同“技术”）一词出现得比较早，公元前 90 年左右，司马迁在《史记·货殖列传第六十九》中就有“医方诸食技術之人，焦神极能，为重糈也”的记录，此段可译为：“医生方士及各种靠技艺谋生之人，劳神过度、极尽其能，是为了得到更多的报酬”。公元 82 年班固的《汉书·艺文志》中，在后世的《陈书》《随书》《唐书》《宋史》等史书中，以及在《广韵》《康熙字典》等辞书中都出现过“技術”一词，而且其所表达的语义与现代的“技术”一词基本相近。在《现代汉语词典》（第六版）中对“技术”一词的解释有两个：

(1) 人类在认识和利用自然的过程中积累起来并在生产劳动中体现出来的经验和知识，也泛指其他操作方面的技巧；(2) 指技术装备。“技術”与技术的语义基本相同，但是“技術”一词所指代的事物主要是人的行为，而根据《现代汉语词典》的解释，“技术”一词所指代的事物包括两部分：第一部分用于指代人的行为，或者说是主体人类的行为；而第二部分（指技术装备）则用于指代物的性质，或者说是指代客体物的性质。

显然，当英语“technology”一词仅指代人的行为，而现代汉语“技术”一词既指代人的行为也指代物的性质，那么将这两个词彼此对应起来在语义表达上就不是十分准确的了。其实，英语“technology”一词并没有很好地反映现代科技发展的情况。19 世纪的上半叶是欧洲第一次工业革命时期，而 19 世纪下半叶则属于欧洲第二次工业革命时期，整个 19 世纪的科学、技术、工业高速发展，但是却没有一个合适的词汇来代表当时的技术发展，出现了所谓“语义空白”的现象，人们发现英语 technology 不能很好地反映当时的技术发展状况，它只是一个边缘性概念。① 所以，用英语 technology 来表述现代技术的发展确实存在着语义上的缺陷。

还有一个需要澄清的问题，就是在英语中存在两个语义极为相近而又与汉语“技术”相对应的名词，即 technology 和 technique。《朗文现代汉语双解词典》对名词 technology 的解释是：工业技术、应用科学、科技；对名词 technique 的解释是：（作家、艺术家等的）手法、（运动）技术、（艺术或其他专业活动的）技巧。《汉英词典》（第三版）对汉语“技术”一词的英语解释是：technology；skill；technique。显然，technology 主要对应汉语中科学与技术中的“技术”一词，而 technique 则主要对应汉语中反映人之能力的技艺或技巧。

（二）技术的定义分析

以下的讨论是建立在认为汉语“技术”与英语“technology”的语

① 孙守领：《技术概念的历史与逻辑——基于技术的词源学分析》，《淮北师范大学学报》（哲学社会科学版）2021 年第 2 期。

义是完全对应的这一基础之上的。讨论中使用汉语“技术”一词所涉及的概念、定义等都是对应于英语“technology”一词所代表的语义。讨论将从古希腊开始，分析技术（technology）概念与定义的演变过程。

在《柏拉图对话录：辩解篇》中记载了古希腊哲学家柏拉图对技术（tekhne）概念的解释，他认为技术包括制作术（技艺）和获得术（技能）。[①] 柏拉图的弟子亚里士多德在他的著作《物理学》中指出：事物可以分为两类，一类是自然之物，一类是技术制品。同时还指出：“技术也有两种：一为支配原材料的技术，一为具有知识；换言之，一为使用者的技术，一为制造者的技术。”[②] 从古希腊哲学家对技术的概念表述中可以看出：技术体现在人工制品上，而不是体现在自然之物上；技术被分为两类，一类属于技艺的人工制作行为，另一类属于获得事物或使用事物的技能表现。

英国文艺复兴时期哲学家弗朗西斯·培根（1561—1625）提出要把技术作为操作性学问来研究；康德在他的《批判力批判》中也专门讨论了技术问题。[③] 康德将艺术、熟练的技术以及人与人之间除了道德之外的其他社会行为中的规则称为“一切技术上实践的规则”，技术实践与道德实践不同，技术实践属于自然概念，道德实践属于自由概念；技术实践的指向是思考物自身。[④] 说明康德将技术概念定位在了物质的形态之上，而非精神形态。马克思认为技术是人与自然的中介，是“人对自然的能动关系，人的生活的直接生产过程，以及人的社会生活条件和由此产生的精神观念的直接生产过程”的反映。[⑤] 可见，马克思将技术定位在了主体人类与自然类客体的中间位置上。

现代存在主义哲学家海德格尔在解释“什么是技术”这个问题时指出：第一，技术是一种人类追求目的的活动；第二，技术是仪器、工

---

① 全民技术素质学习大纲课题组：《全民技术素质学习大纲》，中国科学技术出版社 2018 年版，第 2—5 页。

② 谢江平、王晓红：《试论亚里士多德的技术观》，《自然辩证法研究》2007 年第 7 期。

③ 李建中：《科普指南》，科学普及出版社 2008 年版，第 4 页。

④ 王晓红：《可能实在世界：康德的技术实践指向》，中国社会科学报 2021 年 11 月 30 日，第 5 版。

⑤ 王德成：《生产力经济学》，中国农业大学出版社 2005 年版，第 175 页。

具、机器以及诸如此类东西的使用，以用来实现那些目的。同时，海德格尔强调这种关于技术的“工具论的和人类学的”定义具有“正确性”，但“单纯正确的东西还不是真实的东西”[①]。而对于技术的“真实性”，海德格尔认为：“技术是一种展现的方式。如果我们注意这一点，那么，技术本质的一个完全不同的领域就会向我们打开。这是展现的领域，即真理的领域。”[②] 在这里，海德格尔将技术的存在形态（正确性）与技术的本质（真实性）做了严格的区分。[③] 这一点对于后面关于技术本质的讨论是具有指导性意义的。

对于技术概念与定义讨论较为深入的领域应属技术哲学（technological philosophy）研究。被誉为现代西方技术哲学奠基人的德国技术哲学家恩斯特·卡普在1877年出版了世界第一部技术哲学专著《技术哲学纲要》。在该书中，卡普提出了器官投影说（organ-projection），认为技术是人体器官的投影。对卡普器官投影说的解释一般为：工具是从人体器官衍生出来的，是人的器官的投影，技术的本质就是人体器官的投影，即人体的投影、人体的外在化、人体的客观化。[④] 笔者则认为，器官投影说是想表达：工具是人体器官功能的延伸，而技术体现在这些工具上，但是技术又不是工具本身，它是工具所具有的一种属性，于是就用投影（projection）来比喻或类比技术。所以，卡普最为突出的贡献是将人们对技术的理解从主体人类的行为转向了客体（或中间体）工具的属性。此后，在技术哲学领域开展了对技术本质、技术概念以及技术定义的讨论。美国费雷德里克·费雷的《技术哲学》中认为，技术指使用工艺和产品本身。[⑤] 法国让·伊夫·戈菲的《技术哲学》中认为，技术存在于每一项活动之中：技术与活动是同时存在的，二者的共

① ［美］费雷德里克·费雷：《技术哲学》，陈凡、朱春艳译，辽宁人民出版社2015年版，第81页。

② 曹继东：《伊德技术哲学解析》，东北大学出版社2013年版，第20页。

③ 许良：《技术哲学》，复旦大学出版社2004年版，第39页。

④ 黄欣荣：《卡普技术哲学的三个基本问题》，《自然辩证法研究》2012年第8期。

⑤ ［美］费雷德里克·费雷：《技术哲学》，陈凡、朱春艳译，辽宁人民出版社2015年版，第16页。

存是无穷尽的。① 德国技术哲学家弗里德里希·拉普在他的《技术哲学导论》中指出："技术"一词都是指物质技术，它是以遵照工程科学进行的活动和科学知识为基础的，这个定义最接近人们的通常理解。②

中国技术哲学学者远德玉、陈昌曙认为：技术乃是一个由诸要素构成的、有内在联系的系统，而且是一个动态系统，是作为过程的技术，乃至也是可以简略地说技术是一个过程。③ 复旦大学许良教授在他的《技术哲学》一书中对技术概念进行了探讨，他认为技术总是指称如下东西中的任何一种或几种：（1）由技术实践所生产或制造的物质工具、设备或人工物。（2）技术知识、规则、秘诀或概念。（3）工程或其他的技术实践，甚至包括与应用技术知识相对应的特定的职业态度、范式与假定。（4）技术是人的创造力的表现，是人为了达到目的而在客观规律的无数可能性中所做出来的创造性选择，是为着特定目的的实践活动。④ 技术哲学学者倪钢在他的《技术哲学新论》中对技术定义作了梳理：（1）技术是知识、方法、技能、工具的总和。（2）技术是科学知识的运用。（3）技术是人的技能或人的特殊行为。（4）技术是劳动工具或工作的手段。（5）技术是物质、能量、信息的交换结构或环境。⑤ 此外，技术学学者邓树增在《技术学导论》中将技术定义为：技术乃是实践经验、科学理论和物质设备三者有机结合而成的技术理论、技能以及物质手段及方法的总和。⑥

对上述情况进行分析，可以发现以下规律：第一，从西方古典哲学到近现代哲学中对技术的论述可以看出，技术定义的演变是从技术体现为人类的行为和表现向技术体现在主体人与客体物之间的中间体——工具方向转化，并且提出了技术的存在形态问题，即开始涉及技术的本体论问题。第二，西方技术哲学学者对技术的定义比较单纯而简约，并倾向于物化技

---

① ［法］让·伊夫·戈菲：《技术哲学》，董茂永译，商务印书馆，2000年版，第23页。

② ［德］弗里德里希·拉普：《技术哲学导论》，刘武等译，辽宁科学技术出版社1986年版，第30—31页。

③ 远德玉、陈昌曙：《论技术》，辽宁科学技术出版社1986年版，第53页。

④ 许良：《技术哲学》，复旦大学出版社2004年版，第50页。

⑤ 倪钢：《技术哲学新论》，中国环境科学出版社2009年版，第4—7页。

⑥ 邓树增主编：《技术学导论》，上海科学技术文献出版社1987年版，第23页。

术和技术的工具性；中国技术哲学学者对技术的定义较为复杂，倾向将技术定位于系统、结构、过程或精神与物质的总和等。

（三）技术本质的分析

由于技术的发展推动了世界经济的高速发展（几次工业革命都是以技术创新为基础的），对技术的研究开始进入经济领域。又由于社会经济与社会伦理之间是互为条件、互为基础的，于是在技术与伦理之间便形成了所谓技术—伦理悖论，① 而技术—伦理悖论的讨论其实涉及技术的本质问题。目前存在着两个技术—伦理悖论，一个被称为“技术亦善亦恶”，另一个被称为“技术伦理无善可求”。“技术亦善亦恶”论是指出于正义目的的技术产品其技术是善的，出于邪恶目的的技术产品其技术是恶的，这是技术工具论的另一种表述，技术工具论将技术定位于“物”。“技术伦理无善可求”论出于对技术的不信任甚至敌对态度，认为技术反将人当成了工具，在伦理上技术被定性为恶，并被设定为思想方法的总和。② 对两个悖论做分析可知，其实“技术亦善亦恶”论的本质是“技术非善非恶”，即技术本质上具有物质形态的特征；而“技术伦理无善可求”其实反映了技术本质上具有思维形态的特征。以下的讨论将集中在技术到底是具有物质形态特征还是具有思维形态特征这一关键问题上。

美国著名经济学家布莱恩·阿瑟是复杂经济学的创始人，同时还是复杂性理论和技术学研究方面的专家。对于技术与经济发展的关系，阿瑟认为：“众多的技术集合在一起，创造了我们称之为经济的东西。经济从它的技术中浮现，不断从它的技术中创造自己，并决定哪种新技术将会进入其中。经济是技术的一种表达，并随技术的进化而进化。”③ 关于对技术本质的认识，阿瑟在 2009 年出版了他的专著 *The Nature of*

---

① 程功：《技术——伦理悖论的形成及其控制研究》，《产业与科技论坛》2008 年第 3 期。

② 计海庆：《亚里士多德技术观与两种技术伦理悖论的解析》，《自然辩证法研究》2008 年第 4 期。

③ Arthur W. B., Polak W., “The Evolution of Technology within a Simple Computer Model”, *Wiley Subscription Services*, Vol. 11, No. 5, 2006, pp. 23 - 31.

Technology: *What It Is and How It Evolves*，该书的中译本名为《技术的本质：技术是什么，它是如何进化的》，但是，将英语词汇“nature”译为汉语的“本质”在此处不够合适，译为“属性”较为恰当。阿瑟在原著“3. Phenomena”一章的“The Essence of Technology”一节中，对技术本质的解释为：“What is the essence of technology? What in its deepest nature is technology? For me, the answer is what we have just arrived at that a technology is a phenomenon captured and put to use.”① 这段描述在中译本中被译为：“技术的本质是什么？在最深的本质上，技术是什么呢？对我而言，答案就是我们刚才所说的：技术就是被捕获并使用的现象。”② 这样翻译的缺点是认为技术的本质就是现象，而汉语中的现象与本质是二元对立的，说本质就是现象就如同说唯心就是唯物、精神就是物质、绝对就是相对、主观就是客观等。在这里应该区别“nature”（自然属性）与“essence”（本质），区别“phenomenon”（现象、表象）与“appearance”（外观、表现）。汉语二元对立的本质与现象对应的英语词汇为 essence 和 appearance，③ 而英语中的 appearance 与 phenomenon 虽然在汉语中有时都对应“现象”一词，但是它们之间存在着本质上的差别。④ 笔者以为，阿瑟原著中对技术本质的那段论述应该被理解为：从根本上讲，技术所具有的最初的属性表现为它是一种现象（phenomenon 而不是 appearance）。进而，在原著“6. The Origin of Technologies”一章的“Embodying the Concept in Physical Form”一节中，对技术的存在形态作了说明：“The new base principle comes into a semi reliable state of being. It has taken physical form.”⑤ 这一关键性的判断赋予技术本质上

---

① Arthur W. B.，“The Nature of Technology: What it is and How it Evolves”，Penguin，2010，p. 51.

② ［美］布莱恩·阿瑟：《技术的本质：技术是什么，它是如何进化的》，曹东溟、王健译，浙江人民出版社 2014 年版，第 53 页。

③ 冯契主编：《外国哲学大辞典》，上海辞书出版社 2008 年版，第 34 页。

④ 傅小凡：《康德的“Appearance”与“Phenomenon”的异同辨——兼论“Phenomenon”与“象”的哲学意义》，《学术月刊》1997 年第 12 期。

⑤ Arthur W. B.，“The Nature of Technology: What it is and How it Evolves”，Penguin，2010，p. 119.

以一个决定性的属性，即技术作为存在者（being）其存在形态为物质形态（physical form）。于是，我们前面关于“技术非善非恶”性质的定位也就被得到认可，技术非善非恶，或者说主体人类无法对技术是善、是恶作出正确判断。

通过上述分析可以认为：第一，技术是一种现象（phenomenon）；第二，技术具有物质形态（physical form）。但是必须强调指出，这种定位存在着一定的问题，后面将要对此作出说明。

二　技术的存在形态与意义

（一）讨论技术本体论的目的

讨论技术的本体论意义，就是从本体论角度讨论技术的存在价值，因为本体论其实就是存在论，本体意义就是存在意义，也就是存在价值。人们容易将本体论与本质论混同，但本体论不是研究本体，而是研究存在。

黑格尔对存在与本质的区别作过解释：“在本质中，存在并没有消逝，但是首先，只有就本质作为单纯的和它自身相联系来说，它才是存在；第二，但是存在，由于它的片面的规定，是直接性的东西，就被贬抑为仅仅否定的东西，被贬抑为假象（Schein）。——因此本质是映现在自身中的存在。”“因此，本质是存在的真理，是过去了的或内在的存在。”① 此处，黑格尔认为存在者的本质确实是与其存在有关，因为“在本质中，存在并没有消逝”；但本质不是直接显露于外的，而是“映现在自身中的存在”，即本质也是一种存在者。存在论（本体论）中所谈的范畴都是直接的，而本质论中的范畴则是间接的，本质被放置在了现象的背后，黑格尔称其为“过去了的存在”。所以，讨论存在者的存在形态正是阐述事物的现象问题，并非存在者的本质。同理，我们讨论技术的本体论意义也是讨论技术作为存在者的存在形态，而并非技术的本质问题。

但是，既然涉及技术的本质问题，就必须对技术的本质有个交代。

① ［德］黑格尔：《小逻辑》，贺麟译，商务印书馆 1980 年版，第 241—242 页。

笔者在此赋予技术一个特殊的本质上的描述：技术（和艺术）是人工物的智思表象。具体表达在图6－1中，由于技术和艺术在整个体系中“藏得很深”，所以它的本质被揭示出来也是十分困难的，至今仍无定论。

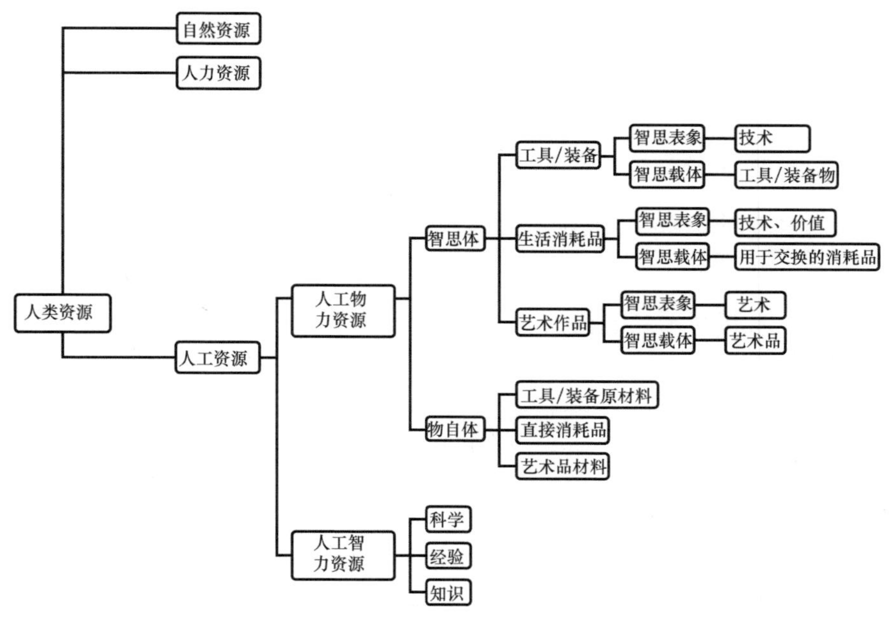

图6－1　技术的本质

（二）技术存在价值的体现

提到技术的存在价值，人们首先考虑的是它的经济价值以及对经济发展的贡献。但是，笔者在此重点讨论的则是技术在人类发展中的意义，或者说技术对人类向主体化发展中的贡献。“劳动创造人类”的另一种说法是：人类通过劳动将自己塑造为主体。而劳动的本质是工具的制造与使用。[①] 工具是人类主体的外化，而工具本身又是作为技术载体的智思体。所以说，技术对于人类从事劳动，进而成为主体的过程中起

① ［德］黑格尔：《精神现象学》（上卷），贺麟、王玖兴译，商务印书馆1979年版，第130页。

着关键性的作用。

技术存在的另一个价值体现是对人类智慧发展的贡献，在此主要说明对人类科学发展的贡献。科学与技术是人们经常放在一起使用和研究的两个概念，它们被定位为知识体系或社会活动，① 以及表现为追求发现和追求发明的事物等。② 而如果我们从本体论（存在论）出发去解释科学与技术，会发现它们之间的根本性区别：科学作为存在者它的存在形态为思维形态，技术作为存在者的存在形态为物质形态。因此，根据黑格尔“本质是映现在自身中的存在”和“本质是存在的真理”的判断③，我们不能够将科学与技术简单地归结为知识体系或被追求的事物。但是应该考虑到，科学的发展推动着技术的进步，技术的进步反过来也会促进科学的发展。其实自古以来就是如此，人类之初在工具制造的过程中就有了科学与技术的相互作用。试想早期人类在打造一件用于砍伐树木的锋利石斧的过程。为了使得石斧锋利，人类头脑里产生的想法是将石料向着变薄的方向进行加工，而不能相反使其变得粗钝，这种理性而符合逻辑的想法就是原始的科学思想，原始人类就是在这一原始的科学思想指导下进行着原始工具的打造。同时，在石斧加工时为了使得石斧变得锋利，人类采取了在平整的石头上进行打磨的技术，这一原始的技术手段以及不断更新的技术手段也是在工具的制造过程中逐步发展的。于是可以得出结论，由于工具的制造和使用，随着人类的出现，科学思想已经在人的头脑中产生，而技术手段也已经在人类活动中体现。工具不仅是技术的产物，也是科学的产品。

（三）研究技术存在价值的意义

各个领域的发展都离不开技术的进步，研究技术存在价值的意义就在于使得各个领域的技术进步更加理性化，定位更加精准化，其作用发

---

① 张华夏、张志林：《从科学与技术的划界来看技术哲学的研究纲领》，《自然辩证法研究》2001 年第 2 期。

② 朱高峰：《论科学与技术的区别——建立创新型国家中的一个重要问题》，《高等工程教育研究》2010 年第 2 期。

③ ［德］黑格尔：《小逻辑》，贺麟译，商务印书馆 1980 年版，第 241—242 页。

挥更加显著。本节此处的重点则是探讨教育领域的技术存在价值的意义问题。无论是“教育技术”还是“教育技术装备”或者是“教育装备”，教育领域的技术问题都是必须要加以重视而且必须要清楚地了解这些技术在教育领域的存在价值的。教育装备作为教育领域的工具/装备，使得技术在教育装备上的体现是教育功能和物理性能的再现，教育装备关于技术存在价值的意义就在于此。

第一，确定教育中技术作为存在者的存在形态。技术具有物质形态，教育技术也必然具有物质形态，但是一些对教育技术的解释确实存在本体论意义上的问题，例如，美国教育传播与技术协会（AECT）将教育技术定义为教育的“视听传播理论”“促进人类学习的领域”；“问题的解决方法”“理论与实践”“研究与实践”“最佳实践”等，这些定义发布时都没有注意它们与技术、教育技术在存在形态上是否真的契合；或者将定义所描述的内容与“educational technology”（教育技术）和“instructional technology”（教学技术）对应起来是否真的合适。所以，研究技术存在价值的意义之一就是能够使我们更加确切地对教育技术的概念进行界定。

第二，正确发挥教育中技术的存在价值作用。教育技术领域是主要研究教育中的技术问题的，它所涉及的内容以教育信息化、教育智能化（或智慧教育）、教育数字化转型为主。以下逐一进行解释。首先，教育信息化的本质是教育装备的信息技术化。教育系统主体建立信息科学思想和培养信息素养固然重要，但它们都不是教育信息化的本质，信息化的构成是信息的技术化与信息的科学化，教育系统主体（教师与学生）可以信息科学化（思维形态），教育装备作为教育系统的中间体只能信息技术化（物质形态）。这样理解教育信息化的概念使人们能够在教育信息化发展进程中看清方向，在今后教育智能化发展的进程中把握目标。[①] 其次，教育智能化如同教育信息化一样，其本质是教育装备的智能化，因为教育系统主体人不存在智能化。智能化的教育装备应表现为：性能上的“渺无痕迹”与功能上的“智能涌现”。人类大脑是一个

① 艾伦等：《教育信息化的本质》，《中国现代教育装备》2021 年第 6 期。

复杂系统，复杂系统具有非线性、自组织、功能涌现（Emergence）等特点。人的每一个行为（语言和行动）都是受到大脑支配所产生的，但是人们却无法溯源那个支配行为的指令，不知道它是从哪个脑细胞或神经元发出的，这一智能效果是整个大脑系统的整体作用，该现象被称为大脑的功能涌现。教育装备的智能化就是要实现人类大脑的功能涌现。[①] 最后，教育数字化转型是目前教育现代化发展中的一个重要任务，可理解为从信息化型转为数字化型。从“数字化”这一词语的本意上就可看出，教育系统主体人不存在数字化，能够数字化的只有中间体教育装备，至于客体知识或信息的数字化其实也不存在，能够数字化的是知识或信息的载体，而知识或信息载体仍属于教育装备的范畴。[②] 认识到这一点十分重要，教育的技术发展必然要体现在教育装备的技术水平发展上，这是毋庸置疑的。

本节从哲学本体论出发对技术的存在形态与本质进行探讨，在此并没有对技术给出一个确切定义的意图，只是希望通过对“技术”一词的词源分析，通过对哲学本体论发展中关注问题的讨论，再将两者结合起来确定技术的本体论意义，指出技术作为存在者的存在形态为物质形态，同时得出技术（和艺术）的本质为一种智思表象的分析结论。这一分析使得技术的概念更加清晰，教育技术、信息技术、教育技术装备等相关概念也得到澄清，为教育技术、教育信息化、教育技术装备的进一步发展奠定了基础，为教育装备哲学理论体系建立提供了支持。

第二节 教育技术概念的哲学界定

概念（concept）是人对事物本质的思维规定[③]，而定义（defini-

---

① 艾伦：《教育装备的阶段性发展》，《中国现代教育装备》2018 年第 20 期。

② 艾伦等：《课程的教育资源说》，《中国现代教育装备》2019 年第 22 期。

③ 张醒、原所秀编著：《形式逻辑》，辽宁科学技术出版社 2015 年版，第 7 页。

tion）则是对概念的语言表达①，“概念”与“定义”是两个完全不同的概念。对一个事物的概念界定应该包括内涵界定、外延界定、范围界定（聚类）、条件界定、语言表达界定等，其中语言表达界定就是给概念下定义，对于同一个概念，在不同的语境下会产生各种不同的定义。本节的重点并非要给教育技术下一个新的定义，只是希望通过分析来厘清教育技术的概念，从而促使其在我国教育现代化发展中发挥更大作用。

一　教育技术概念的传统界定

教育技术概念涉及的范围界定体现为三个领域：教育技术研究领域、教育技术应用领域和教育技术学科领域。其中，教育技术应用领域往往被冠以“现代教育技术”这个名称，而教育技术学科领域则被称为“教育技术学”。本节重点讨论教育技术研究领域的相关问题，但教育技术研究领域与教育技术应用领域（现代教育技术）、教育技术学科领域（教育技术学）都有着无法分割的联系，讨论中将会频繁地涉及应用领域与学科领域的相关问题。

教育技术作为一个名词出现会有两种不同的指代作用：第一种是教育技术作为一类事物的代名词，但其并非就是该事物，例如人们常用“铁公鸡”作为吝啬人的代名词，但“铁公鸡”并不是人，这只是一种虚拟指代；第二种是教育技术作为一类事物的专有名词，是实际指代，本书对教育技术的指代是将其作为专有名词界定的，而只有这样界定，对“教育技术”一词的分析才能真正涉及教育技术这一事物的本质属性，并且将“教育技术”分解为“教育”和“技术”分别讨论才具有实际意义。

对教育技术概念的语言表达界定就是给教育技术下定义。在我国，教育技术的定义一直沿用美国教育传播与技术协会（Association for Educational Communications and Technology，AECT）从 1963 年至 2017 年颁

① 顾明远主编：《教育大辞典》（增订合编本上），上海教育出版社 1998 年版，第 261 页。

布的六个定义（详见表6－1）。对 AECT 逐年定义分析后可见：首先，美国 AECT 对教育技术定义的指代名词不同年代有变化，1963 年定义使用了“audiovisual communication”（视听传播），1994 年定义使用了“instructional technology”（教学技术），其他四个定义使用了“educational technology”（教育技术）。其次，美国 AECT 的教育技术定义是对教育技术概念的语言表达界定，从它出现六个不同的表达方式与表达内容（今后还有可能产生新的定义表述）这一现象可以看出，虽然教育技术的概念并没有发生质的变化，但它的定义却在不断地发生着演变，说明了同一个概念在不同的语境下确实会产生完全不同的语言表达界定（定义）。在中国教育现代化新时代的语境下，必将会产生教育技术的新定义。再次，美国 AECT 对教育技术 1994 年的定义是我国教育技术界最为认可和研究、使用最为广泛深入的定义，被称为“94 定义”。最后，美国 AECT 对教育技术的定义从本质上讲不应该是教育技术概念的语言表达界定，而是阐释了教育技术能够用来做什么，1963 年定义认为教育技术是用来对教育信息进行设计和应用；1972 年定义认为教育技术是用来应用和管理学习资源；1977 年定义认为教育技术是用来对教学过程进行设计、实施、评价和管理；1994 年定义认为教育技术是用来进行对学习资源和学习过程做设计、开发、利用、管理和评价；2005 年定义认为教育技术是用来创造、使用和管理教学过程和资源；2017 年定义强调了教育技术对教学过程和教学资源的设计、管理和实施。定义应为阐释事物“是什么”，而不应该解释其能“做什么”，这是 AECT 定义的一个根本性缺陷。

二　“教育技术”与“educational technology”语义上的不同

对汉语“教育技术”与英语“educational technology”在语义上所具有的不同之处必须给予重视，中西方文化上的差异性会造成两个词汇在语义上并非完全对应，一个出于历史的原因，另一个是现实的需要。找出这种不同，对于正常有效发展我国新时代教育技术，推动我国教育现代化具有重要的作用。

表 6－1　　AECT 对教育技术的定义

年代	原文	译文
1963 年	Audiovisual communication is that branch of educationaltheory and practice concerned with the design and use of messages which control the learning process. It undertakes: (a) the study of unique and relative strengths and weaknesses of both pictorial and nonrepresentational messages which may be employed in the learning process for any reason; and (b) the structuring and systematizing of messages by men and instruments in an educational environment. These undertaking include planning, production, selection, management, and utilization of both components and entire instructional system. Its practical goal is efficient utilization of every method and medium communication which can contribute to the development of the learners' full potential	视听传播是教育理论和实践的一个分支，涉及控制学习过程的信息的设计和使用。它包括：(a) 研究在学习过程中可能出于任何原因使用的图画和抽象信息的独特和相对优势与劣势；(b) 在教育环境中，由人和设备对信息进行结构化和系统化。这些任务包括规划、制作、选择、管理和利用组件和整个教学系统。它的实际目标是有效地利用各种方法和媒介交流，从而有助于充分发挥学习者的潜力
1972 年	Educational Technology is a field involved in the facilitation of human learning through the systematic identification, development, organization and utilization of a full range of learning resources and through the management of these processes	教育技术是一个通过系统地识别、开发、组织和利用各种学习资源并通过管理这些过程来促进人类学习的领域
1977 年	Educational Technology is a complex, integrated process involving people, procedures, ideas, devices, and organization, for analyzing problems and devising, implementing, evaluating, and managing solutions to those problems involved in all aspects of human learning	教育技术是一个复杂、整合的过程，这个过程涉及人员、程序、思想、设备和组织，其目的在于分析遍及人类学习所有方面的问题，以及设计、实施、评价与管理对那些问题的解决方法
1994 年	Instructional Technology is the theory and practice of design, development, utilization, management and evaluation of processes and resources for learning	教育技术是关于学习资源和学习过程的设计、开发、利用、管理和评价的理论和实践
2005 年	Educational technology is the study and ethical practice of facilitating learning and improving performance by creating, using, and managing appropriate technological processes and resources	教育技术是通过创造、使用、管理适当的技术性的过程和资源，以促进学习和提高绩效的研究与符合伦理道德的实践

续表

年代	原文	译文
2017 年	Educational technology is the study and ethical application of theory, research, and best practices to advance knowledge as well as mediate and improve learning and performance through the strategic design, management and implementation of learning and instructional processes and resources	教育技术是通过对学习和教学过程和资源进行策略设计、管理和实施来加强知识、调解和提高学习和绩效的研究以及对理论、研究、符合伦理道德的最佳实践

“教育技术”与“educational technology”都是偏正词组，词组的前一部分（偏）名词“教育”和形容词“educational”限定或修饰后一部分（正）的名词“技术”和名词“technology”，两个词组中的“技术”和“technology”是主词。所以在对两个词组进行分析时需要将它们做拆开处理，同时要注意它们在词组中作用与地位的不同。

此处我们可以先对“教育”与“education”的词源进行一些分析。汉语“教育”一词最早见于《孟子·尽心上》，孟子曰：“君子有三乐，而王天下不与存焉。父母俱存，兄弟无故，一乐也；仰不愧于天，俯不怍于人，二乐也；得天下英才而教育之，三乐也。”[①] 该段被译为：“君子有三件值得快乐的事，称王天下不在其中。父母都健在，兄弟没病没灾，这是第一件快乐的事；抬头无愧于天，低头无愧于人，这是第二件快乐的事；得到天下的优秀人才而教育他们，这是第三件快乐的事。”但是在 20 世纪之前，很少有人直接使用“教育”这两字连用的词，而是使用“教”或“育”[②]。其中，“教”在甲骨文中的常见写法为：字的左边下半部是表示孩子的人形，左边上半部是一个“爻”字（有卜卦或真相的意思），意为一个孩子正在学习；而右边则是一个成人手拿鞭子或棍子，表示正在督促这个孩子学习。[③] 孔子说：“我非生而知之

① 方勇、高正伟：《孟子鉴赏辞典》，上海辞书出版社 2017 年版，第 163 页。
② 众志主编：《万事源大辞典》，海洋出版社 1992 年版，第 181 页。
③ 艾伦：《教育装备论》，首都师范大学出版社 2016 年版，第 8 页。

者，好古，敏以求之者也。”（见《论语·述而》①）所以，中国自古提倡在别人的督促下从外部获取知识，教育更多地在于外因发挥作用，即强调教的过程。在我国，现代人对教育的理解并没有脱离这一根本认识。“教育”成为两字连用的词是近代20世纪初的事，日本人在明治维新后将英语“education”一词用古代汉语原有的词意译为“教育”，再由中国人从日语借用过来。现代汉语中的“教育”一词仍然继承了古汉语中的词义，《教育大辞典》中对“教育”一词的解释为：“教育（education）传递社会生活经验并培养人的社会活动。”②

英语“education”一词最早来源于两个拉丁语词汇“ex”和“ducere”。其中ex意为out，表示“出”的意思，ducere意为to lead，表示“引导”的意思，合起来的拉丁词汇“educere”意为bring out与lead forth，表示“引出”与“前进”的意思；进一步发展为拉丁动词“educare”和名词“educationem”，意为bring和training，具有“引出”和“培训”的意思；公元15世纪演变为法语“education”，16世纪30年代开始成为英语词汇“education”，意为child – rearing和the training of animals，表示“育儿”和“动物训练”。从education一词的演进过程可见，它一直强调要用引导的方法来发展学生的身心③。古希腊哲学家、教育家苏格拉底（约公元前469—前399年）说：“我们所谓的学习实际上只是一种回忆。”所以，西方自古提倡自己主动地获取知识，教育更多地在于内因发挥作用，即强调学的过程。

显然，汉语的“教育”一词与英语的“education”一词并不是非常确切地相互对应的，“教育”指代外因作用下的学习，而“education”则指代内因发挥下的学习。

而“技术”和“technology”的词源与概念演进，在本章第一节已有论述。

① 徐恩恕主编：《〈论语〉伴我行》，吉林出版集团股份有限公司2017年版，第167页。

② 顾明远主编：《教育大辞典》（增订合编本上），上海教育出版社1998年版，第725页。

③ 胡德海：《教育学原理（简缩本）》，甘肃教育出版社2008年版，第167页。

三 教育技术的本体论表述

“教育技术”与“educational technology”在语义上存在着差异，其概念上也就必然就有不同，将教育技术与 educational technology 从概念上统一起来是十分必要的，而这个统一工作必须从教育技术的本体论意义出发才能得到较为彻底的解决。

（一）technology 的“语义空白”与技术的“概念错位”

从前文对“technology”的词源分析与 technology 的概念演进分析可见，英语“technology”一词指代的是人的一种行为，而 technology 的最近期概念则是将其定位于物质形态，两者之间不具有一致性，这种情况被称为“语义空白”现象。英语“technology”的“语义空白”现象并非是现在出现的，其实这种现象早在 19 世纪第二次工业革命时期就已经出现过，人们发现英语“technology”一词不能很好地反映当时的技术发展状况，technology 是一个边缘性概念。①

汉语“技术”一词的语义与技术的概念之间同样存在着不一致。前文对汉语“技术”的词源分析可知它亦指代客体物的一种性质，但是我国技术哲学文献对技术的定义却是另外一种情况。中国技术哲学的学者与技术学的学者基本上将技术定义为系统、结构、过程或精神与物质的总和。所以，我国技术的概念界定存在着与技术语义不一致问题，这一现象在这里被称为技术的“概念错位”现象。

（二）教育技术的存在形态

在讨论教育技术的存在形态之前，我们先来确定教育的存在形态和技术的存在形态。为此，需要说明教育与技术各自都属于一种社会现象（social phenomenon），而社会现象作为存在者其存在形态为物质形态。

《教育大辞典》将教育概念界定为：“教育是人类社会特有的社会现象，具有多方面功能。”② 说教育是社会现象的前提之一是认为教育

---

① 孙守领：《技术概念的历史与逻辑——基于技术的词源学分析》，《淮北师范大学学报》（哲学社会科学版）2021 年第 2 期。

② 顾明远主编：《教育大辞典》（增订合编本上），上海教育出版社 1998 年版，第 725 页。

起源于人类社会的建立和社会活动。但是，关于教育的起源存在四种不同学说：教育的生物起源说、教育的心理模仿起源说、教育的劳动起源说与教育的人类社会需求起源说。[①] 教育的生物起源说认为动物基于生存与繁衍的天性本能而将“经验”“技巧”传给小动物的行为便是教育的最初形式与发端；教育的劳动起源说认为人类的教育产生于生产经验和生活经验传承需要。这两种学说本质上都认为教育与人类社会无关，教育是动物或原始个体人类对下一代进行经验传承的行为，教育是一种自然现象（natural phenomenon）。但是，教育的心理模仿起源说是根据人类原始社会没有学校、没有教师、没有教材的原始史实，判定教育应起源于儿童对成人无意识的模仿；而教育的人类社会需求起源说认定社会群体对传递和发展文化的需要和个体人的社会化融入都是教育产生的必然原因。这两种学说显然认为教育是人类社会的产物，教育是一种社会现象（social phenomenon）。所以，在教育属于自然现象还是社会现象这一点上我们确实无法给它概念的界定划出一条非常清晰的边界来。

技术的情况与教育的情况相似，它同样在自然现象与社会现象之间没有一个十分清晰的边界。技术只体现在人工物上，这一点是肯定的，自然物没有技术问题。人工物中最具有代表性的事物就是工具/装备，工具的使用与制造在人类发展中起着至关重要的作用。马克思与恩格斯认为劳动创造了人类[②]，黑格尔认为劳动的本质就是工具的制造[③]。动物学家、心理学家和行为学家普遍认为，动物不仅可以使用工具，甚至可以制造简单的工具。[④] 动物制作工具和早期个体人类制作工具都属于自然现象，体现在这些工具上的技术也就属于自然现象；而当今人类对工具/装备的大规模制造和使用则属于一种社会现象，体现在这些工具/装备上的技术也就都成为社会现象。但是，无论技术是自然现象还是社

① 艾伦：《教育装备论》，首都师范大学出版社 2016 年版，第 33—34 页。

② 《马克思恩格斯全集》（第二十卷），人民出版社 1971 年版，第 514 页。

③ ［德］黑格尔：《精神现象学》（上），贺麟、王玖兴译，商务印书馆 1979 年版，第 130 页。

④ 刘小明：《跨越达尔文进化论陷阱：从生物演化基本规律到人类产生机制》，中山大学出版社 2018 年版，第 153 页。

会现象，它作为一种现象（phenomenon）存在，所具有的存在形态是物质形态（physical form），这一点是毋庸置疑的。

教育与技术都属于自然现象或社会现象，而自然现象与社会现象作为存在者它们的存在形态都是物质形态（physical form）。与此相反，具有思维形态的现象是精神现象（mental phenomena），黑格尔的《精神现象学》就是对精神现象的研究。

根据教育与技术的存在形态为物质形态，由此我们可以断言，教育技术作为存在者其存在形态也就应该是物质形态；而从本质上讲，教育技术属于一种社会现象。这是对教育技术概念进行界定时从本体论出发作出的判断。

四　教育技术概念新界定的意义

本节对教育技术的概念进行了重新界定，虽然没有在文中给出教育技术一个明确的文字定义，但是对它的概念进行了深入分析，该事物在人们思维中的范围规定基本上被确定下来。教育技术是一种社会现象，它作为存在者的存在形态为物质形态，这一思维规定对于教育技术的文字定义或语言表达都起着非常重要的指导作用，当人们再对教育技术下定义时就不会出现巨大偏差。

（一）对 AECT 教育技术定义的修正

如前文所述，我国教育技术界一直沿用美国 AECT 对教育技术的定义。但 AECT 从 1963 年到 2017 年公布的六个教育技术定义之间并没有反映出教育技术概念逐步递进的关系，各个定义之间各自表述，没有成为一个体系，或者说 AECT 定义并没有抓住教育技术（educational technology）的本质，在这样摇摆不定的定义指导下的教育技术研究与应用都只能是短期行为，这一点非常遗憾。

2018 年 12 月党中央、国务院印发了《中国教育现代化 2035》，我国进入了教育现代化发展的加速期。教育现代化发展对教育技术提出了新要求，教育技术的发展必须符合我国教育现代化发展的需求，能够真正成为教育现代化发展的动力。从时间上讲，教育技术的概念必须符合新时代的发展，从空间上考虑，教育技术的概念也必须适合我国国情。

停留在美国 AECT 对教育技术定义基础上的教育技术概念无论是从时间上、空间上的判断方面，还是从概念类型的规范化方面考虑都是需要重新进行界定的。教育技术研究与应用的语境不同了，对教育技术概念的界定必须具有根本性和长远性特点，从本体论角度对教育技术概念进行界定是我国教育现代化发展的时代要求。

（二）对教育信息化工作的精准定位

教育技术研究与应用领域的一个重要组成部分就是教育信息化工作，教育技术概念的确定会促进对教育信息化工作的精准定位。教育信息化的本质是教育装备的信息技术化。教育系统主体建立信息科学思想和培养信息素养固然重要，但它们都不是教育信息化的本质，信息化的构成是信息的技术化与信息的科学化，教育系统主体（教师与学生）可以信息科学化（思维形态），教育装备作为教育系统的中间体只能信息技术化（物质形态）。这样理解教育信息化的概念使人们能够在教育信息化发展进程中看清方向，在今后教育智能化发展的进程中把握目标。① 这样，教育信息化对教育技术的要求就成为：教育技术装备产品在技术上必须强化对我国教育教学需求的适用性。2018 年 4 月，教育部印发了《教育信息化 2.0 行动计划》，该计划提出了“坚持信息技术与教育教学深度融合的核心理念”与“持续推动信息技术与教育深度融合，促进两个方面水平提高”的要求。其中对“融合”的要求是：一方面，信息技术和智能技术深度融入教育全过程，推动改进教学、优化管理、提升绩效；另一方面，师生要提高信息素养，拓展能力素质，具备良好的信息思维，适应信息社会发展。这可以解释为：第一，教育技术要加强教育教学的适用性；第二，教育教学主体要提高对信息社会的适应性。但是应该清楚地意识到，随着时代的前进、科技的发展、社会的进步，对上述这两方面的侧重是要不断发生变化的，理由如下。

“文明不是自然界演进的自然产物，而是人创造的结果”②；同样，

---

① 艾伦等：《教育信息化的本质》，《中国现代教育装备》2021 年第 6 期。

② 李富贵：《无与美——国画艺术虚白美研究》，西南交通大学出版社 2015 年版，第 25 页。

作为社会现象的科技也是人类创造的。人类面对两个世界：自然世界与社会世界，对待自然世界的态度是人类尽量去适应自然环境，尽量不去破坏自然环境；而对待社会世界的精神是不断改造社会世界，创造更多的适用于人类生活的社会环境。如果将达尔文针对自然世界提出的“适者生存”学说用于社会世界，就变成了丑恶的“社会达尔文主义”。教育技术是社会现象，教育信息化初始阶段强调教育教学主体对信息社会的适应性是有必要的，但是到了“教育信息化2.0”时代就必须将教育技术如何加强教育教学适用性放到重中之重的地位上。信息化与智能化交融的时代，教育技术的发展要使得教育技术装备在物理性能上表现出“渺无痕迹”，在教学功能上表现出“智能涌现”①。以线上教学为例，目前的网络环境由于受技术的限制而操作复杂、故障频发、视频卡顿、音质低劣，严重地影响了正常教学；让教师学生去与这样的技术融合，并为此而要求教师改变教学模式都是违背教育教学初衷的。实现了“渺无痕迹”与“智能涌现”的网络教学环境，就不会再对教师与学生提出什么融合要求，不会对教师提出创新教学模式要求，因为在新的网络环境下上课就如同在传统的课堂中上课，教师在这样的教学环境下所采用的教学模式就是教育经历几千年延续下来并被证明有效的传统教学模式。

（三）对教育资源数字化转型的指导

在《中国教育现代化2035》加快信息化时代教育变革的这一战略任务中，提出了构建覆盖全国的数字教育资源公共服务体系的要求，而数字化教育体系是在《中国教育现代化2035》中首次作为发展目标提出的新概念，将数字化教育体系的建设确立为中国教育现代化发展的未来目标可见对教育数字化发展的重视程度。教育体系数字化既是对于教育资源建设提出的新指示，也是对于教育技术发展提出的新要求，因为教育资源的现代化依赖教育技术的发展。2021年7月，教育部、中央网信办、国家发展改革委、工业和信息化部、财政部、中国人民银行等六部委联合发布了《教育部等六部门关于推进教育新型基础设施建设

① 艾伦：《教育装备的阶段性发展》，《中国现代教育装备》2018年第20期。

构建高质量教育支撑体系的指导意见》，该指导意见是实现《中国教育现代化2035》提出构建覆盖全国数字教育资源公共服务体系战略任务的具体措施，明确提出“推动教育数字转型”。

资源是人类赖以生存的条件，而教育资源是人类教育赖以生存的条件。教育资源中包括了教育自然资源、教育人力资源和教育人工资源三个大的组成部分，教育人力资源与教育人工资源中又有细致的划分（详见图6－2）。这里有两点需要特别说明，一个是《教育大辞典》中对教育资源（educational resources）的解释为：“教育过程所占用、使用和消耗的人力、物力和财力资源。”① 但是在图6－2的教育资源结构划分中并没有显示教育财力资源（即教育教学经费），这是因为财力资源在教育资源中仅表现为一种暂时性、过渡性要素，它最终总会以工资的方式体现在教育人力资源的薪酬中和以经费的方式体现在教育人工资源的购置中，不能作为一种稳固的教育资源类型存在。另一个是将教育

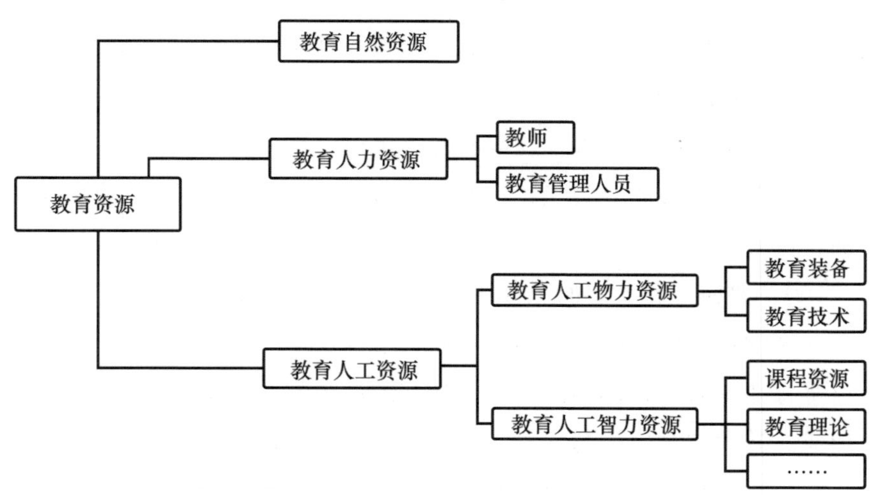

图6－2　教育资源结构划分

① 顾明远主编：《教育大辞典》（增订合编本上），上海教育出版社1998年版，第799页。

技术与教育装备并列地放置在教育人工物力资源中，以下将对此作出详细解释。

前文在讨论存在者的存在形态问题时提出除了物质形态与思维形态外，从主体人类生存条件的角度出发进行分析，存在者的存在形态还可以被分为不同的资源形态，其中包括自然资源形态、人力资源形态和人工资源形态。具体到教育资源，因为教育技术作为存在者其存在形态为物质形态，所以当它作为教育资源时就会出现在教育的人工物力资源部分。技术作为存在者其存在形态为物质形态，当它作为人类生存资源时它是以人工物力资源形态出现的，人工物力资源包括工具/装备和消耗品（如面包），技术呈现在工具/装备上时它的最终价值体现为智思体形态，而技术呈现在消耗品上时它的最终价值体现为物自体形态。所以，教育技术在教育资源中就会与教育装备一起具体体现为具有智思体形态的存在者，教育装备是智思载体，教育技术是智思表象。教育资源的数字化转型不可能体现在教育的自然资源与教育的人力资源上，那它就必然是教育的物力资源即教育装备与教育技术的数字化问题。

（四）对教育技术起源的研究

教育技术的起源是教育技术研究领域一个重要的研究课题，教育技术界对此存在两种主要观点，一种观点认为教育技术起源于 17 世纪的欧洲，由夸美纽斯提出的直观教学和现代媒体教学是教育技术的开始。① 另一种观点认为教育技术起源于 20 世纪 20 年代的美国，它是在广泛开展的现代传播媒体运动（或视觉教学运动）中产生的。② 这两种观点都存在局限性，都不能充分、精准地反映教育技术的历史发展与概念形成。教育技术应该与教育是历史同源的，即教育技术与教育同时出现，因为教育技术体现在教育装备上，而教育装备是与教育是历史同源的③。本节从教育与教育技术作为存在者的存在形态为物质形态这一点出发的分析，说明教育与教育技术在逻辑上是具有同源性的，而两个事

---

① 彭苇：《教育技术与网络教学资源整合》，光明日报出版社 2017 年版，第 1 页。

② 宫淑红：《美国教育技术学的历史与范式》，山东画报出版社 2006 年版，第 49 页。

③ 艾伦：《教育装备论》，首都师范大学出版社 2016 年版，第 8 页。

物如果在逻辑上同源则必然在历史上具有同源性，这就是辩证法所秉持的逻辑起点与历史起点相统一的观点，即认为对事物发展规律的研究应该采取历史与逻辑相一致、史料与观点相统一的研究方法。[①] 从辩证法逻辑起点与历史起点相统一的观点出发，如果教育技术历史上与17世纪的欧洲同源或者与20世纪20年代的美国同源，则教育技术在逻辑上就被限定在了直观教学和视觉教学功能上，而这是一个不能被接受的结论。

教育技术是我国教育现代化建设的重要组成部分，对教育技术的精准定位是能够使其在教育现代化发展中做出贡献的必要条件，而教育技术概念的界定是教育技术精准定位的基本逻辑保障。教育技术的发展具有它的逻辑性与历史性，从它的词源构成分析可以发现它的历史性发展规律，而从哲学本体论出发的存在形态分析是发现它的逻辑性呈现规律，在这些重要分析的基础上提出的教育技术概念是根本的与稳固的。教育技术属于教育资源的这个命题就是通过上述分析得出的结论，这一结论必将在我国教育现代化发展中使得教育技术更加体现其功能作用。

第三节　科学与科学教育

著名的李约瑟难题由英国学者李约瑟（Joseph Needham，1900—1995）在他编著的《中国科学技术史》中提出，1976年由美国经济学家肯尼思·博尔丁命名为“Needham's Grand Question”，被译为“尼德汉姆难题”或“李约瑟难题”；该问题的中心思想被表达为：尽管中国古代对人类科技发展做出了很多重要贡献，但为什么科学和工业革命没有在近代的中国发生。[②] 2005年，钱学森先生对看望他的温家宝总理提出了“为什么我们的学校总是培养不出人才”的著名“钱学森之问”[③]，钱学森之问的核心问题是：没有一所大学能够按照培养科学技术发明创

① 袁利平：《比较教育本体引论》，陕西师范大学出版社2018年版，第37页。

② 石毓智：《中国教育与世界的距离》，江西教育出版社2014年版，第253页。

③ 魏礼群主编：《当代中国社会大事典（1978—2015）》（第二卷），商务印书馆、华文出版社2017年版，第343页。

新人才的模式去办学。[①] 李约瑟提出的是中国科学发展的问题，而钱学森提出的则是中国科学教育改革的问题，科学与科学教育问题同时被提出，它们不可分割、相互纠缠，给解答这些“难题”和“之问”造成了很多困难。本节希望通过对科学概念的界定与科学教育的定位给出一个全新的解题思路。

一 “science”与“科学”的词源分析

在界定科学的概念之前需要对汉语“科学”一词和与其对应的英语“science”一词的语义做一些词源上的分析，这有利于对科学本质的理解。

（一）英语“science”的词源分析

在词源网（https：//www. etymonline. com/）上查询英语“science”一词发现，它最早源于古印欧语系（记作 PIE，约公元前 4000 年）的“skei”一词，具有“to cut”（切割）和“split”（分开、分割）的意思；后进化为拉丁语，在拉丁语阶段又经过了三次进化，分别为：拉丁语“scire”，具有“to know”（知道）和“to separate one thing from another”（把一样东西从另一样东西中分离出来）的意思；变为拉丁语“scins”，具有“intelligent”（聪明）和“skilled”（熟练）的意思；再变为拉丁语“scientia”时，具有“knowledge”（知识）、“a knowing”（知道）以及“expertness”（熟练）的意思；后又进化为古典法语“science”，具有“knowledge”（知识）、“learning”（学习）、“application”（应用）以及“corpus of human knowledge”（人类知识库）的意思；14 世纪中期，演变为英语“science”，具有“what is knowledge（of something）acquired by study”（通过学习获得的知识）、“information”（信息）、“assurance of knowledge”（知识的保证）、“certitude”（确信）以及“certainty”（确知）的意思，一直到今天成为名词“science”。

从英语“science”的演变过程可以看出，首先它一直持有“知识”和“获取知识”的意思，同时从它最初的来源看，它还具有将事物剖

---

① 刘道玉：《教育问题探津》，北京出版社 2019 年版，第 328 页。

析开而对事物了解的含义。所以，科学是与人的思维紧密联系在一起的一个词汇。这里需要强调的是，一些国内的文献中将“science”译为“知识”和“学问”[①]，但在词源网上显示的解释可见，“science”具有“知识”的意思，而不存在“学问”的含义。

（二）汉语“科学”的词源分析

古代汉语中没有“科学”一词。汉语“科学”一词的出现比较晚，应该是在19世纪末和20世纪初从日语借用过来，并且开始时仅出现在个别文献中（如梁启超的《变法通议》，康有为的《戊戌奏稿》）[②]，甚至直到“五四”运动时期，陈独秀在1918年1月《新青年》第六卷第一号刊发的“本志罪案之答辩书”中还是将“科学”称为“赛先生”（赛因斯“science”）[③]，而没有使用“科学”一词。汉语“科学”一词的广泛使用是此后的事情。

但是，中国古代确实存在与英语“science”相近含义的词汇“格致”。“格致”一词最早见于《礼记·大学》中的“致知在格物，物格而后知至”，明代1626年出版的《空际格致》一书中介绍了古希腊亚里士多德的学说，其中“空际”一词代替了“自然”，“格致”一词则相当于“科学”。这说明中国古代的人们已经具有了早期的科学思想，科学思想和技术能力一样，随着人类的出现和社会的诞生而产生。“文明不是自然界演进的自然产物，而是人创造的结果”[④]；同样，作为人类社会文明组成部分的科学思想是人类创造的，它既不是自然产物，也不应该是西方文明独有的。

二　西方科学的起源

存在一种传统的认识，即认为东、西方之间文化具有很大的差异性，并提倡多元化；而科学则不具有差异性，并坚持趋同化。例如，自

① 李栋：《语词缘起大观》，黄山书社2007年版，第239页。

② 众志主编：《万事源大辞典》，海洋出版社1992年版，第110页。

③ 张利民：《中国近代文化哲学研究》，知识产权出版社2019年版，第50页。

④ 李富贵：《无与美——国画艺术虚白美研究》，西南交通大学出版社2015年版，第25页。

然科学中的物理学、化学等就不存在东方物理和西方物理、东方化学和西方化学之分。该说法没有错，但要注意这样一个事实，即目前全世界共同开展的物理学、化学等自然科学的研究内容与方法，它们来自西方文明，东方各国引进且无条件地接受了它们，不对它们进行东方或西方的区分，表现出了对文明的趋同性，作为东方国家的中国也是如此。于是，我们在此讨论科学的起源时就不得不特别强调西方科学的起源问题。

（一）西方科学与西方文明

关于什么是文明，复旦大学王德峰教授在他的《哲学导论》中明确指出："文明是人的生存方式。这句话意味着：人的生存方式不是自在的自然自身的一种形式。文明意味着超出自在的自然，包含着自在的自然不可能有的新东西。"① 正如前文所说，文明是人类创造的，不是自然产物。关于什么是西方文明，陈乐民先生在他的《欧洲文明十五讲》一书中做了详细解释。陈先生认为西方文明来源于欧洲文明，而欧洲文明的核心就是科学与民主，也就是在中国"五四"新文化运动时期提出的"德先生"（democracy，民主）与"赛先生"（science，科学）。陈先生在该书中还指出，西方文明来源于欧洲文明，而欧洲文明的发祥地是古希腊，也被称为爱琴海文明（或地中海文明）。② 顺着这个思路进行分析可知，西方文明的核心是科学与民主，而西方文明的发祥地是古希腊，所以西方的科学也就必然要起源于古希腊，这个逻辑关系应该是能够成立的。为此，我们需要再次进入《欧洲文明十五讲》来探查这方面的论述。遗憾的是该书中所关注的问题基本上都是古希腊的国家制度、民主等相关问题，并未对科学的发源展开讨论，仅提到亚里士多德将教育进行了分科，分为：文法课、逻辑课、动物学、数学、几何学、气象学等。虽然这些内容并非现代学科分类意义上的知识，但从中我们可以看到科学问题在此时已经初露端倪。于是我们可以意识到一个问题：文明是人类创造的，而科学是在西方文明中诞生的。这里所

---

① 王德峰：《哲学导论》，复旦大学出版社 2014 年版，第 5 页。

② 陈乐民：《欧洲文明十五讲》，北京大学出版社 2004 年版，第 9—11 页。

说的科学，不是科学思想、科学知识、科学方法、科学理论等概念，而是“本征科学”。

（二）科学与哲学的诞生

哲学是具有民族性的，东、西方有着不同的哲学，它们的诞生也就各自不同；“中国哲学的起源，与西方哲学之诞生，呈现出大不相同的情况”；古希腊的泰勒斯被认为是西方哲学的开山祖师，因为他提出了一个重要的命题：水是万物的始基；而“中国哲学的起始，无法用一个人物或一本书来确定”，记录中国夏商周文化精神的“六经”（《诗》《书》《礼》《乐》《易》《春秋》）可被看作是中国哲学的发祥地；除了起源不同外，中西方哲学在思想特征上也存在着巨大的差别，西方哲学注重客观知识，而中国哲学注重生命实践，是两种完全不同的思想境遇。[①] 古希腊的哲学起源于泰勒斯的自然哲学，牟宗三先生在他的《中国哲学十九讲》中谈道：“中国哲学，从它那个通孔所发展出来的主要课题是生命，就是我们所说的生命的学问。它是以生命为它的对象，主要的用心在于如何来调节我们的生命、运转我们的生命、安顿我们的生命。这就不同于希腊自然哲学家，他们的对象是自然，是以自然界作为主要课题。因此就决定后来的西方哲学有 cosmology，有 ontology，合起来就是亚里士多德所说的 metaphysics。这个 metaphysics 就是后来康德所说的 theoretical metaphysics。”[②] 牟宗三在这里谈到西方哲学起源的自然哲学其实就是宇宙学（cosmology）和前本体论（pre－ontology，以后发展为哲学本体论 ontology），即世界本原学说，它们在亚里士多德死后被其弟子编辑在其著作的“meta-physics”（或 metaphysics）部分；“metaphysics”在中国被称为“形而上学”，在西方其实就是自然哲学，是西方哲学的起点，德国哲学家康德则认为 metaphysics 就是理论理性哲学（theoretical metaphysics），而理论理性就是理智、知性或科学理性[③]；因为“科学理性本质上是理论理性，它以认知为其建构的思维方式，形成科学的知识体系。”[④] 以上这

① 王德峰：《哲学导论》，复旦大学出版社 2014 年版，第 39—45 页。
② 牟宗三：《中国哲学十九讲》，贵州人民出版社 2020 年版，第 14 页。
③ 王德峰：《哲学导论》，复旦大学出版社 2014 年版，第 154 页。
④ 王桂山：《技术理性的认识论研究》，东北大学出版社 2006 年版，第 94 页。

些是现代中国哲学学者对中西方哲学起源的论述，从中可见，中国古代哲学的研究对象是从社会问题开始，而西方古代哲学的研究对象是从自然问题起步，西方开始研究的哲学问题更像自然科学问题，科学研究的品质从哲学研究中建立了起来。

一个能够反映西方哲学本质与发展的重要文献是罗素的《西方哲学史》，该书开篇就明确指出："在全部的历史里，最使人感到惊讶或难于解说的莫过于希腊文明的突然兴起了。希腊人在文学艺术上的成就是大家熟知的，但是他们在纯粹知识的领域上所做出的贡献还要更加不平凡。他们首创了数学、科学和哲学；哲学和科学原是不分的，因此它们是一起诞生于公元前第六世纪的初期。"① "也正是在这个世纪里，希腊的科学、哲学与数学开始了。在同一个时期，世界上的其他部分也在发生着具有根本重要意义的事件。孔子、佛陀和琐罗亚斯特，如果他们确有其人的话，大概也是属于这个世纪的。"② 从这些描述中可以看出，古希腊时期的先哲们从事的研究确实是通过大量的思维而集体产生的学问，它们不属于技术类的发明，技术发明是反映在工具的制作与改良上的，即使当时也有这种发明存在，但与科学成就相比较就显得逊色多了。与此同时，东方（中国、印度）在技术发明上的成就辉煌，并深刻地影响到了西方。③ 可见，反映经验积累的技术创造更多地起源于东亚和中东，而反映思想结晶的科学洞见主要起源于古希腊。

（三）中西方哲学的差异性

为了能够厘清中国哲学与西方哲学的差异性，此处对中西方古代主要哲学著作内容进行对比分析，中国古代哲学著作选择张岱年先生主编《中国哲学大辞典》中开列的相关书目（详见表6－2），西方古代哲学著作选择冯契先生主编《外国哲学大辞典》中开列的相关书目（详见表6－3）；其中"古代"则被限定在中国的周代（公元前1046—前256年），周代分为西周与东周两个时期，其中东周又分为春秋时期和战国

① ［英］罗素：《西方哲学史》，何兆武、李约瑟译，商务印书馆1963年版，第24页。
② ［英］罗素：《西方哲学史》，何兆武、李约瑟译，商务印书馆1963年版，第35页。
③ ［英］李约瑟：《文明的滴定》，张卜天译，商务印书馆2018年版，第1—2页。

时期。西方古代哲学著作的时间也选择与中国周代相应的年代。

表 6－2　**中国古代哲学著作选**①

著作名称	作者	年代	论述内容
《周易》	不详	周代	分两部分，《经》是占筮之书，《传》是对《经》的解释
《尚书》	孔子编定	春秋时期	中国上古历史文献和部分追述古代史籍著作的汇编
《管子》	管仲	战国时期	法、道、名等家思想以及天文、历数、舆地、农业和经济
《论语》	张禹	春秋末期	记录孔子言行，研究孔子哲学、政治、伦理、美学等
《道德经》	老子	春秋末期	以道为核心的思想、古代天文、养生、生产技术以及兵法
《墨子》	墨翟	战国时期	墨家逻辑思想，包括经济学、几何、光学、力学思想
《大学》	曾子	春秋时期	道德修养、道德作用及其与治国平天下的关系
《中庸》	子思	战国初期	道德准则、修养境界
《孟子》	孟子	战国中期	政治、教育、哲学、美学、伦理等
《庄子》	庄子	战国时期	寓言故事形式阐发哲理
《公孙龙子》	公孙龙	战国末期	明辨思想
《荀子》	荀子	战国时期	自然观、认识论、逻辑思想、教育理论、军事理论、政治
《天问》	屈原	战国时期	对自然现象、神话传说、历史人物、人生道德等提出质问
《离骚》	屈原	战国时期	“骚”体诗歌
《韩非子》	韩非	战国末期	法制主张
《吕氏春秋》	吕不韦	战国末期	保存先秦各家资料以及天文、医农、音律等知识
《战国策》	曾参弟子	春秋末期	忠君与孝道
《黄帝四经》	不详	战国时期	道家治国之本

① 张岱年主编：《中国哲学大辞典》，上海辞书出版社 2014 年版，第 568—582 页。

表 6-3　　　　西方古代哲学著作选①

著作名称	作者	年代	论述内容
《论自然》	阿那克西曼德	古希腊	宇宙本原与演化
《论自然》	阿那克西米尼	古希腊	宇宙演化、解释自然现象
《论自然》	色诺芬尼	古希腊	阐述披着神学外衣的存在论
《论自然》	赫拉克利特	古希腊	论文集
《论自然》	巴门尼德	前 490—前 468 年	诗篇，论述存在论
《论自然》	阿那克萨哥拉	前 467 年	天体到生物的各种自然现象
《论自然》	恩培多克勒	古希腊	元素论、四根说、自然科学思想
《净化篇》	恩培多克勒	古希腊	灵魂轮回、人神关系、宗教道德
《追思录》	色诺芬	前 430—前 352 年	对苏格拉底的回忆录
《苏格拉底的申辩》	柏拉图	前 399 年	记载苏格拉底在法庭上的公开申辩
《柏拉图对话集》	柏拉图	古希腊	建立认识论、本体论、辩证法体系以及社会、伦理、国家学说
《智者篇》	柏拉图	古希腊	逻辑推论：存在与非存在、动和静、同和异
《斐多篇》	柏拉图	古希腊	灵魂与肉体、理念论、美学
《巴门尼德篇》	柏拉图	古希腊	逻辑学、本体论
《法律篇》	柏拉图	古希腊	立法原则、国家起源、各种政体、官吏任命以及教育、爱情、惩罚、宗教、贸易、军事和外交
《理想国》	柏拉图	前 387—前 367 年	讨论正义的定义与本质以及艺术的理论
《斐德罗篇》	柏拉图	古希腊	系统地讨论认识论，为知识下定义
《大希比亚篇》	柏拉图	古希腊	美学，给美下定义
《蒂迈欧篇》	柏拉图	古希腊	宇宙和人的生成、结构、作用以及宇宙的理性和人的理性
《会饮篇》	柏拉图	前 385—前 380 年	论美和哲学修养，阐明真、善、美的统一
《工具论》	亚里士多德	古希腊	逻辑学
《解释篇》	亚里士多德	古希腊	讨论命题和判断问题
《分析前篇》	亚里士多德	古希腊	逻辑学中三段论和推论的规则

① 冯契主编：《外国哲学大辞典》，上海辞书出版社 2008 年版，第 612—621 页。

续表

著作名称	作者	年代	论述内容
《分析后篇》	亚里士多德	古希腊	逻辑学三段论
《辩谬篇》	亚里士多德	古希腊	讨论诡辩式的三段论问题
《论辩篇》	亚里士多德	古希腊	论述推论问题
《形而上学》	亚里士多德	古希腊	研究本体论问题
《物理学》	亚里士多德	古希腊	自然哲学：运动、空间、时间、运动分类
《修辞学》	亚里士多德	前335—前322年	演说、劝说的论证模式，诉诸并激发感情
《政治学》	亚里士多德	古希腊	政治团体、人的政治性、城邦、家庭、主奴关系
《范畴篇》	亚里士多德	古希腊	逻辑学、形而上学、本体论
《论灵魂》	亚里士多德	古希腊	心理学
《尼各马科伦理学》	亚里士多德	古希腊	伦理学属性、道德美德、互帮互爱

康德在他的《实践理性批判》一书结论中说道："有两样东西，我们愈经常愈持久地加以思索，它们就愈使心灵充满日新月异、有加无已的景仰和敬畏：在我之上的星空和居我心中的道德法则。"① 康德在此所指的天上星空与心中道德实质上是道出了我们人类面对的两个世界：一个是自然世界，一个是社会世界。从表6－2中开列的西方古代哲学著作的研究内容可以看出，西方哲学开创伊始其研究对象就是自然与社会这两个世界，而从表6－1中看出，中国古代哲学的研究对象更加关注的只是社会世界。例如，亚里士多德去世后他的弟子整理他生前的著作，第一部分是《物理学》（希腊语 ta physika；英语 physics；拉丁语

① ［德］康德：《实践理性批判》，韩水法译，商务印书馆1999年版，第177页。

physica)，第二部分是《形而上学》（希腊语 ta meta ta physika；英语 metaphysics；拉丁语 metaphysica)。被译为“物理学”的希腊语 ta physika 其字面意思是“自然事物”，表示为“自然科学”，在一些哲学著作中它也被解释为“自然哲学”。而被译为“形而上学”的希腊语 ta meta ta physika 之前的“ta meta”与英语 metaphysics 的前缀“meta”一样，表示在“……之后”，是由于当时“形而上学”这部分内容没有明确的名字，就将它命名为“物理学之后”或“自然科学之后”，metaphysics 在西方就是哲学的意思。同样，《论语》也是在孔子去世后，他的弟子整理他生前的研究所成著作，《论语》所涉及的内容主要为人与人之间的关系，属于政治、伦理与美学的范畴，或者说他的研究对象仅为社会世界的社会现象。而亚里士多德《物理学》部分的研究内容是运动、空间、时间、运动分类等，研究对象是自然世界的自然现象；《形而上学》部分的研究内容是哲学本体论问题，哲学本体论实为存在论，是西方哲学的核心，它研究存在者的存在规定，存在者既包括自然世界的存在者也包括社会世界的存在者。哲学具有民族性，一个民族的哲学在建立时其研究对象与内容就决定了该民族在以后发展时的主体思维范式，对科学研究重视差异性表现从这里就已经开始了。

中西方古代哲学研究内容除了在自然科学方面存在着很大差异性外，另一个表现出较大差异的是对于逻辑学的研究与应用。“在世界逻辑史上有三大流派：中国明辨逻辑、印度因明逻辑和西方逻辑。”① 但是，“中国古代的明辨学，大都结合当时的政治斗争和具体的论辩展开，没有采取形式化的方法，……‘因明’是佛家逻辑的专称，是作为论证佛教教义的工具而存在的。由于种种历史原因，古代中国逻辑和古代印度逻辑没有进入世界逻辑的主流，古希腊逻辑相对完整的历史，成为当今世界逻辑的肇始”②。从这些描述中可以看出，古代中国逻辑和古代印度逻辑是针对人与人或人与神而建立起来的，没有古希腊逻辑

---

① 时明德主编：《普通逻辑概论》，河南人民出版社 1991 年版，第 285 页。

② 赵成文、顾坚男、徐旭开主编：《哲学概论》，北京理工大学出版社 2017 年版，第 65 页。

针对人与自然问题而建立的特点。亚当·斯密认为，逻辑学应该是自然科学（physics）和哲学（metaphysics）的基础或基本出发点（逻辑起点）。与西方古代哲学相比较，中国古代哲学中没有更加系统地建立科学思想与逻辑思想之间的关联。

三　科学的概念界定

本节对科学的概念界定不是对科学做语言描述的界定（即下定义），而是希望通过对其概念范围与概念边界的界定，使科学的概念更加清晰，为科学教育的理念提供支持。

（一）科学的本体论释义

通常人们总将科学与技术两个词放在一起使用简称“科技”。根据巴门尼德对存在的定义，科学与技术都是能被人类思维到者，所以它们都是存在者，但是它们的存在形态是完全不同的：技术作为存在者其存在形态是物质形态，技术的存在非善非恶；而此处要说明的是，科学作为存在者其存在形态是思维形态，它的存在有正误之别。首先，科学是人类通过思维上的逻辑分析与逻辑判断去发现它的客观规律，那么这个思维的逻辑性本身就存在着正误问题，所以得出的科学结论必然具有正误性。其次，人类通过思维发现的科学规律（或定律）是不断发展的，旧的科学定律不断地被新的科学定律取代。最后，科学是允许证伪的，① 这本身就说明科学结论存在正误之别。于是我们可以肯定地将科学界定为是一种具有思维存在形态的存在者。科学与技术具有完全不同的存在形态，这点十分重要，它的重要性将会体现到我们的科学教育中，它决定着科学教育的教学活动中科学课的教学内容和教学策略都将与技术类课程完全不同，而且有必要在课程标准中进行分割。

（二）科学的本质

概念是人对事物本质的思维规定，对一个事物概念的界定通常需要对该事物的本质进行分析，“本质是存在的真理，是过去了的或内在的

---

① 佟立：《西方后现代主义哲学思潮研究》，天津人民出版社 2003 年版，第 57—58 页。

存在"[①]，于是可认为本质是对存在者存在形态的规定，那么科学作为存在者它的存在形态也就必然是由它的本质规定的。在自然辩证法研究中对科学本质的论述最为彻底并最为深入，此处主要引用自然辩证法研究中对科学本质的界定："科学是人类求真的一种认知活动、方法系统和知识体系""科学是一种特殊的社会意识形态""科学是一种知识形态的生产力""科学是精神生产领域的社会劳动""科学是一种社会建制"；[②] 科学是"一种建制""一种方法""一种积累的知识传统""一种维持和发展生产的主要因素""一种重要的观念来源"；[③] 科学的本质特征是"客观性和实证性""探索性和创造性""通用性和共享性"[④]。因为本节最终要讨论科学教育问题，所以在此选择了《教育大辞典》中对科学概念界定的条目："科学（science）（1）描述、解释和预言现实世界的过程和现象，揭示客观世界规律的理论表述。其职能是总结关于客观世界的知识，并使之系统化。追求普遍化、高度概括的客观知识，以'概念思维'为特征。（2）亦译'理科'。美、英等国小学学科科目。相当于中国小学自然课。"[⑤]

通过上面这些描述我们可以对科学做一个本质上的概念界定：科学是学问。科学与哲学都是学问，它们具有相同的属性。哲学作为学问具有自己的范畴，称为哲学范畴，哲学范畴一般被界定为：本体论（ontology）、认识论（epistemology）、方法论（methodology）等[⑥]。"学问"一词在汉语中是常用词，但在英语中没有非常确切的对应词汇，此处使用表示"学、学问"的后缀"-ology"来代替。科学作为学问（"-ology"）也要具有自己的范畴，根据上面的描述可以认为科学的范畴应

① ［德］黑格尔：《小逻辑》，贺麟译，商务印书馆1980年版，第241—242页。

② 王树松、李昊婷、吕春华主编：《自然辩证法概论》，哈尔滨工程大学出版社2017年版，第53—55页。

③ 吴炜、程本学、李诊编著：《自然辩证法概论》，中山大学出版社2019年版，第56—57页。

④ 杨水旸、石诚编著：《自然辩证法概论》，国防工业出版社2017年版，第81页。

⑤ 顾明远主编：《教育大辞典》（增订合编本上），上海教育出版社1998年版，第880页。

⑥ 夏保华、赵磊：《哲学学术规范与方法论研究》，东南大学出版社2016年版，第21—22页。

被界定为：知识体系、方法系统、社会建制、意识形态等；可以称它们为科学范畴。面对自然世界和社会世界，科学这门学问的研究对象被粗略地分为两种类型，以自然世界为研究对象的科学是自然科学，而以社会世界为研究对象的科学是社会科学。如果再作细致一些的分析可知，自然科学研究的具体对象多具有物质形态，而社会科学研究的具体对象既有物质形态的也有思维形态的。

（三）本征的科学

汉语“本征”一词多对应 3 个英语词汇，一个是“eigen”（n. 特征、艾根——人名），第二个是“proper”（adj. 真正的、本色的），第三个是“intrinsic”（adj. 固有的、本质的）。“本征”一词在数学与科技文献中常见，如：本征函数（Eigen function）、本征矢（Eigen vectors）、本征值（Eigen values）、本征半导体（intrinsic semiconductor）等；但是在这些文献中多为直接使用，对“本征”一词不做解释。美国作家盖瑞·祖卡夫在他的著作《像物理学家一样思考》中指出，爱因斯坦在解释相对运动时特别引用了“本征”（proper）和“相对”两个词语，他说：“如果我们本身是固定的，这时观察我们那根固定的量杆和时钟，我们所看到的长度和时钟便是‘本征’长度和‘本征’时间。”① 笔者认为对“本征”一词解释最为确切的是邵波的《邵浩教育构成说及其教育本征定义——本征教育理论基本概念简介》一文，这是一篇社会科学（教育学）文献，文中首先定义：“教育是在某些媒介介入下，若干相互作用方中各方依其性其状转化的相应激励讯号及其所处环境弥散的激励讯号，且按某种方式与方法改变含己方在内至少一方原态的一切涉及生理心理的多种多重多层面多形态混杂的时变的定常的连续的间断等形式的逻辑或模糊过程之统称。”并对这个“本征教育”（intrinsic education）的本征性做解释：“因该表述中一概不涉及教育的目的、功能、用途和作用等人的意识、意愿、意志的主观内容，实为站在教育领域里，持客观教育观针对纯教育体进行探索而得出一个显现教

① ［美］盖瑞·祖卡夫：《像物理学家一样思考》，廖世德译，海南出版社 2016 年版，第 124 页。

育构成特征的关于教育内涵的本原征候性描述，简称为本征性描述，故称为教育本征定义。”① 如果我们将该解释中“教育”这个限定领域去掉，代替以一般事物，则对于一个事物的本征定义就应该是：若定义的表述中不涉及该事物的目的、价值、道德、方法等人赋予的主观意识，站在纯粹客观的角度探索构成该事物特征内涵的本原征候，则该事物的这个定义为本征定义；那么该事物“本征”的涵义也就在这个定义中表达出来。

根据上述本征定义我们就可以定义“本征科学”（intrinsic science）了。本征科学应该不涉及求真认知（目的）、生产力（价值）、社会建制（道德）、方法系统（方法）等人赋予的主观意识，而我们有理由认为它的本原征候就是“逻各斯”（logos），因为许多研究都为此得出几乎相同的结论：例如，“‘学’与‘术’的不同在于，学是‘科学’，是‘逻各斯’，就是说，它有基本固定的概念、范畴、逻辑及公理、定律等”②。再如，“体系是科学，而科学是逻各斯（理性）。”③ 又如，“许多轴心时代的思想家都不相信抽象的逻各斯和理性，但希腊化时期的哲学家们却是以科学而非直觉为基础的”④。所以，在此可以基本认定本征科学就是逻各斯。

探索本征科学的目的是为科学教育、特别是为我国基础教育阶段的科学教育提出一个核心理念，为科学教育的教学提供一个有效的教学策略，因为只有找到科学的本原征候，才能掌握科学最为核心的东西，使得科学教育的教学目标更为明确，教学目标的达成更有保障。

（四）逻各斯（logos）概念释义

《西方哲学大辞典》中对逻各斯的解释为：“希腊语 logos 一词，亦作 Logos，音译‘逻各斯’，有‘理性’‘理念’‘词’‘谈话’等意，

---

① 邵波：《邵浩教育构成说及其教育本征定义——本征教育理论基本概念简介》，《湖北师范学院学报》（哲学社会科学版）2010 年第 4 期。

② 周义、徐志红：《中西文化比较》，人民教育出版社 2004 年版，第 535 页。

③ ［俄］列夫·舍斯托夫：《在约伯的天平上》，董友等译，商务印书馆 2019 年版，第 398 页。

④ ［英］凯伦·阿姆斯特朗：《轴心时代》，生活·读书·新知三联书店 2019 年版，第 435 页。

该词源出希腊语 Legein，意为‘说’（to speak）。在哲学上涵义丰富，大体有以下含义：任何讲的或写的东西，包括虚构的故事和真实的历史；所提到的和价值有关的东西；与感觉对立的思想或推理；原因、理性或论证；事物的真理；尺度，完全或正当的尺寸；对应关系、比例；一般的原则或规律；理性的力量；定义或公式。”① 这个解释过于宽泛，人们不容易抓住它的精髓，其实在这段描述里最为核心的部分是理性论证和思想推理，也就是逻辑。在“词源在线”网站上可以查到，“逻辑”一词的英语 logic 来源于古希腊语 logos（逻各斯）；通常在哲学论著中对“逻辑”的解释也是：“‘逻辑’一词源于希腊文‘logos’（逻各斯），有语言、说明、比例、尺度等多种含义。古希腊哲学家赫拉克利特用‘逻各斯’来表示自然事物的发展、变化有尺度、有分寸、有规律。亚里士多德用‘逻各斯’这个词表示事物的定义、公式，以揭示事物的本质。英文用‘logy’作为后缀，以表示某学科的知识体系，如 technology、biology，等等。”② 所以，逻各斯最根本的涵义是逻辑的意思和学问的意思。

前文已经论证过，科学的本质是学问（“-ology”），同时本征的科学是逻各斯（logos），而科学作为存在者的存在形态（或称“本体形态”）为思维形态（thought form），这些结论对于指导科学教育都是十分重要的。以下，我们将根据科学的本体论意义、科学的本质以及本征科学，主要针对中小学的科学教育问题展开较为详细的讨论。

四　科学教育的核心问题

中小学的科学教育主要体现在开设的科学课程中，虽然一些课外的科学教育活动也很重要，但仍然脱离不开课程方案与课程标准中所规定的教学目标与教学内容；所以，下面的讨论就主要以中小学科学课程为对象进行。

---

① 冯契主编：《外国哲学大辞典》，上海辞书出版社 2008 年版，第 60 页。

② 赵成文、顾坚男、徐旭升主编：《哲学概论》，北京理工大学出版社 2017 年版，第 64 页。

（一）国内外中小学科学教育现状

国际上各国都对中小学科学教育十分重视，但是在科学教育的定位、目标、内容上存在者比较大的差异性，说明在科学以及科学教育概念的理解上是不完全相同的。这些不同点可以从各国中小学科学课程标准的分析中明显看出。

先看一下美国的情况。美国在20世纪末和21世纪初发布了一系列国家科学教育课程标准：1996年发布了《国家科学教育标准（1996）》，1999年发布了《选择教学材料：K－12科学指南（1999）》和《设计数学或科学课程计划：数学和科学教育标准使用指南（1999）》，2000年发布了《探究与国家科学教育标准：教学指南（2000）》，2001年发布了《课堂评估与国家科学教育标准（2001）》，2012年发布了《K－12科学教育框架：实践、交叉概念和核心理念（2012）》，2013年发布了《下一代科学标准：为各州，按各州（2013）》，2015年发布了《下一代科学标准实施指南（2015年）》，足见美国对中小学科学教育的重视程度。在上述这些标准中，对中国中小学科学教育影响比较大的主要是《国家科学教育标准（1996）》和《下一代科学标准：为各州，按各州（2013）》这两个标准。《国家科学教育标准（1996）》强调指出，要“对证据与解释之间的关系进行批判性和逻辑性思考、构造和分析其他解释方法以及科学论点的交流等”，并且“科学与技术之标准建立了自然界与非自然界（人类设计的世界）间的联系，为学生提供了培养决策能力的机会”，同时“科学教育的一个重要目标是为学生提供一种理解个人问题和社会问题并采取行动的手段”。①《下一代科学标准：为各州，按各州（2013）》体现出的核心理念则是“美国更重视科学本质教育和STSE（Science，Technology，Society，and the Environment）教育”②，提倡科学与技术、社会以及环境融合；同时在科学课程核心基础框架中非常突出地提出了“跨学科概念”

---

① 余自强主编：《综合科学课程研究》，浙江教育出版社2011年版，第187页。

② 施展霞：《美国、英国、新加坡、中国小学科学课程标准比较研究》，博士学位论文，南京师范大学，2018年，第18页。

（Crosscutting Concepts）[①]。美国中小学科学课程标准具有两个明显特点，一个是提倡批判性和逻辑性思维，另一个是提倡将自然科学与社会科学以“跨学科”方式进行融合。

再看一下英国的情况。目前英国执行的科学课程标准为《英国国家课程框架文件》（The national curriculum in England Framework document）中的科学部分。该标准在“学习计划和学业目标”（Programmes of study and attainment targets）中开列了三个学科课程，分别为英语（English）、数学（Mathematics）、科学（Science），其中科学部分规定了学段 1（Key stage 1，5—7 岁）至学段 4（Key stage 4，14—16 岁）科学课程的教学内容。在科学课程学习目的（Purpose of study）部分指出：“通过建立主要的基础知识和概念，鼓励学生认识理性解释的力量，并培养对自然现象的兴趣和好奇。应该鼓励他们理解科学如何能够用来解释正在发生的事情，预测事情将如何发展，并分析原因。”学习目的强调了理性、兴趣、好奇、解释以及预测这些要求。

在亚洲地区，新加坡在 2014 年发布的《小学科学课程大纲》中提出了以科学研究为核心的教育理念，小学科学将日常生活中的科学、社会中的科学以及科学和环境设定为教学的切入点。[②] 日本的科学课程称理科课程，日本理科课程的理念为：课程目标强调养成全面科学素养，课程内容强调理科与生活、社会、环境的关系。澳大利亚科学课程基本理念提出：科学课程注重于其他学习领域的联系，培养学生对周围世界的自然好奇心，并在此过程中发展批判性思维和创造性思维。[③]

我国中小学科学教育在国家课程方案与国家课程标准上有具体体现。国家课程方案是国家课程标准建立的依据，科学课程是否开设和如何开设都是首先在国家课程方案中做出规定，而具体的教学目标、教学

---

① 熊国勇：《美国“下一代科学标准”核心内容与特征分析》，《基础教育》2016 年第 2 期。

② 施展霞：《美国、英国、新加坡、中国小学科学课程标准比较研究》，博士学位论文，南京师范大学，2018 年，第 20 页。

③ 潘洪建等：《中外小学科学课程标准比较研究》，甘肃教育出版社 2017 年版，第 303—304 页。

内容、教学评价等则体现在课程标准中。我国中小学国家课程方案有2001年教育部印发的《义务教育课程设置实验方案》、2017年教育部制定的《普通高中课程方案（2017年版）》和2022年教育部制定的《义务教育课程方案（2022年版）》。其中《普通高中课程方案（2017年版）》没有规定高中开设科学课程，但是在“培养目标”部分提出了“具有科学文化素养和终身学习能力”的要求。在《义务教育课程设置实验方案》中规定义务教育三年级至六年级开设科学课程，义务教育七年级至九年级开设科学课程“或选用生物、物理、化学”。在《义务教育课程方案（2022年版）》中规定“科学、综合实践活动起始年级提前至一年级”，并在“课程类别与科目设置”中明确了国家课程部分义务教育一年级至六年级开设科学课程，义务教育七年级至九年级开设物理、化学、生物学（或科学）。2022年教育部制定的《义务教育科学课程标准（2022年版）》中，在“课程性质”部分开始就指出，“科学是人类在研究自然现象、发现自然规律的基础上形成的知识系统，以及获得这些知识系统的认识过程和在此过程中所利用的方法。根据研究对象不同，可将科学分为物理学、化学、生物学、天文学、地球科学等分支。”显然，我国中小学科学教育对科学的定位仅限于自然科学，没有涉及社会科学问题；而在自然科学中主要涉及物理学、化学、生物学、天文学、地球科学。虽然在《义务教育课程方案（2022年版）》中提出了“跨学科主题活动”的要求，并在“课程标准编制”部分规定“各门课程用不少于10%的课时设计跨学科主题学习”，但是《义务教育科学课程标准（2022年版）》没有具体安排跨学科主题活动，只在“课程内容”部分提出“物质与能量、结构与功能、系统与模型、稳定与变化”四个跨学科概念。

综上所述，国内外中小学科学课程标准对科学教育的定位上主要存在三个方面的差异：第一是逻辑思维。逻辑理性是西方哲学研究的特点，也是西方科学研究的特点，在西方文化影响下的各国中小学科学教育在课程理念上几乎都提出了逻辑理性的问题；《义务教育科学课程标准（2022年版）》课程理念的五个方面中都没有涉及逻辑思维要求。第二是跨学科。上述提及的国外中小学科学课程标准中基本上都做了跨学科教学的要求，特别是美国的课程标准中非常明确地指出 STSE 教育的跨学科概念（Crosscutting Concepts）；“Crosscutting Subjects”亦可称为“横断学科”，表示多个学科的交叉融合（注：两个学科的融合称为“交叉学科”）；但是《义务教育科学课程标准（2022 年版）》提出的四个跨学科概念没有明确学科的不同。第三是激发兴趣。激发兴趣就是培养问题意识，发现问题、解决问题才能创新；上述提到的国外课程标准对素养问题中都非常关心激发学生的兴趣，特别是美国《国家科学课程标准（1996）》的前言引用了物理学家理查德·费曼（Richard Phillips Feynman，1918—1988 年）的话：“学习科学后，世界看起来如此不同。例如，树木主要是由空气制成的。当它们被燃烧时，它们会回到空气中，在燃烧的热量中释放出太阳的燃烧热量，太阳的热量被束缚在空气中，将空气转化为树木。灰烬中的一小部分不是来自空气的部分，而是来自固态地球的部分。这些都是美丽的东西，科学的内容充满了它们。它们非常鼓舞人心，可以用来激励他人。”其中表达科学教育要激励学习者兴趣的观念是十分清晰的。《义务教育科学课程标准（2022 年版）》在核心素养要求方面提出的“科学观念、科学思维、探究实践、态度责任”四个内涵中没有提及激励兴趣问题。

（二）科学教育的核心策略——逻辑与发问

科学的本体形态是思维形态（thought form），科学的本质是学问（-ology），本征的科学是逻各斯（logos），于是我们可以认为科学教育需要掌握的核心教学策略就应该是逻辑思维与发问追问。

逻辑思维训练不仅是作为科学课程的一种教学策略，对于我国中小学的科学课程，它甚至应该与各种科学知识一样成为教学内容。爱因斯坦在 1953 年写给美国加州圣玛托（San Mateo）一位退役军人 J. S. Switzer 的短信①中写道：“西方科学的发展是以两个伟大的成就为基础的：希腊哲学家发明形式逻辑体系（在欧几里得几何学中），以及（在文艺复兴时期）发现通过系统的实验可能找出因果关系。在我看

① 许良英：《关于爱因斯坦致斯威策信的翻译问题——兼答何凯文君》，《自然辩证法通讯》2005 年第 5 期。

来，中国的贤哲没有走上这两步，那是用不着惊奇的。作出这些发现是令人惊奇的。”[①] 如果排除爱因斯坦对中国文化的偏见，他对中国哲学研究缺乏逻辑体系而影响了科学的产生与发展这一认识是非常正确的；而在我国中小学科学课程中注重逻辑思维训练和增加形式逻辑知识也是十分必要的。

训练学生学会和善于发问与追问是在科学课程教学中激励学生对科学现象产生兴趣的有效策略。训练发问是在培养问题意识，发问的目的是探索事物的因果关系，其实汉语的“学问”就可以理解为“学习发问”，科学的本质是学问，学会发问就掌握了科学的本质。追问是在发问后且得到初步因果关系时对科学现象做出的进一步探索，它完全是在逻辑思维的框架下进行的；因为因果关系满足的是“当且仅当”所有条件成立时，原命题才能成立，即科学原理才能被揭示，“当且仅当”是说必须满足完备性条件，而满足完备性就是使得必要性条件和充分性条件同时被满足。[②] 追问，就是在探索科学原理成立时满足充分性的所有条件。

（三）科学实验与思想实验

爱因斯坦认为西方科学发展的两大基础一个是逻辑体系，另一个是科学实验。科学原理可通过科学实验发现，归纳出科学定律，也可通过科学实验验证，演绎出科学结论。在国内外中小学科学课程标准中都十分重视该课程的实验教学内容，并将科学实验作为该课程的重要组成部分。但是我们在这里必须特别指出，思想实验或称理想实验应该成为中小学尤其是我国中小学科学教育中的重要内容。这是因为：第一，重大的科学发现往往是通过逻辑理性的思想实验得到的。例如，爱因斯坦在他的工作日里会用一半的时间完成一天的工作，另一半时间就开始他的思想实验，他的许多科学发现都是通过思想实验用想象力和逻辑推出来的。[③] 另一个典型的例子就是伽利略的两个思想实验，一个是著名的

① 《爱因斯坦文集》（第一卷），许良英等编译，商务印书馆 2017 年版，第 772 页。

② 艾伦：《变量因果关系成立的条件》，《中国现代教育装备》2020 年第 8 期。

③ 刘继军：《爱因斯坦：想象颠覆世界》，北京联合出版公司 2018 年版，第 58—59 页。

"惯性实验"，在头脑中将斜面上小车滚下时轮子的摩擦力去掉，得出了惯性定律。另一个是用思想的"双球实验"否定了亚里士多德自由下落重物先于轻物落地的结论，他想象一重一轻两个球体捆在一起成为组合体，根据亚里士多德的理论，（1）当组合体自由下落时重球快而轻球慢，轻球阻止下落使得组合体下落速度介于重球单独下落速度与轻球单独下落速度之间，即比重球单独下落速度慢；（2）组合体的重量大于重球，下落速度应该大于重球单独下落速度才对；（1）与（2）之间产生了矛盾，不符合逻辑，所以双球自由下落的速度应该与球重无关。还有一个通过思想实验得出的著名科学结论的实例，就是门捷列夫元素周期表；所谓门捷列夫在梦境中发现了元素周期规律的说法其实反映了在他思想中所进行的那个逻辑思维过程。① 第二，我们前面强调在中小学科学课程教学中的逻辑思维训练和逻辑思维能力，很多都是通过思想实验而表现出来的。在中小学科学教育中提倡思想实验尤为重要。

讨论科学，就是要搞清楚科学的精髓，科学的精髓被它本体论、本质论以及本征定义所规定。本书就是从本体论出发得出科学作为存在者其存在形态为思维形态，又从本质论出发得出科学的本质是学问，再从本征定义出发得出本征科学为逻各斯。文中深入讨论科学的精髓问题其意义是为我国中小学科学教育提出教学理念、教学内容、教学策略方面的合理建议，能够为我国中小学科学教育提供基础理论支持。

讨论科学教育的意义在于搞清楚如何根据科学的精髓来设定科学课程的教学理念，设置科学课程的教学内容，选择科学课程的教学策略，以使得我国中小学科学课程定位更加准确，教育效果更加突出，教学目标更容易达成。本节提出的我国中小学科学课程教学应该注重跨学科的思想，应该设置一些与逻辑学相关的教学内容，以及将逻辑思维、思想实验、发问追问作为科学课程的教学策略，都是建立在科学起源分析、科学发展分析、中西方科学差异性分析的基础之上的，是深思熟虑、博众之精华的结果。中国的现代化发展需要现代科技的发展，需要培养大

① 刘永振等：《潜科学——中国人关于科学发现模式的新见解》，《辽宁师范大学学报》1990 年第 1 期。

量人才，笔者希望本节的论述与观点能够在我国教育现代化发展中起到一定的作用。

第四节 教育资源的哲学分析

教育资源是教育赖以生存的条件。教育的现代化依靠教育资源的现代化，教育资源现代化是教育现代化发展的必要条件。近年来，我国的教育十分注重教育资源建设，国家发布的一系列关于教育现代化发展的政策文件中“教育资源”一词出现频次非常高。例如：2018 年中共中央、国务院印发的《中国教育现代化 2035》中“教育资源”使用了 24 次；2019 年中共中央办公厅、国务院办公厅印发的《加快推进教育现代化实施方案（2018—2022 年）》中“教育资源”出现了 21 次；2018 年教育部印发的《教育信息化 2.0 行动计划》中“教育资源”出现了 23 次；2021 年中共中央办公厅、国务院办公厅印发的《关于推进“互联网+教育”发展的意见》中“教育资源”出现了 11 次；另外，2021 年《教育部等六部门关于推进教育新型基础设施建设构建高质量教育支撑体系的指导意见》的 5000 多字文件中“资源”一词就出现了 34 次，其中除了“教育资源”外，那些属于教育资源的“数字资源”“优质资源”“通信资源”等词汇不断被使用。教育资源在我国教育现代化发展中已经成为不可或缺的重要因素，对教育资源深入研究的任务已经迫在眉睫。

一 资源的概念界定

“教育资源”一词的构成属于偏正词组，词组的前一部分（偏）名词“教育”限定或修饰后一部分（正）名词“资源”，词组中的“资源”是主词，也是该词组的核心。在此处首先对“资源”一词做分析，对资源的概念进行界定。

（一）“资源”的词源分析

汉语“资源”一词古已有之，在“中国知识图谱”网站（https：//cnkgraph. com/）的“古籍”栏目中输入关键词“资源”，可以查询到 30 个相关文献。其中，除了个别的错误定位（如：将“以资源源之用”与“师资源委”中的“资”与“源”合并）与少量的表示人名（古代有资姓）之外，大部分文献中的资源应是河流、水利、水源的意思；如清代《钦定古今图书集成》中的“基开无穷，资源东西，淇水之湄，立石于斯”；又如清代《治河奏绩书》中的“今运河自中河以北尽资源泉之水终当逐处查勘开濬以济运”；再如唐代《敧器赋应诏》中的“若乃求中轨范，流庆资源”；还有唐代《寺沙门玄奘上表记》中的“又闻龙门回激，资源长而流远”等。

虽然“资源”一词使用非常广泛，但是对“资源”作词源分析的文献却十分稀少。在中国知网（CNKI）上以“资源”为篇名关键词进行检索，搜索到的文献数达77万条以上；而如果再加上关键词为“资源”，全文加上“‘资源’一词”进行高级检索，搜索到的文献仅为76篇（截止至2022年8月9日），且其中只有《“资源”作为一个历史的概念》一文对汉语“资源”进行了考证。文中引用了唐代“若乃求中轨范，流庆资源”一句，但文章作者认为该句中的资源与其文中论述的资源“完全不是一码事”，并提出“这个词汇有可能是上个世纪前期从日文移植过来的”。[①] 为此笔者查询了《汉语外来词词典》（上海辞书出版社，1984年）、《汉语外来语词典》（商务出版社，1990年）、《现代汉语外来词研究》（文字改革出版社，1958年）、《谈谈源于日语的汉语外来词》（河南人民出版社，2018年）、《鲁迅作品中的日语借词》（南开大学出版社，2014年）等相关文献，在所有开列出的词汇中没有发现“资源”一词。

于是笔者可以断言，汉语“资源”一词在中国古已有之，且主要用于指代河流、水利、水源。所以，以后该词发展为表示自然界生产生活天然资料的意思也就是顺理成章的了。

（二）资源的概念分析

对资源概念的解释主要出现在两个方面，一个是字典与词典，另一个是相关文章与著作。汉语“资源”一词在《现代汉语词典》（第六

① 王利华：《“资源”作为一个历史的概念》，《中国历史地理论丛》2018年第4期。

版，商务印书馆，2012 年）中的解释为："生产资料或生活资料的天然来源。"在《辞海（词语分册上）》（上海辞书出版社 1979 年版）中的解释为："资财的来源。一般指天然的财源。"

讨论资源概念的文章与著作大多涉及经济学领域的研究，这些文献对资源概念的界定存在一些差异，但总体上趋于一致。《资源论》作者认为存在着传统资源概念与现代资源概念的区别，我国学术界以及联合国环境规划署的传统资源概念为：资源是在一定时间和技术条件下能够生产经济价值、提高人类当前和未来福利的自然环境因素的总称；① 该书作者提出的现代资源概念为：所谓资源，是指一定的社会历史条件下存在着，能够为人类开发利用，在社会经济活动中经由人类劳动而创造出的财富或资产的各种要素。② 《资源差异利益论》的作者在总结了《辞海》对资源的解释、阿兰·兰德尔在《资源经济学》中定义资源"是由人发现的有用途和有价值的物质"以及 Ciriacy-Wantrup 在 *Resource Conservation Economics and Politics* 中界定资源"预先就意味着某个'计划管理者'在评价其环境对于达到一定目的所具有的作用"之后，总结出资源的定义为：为人所利用的、有用途、具有相对稀缺性的要素。③《资源信息管理》中将资源分为广义资源与狭义资源，广义资源为：人类生存、发展和享受等所需要的一切物质和非物质的要素；狭义资源则仅指自然资源，与联合国环境规划署对资源的定义一致。④ 从字典词典与经济学领域对资源概念的界定可以看出，它们具有三个明显特点：第一，强调资源的天然性，认为资源必是自然资源；第二，强调资源与人的对立性，认为资源对于人类必是稀缺的；第三，强调资源的财富性，认为资源必与经济价值相关联。同时应该注意到，对于资源一些新的概念界定开始使用"要素"一词做解释。

在经济学之外的一些研究领域，也有部分对资源概念进行界定的文献。《资源概念探析》一文作者认为：资源是指人类从事一切活动所依

---

① 王子平、冯百侠、徐静珍：《资源论》，河北科学技术出版社 2001 年版，第 1 页。

② 王子平、冯百侠、徐静珍：《资源论》，河北科学技术出版社 2001 年版，第 16 页。

③ 邬璟璟：《资源差异利益论》，复旦大学出版社 2018 年版，第 14 页。

④ 安海忠、方伟：《资源信息管理》，地质出版社 2009 年版，第 13 页。

赖的条件。[①]《文化资源论》一文作者认为：作为“一种非物质形态的社会存在”，文化也是一种资源，而且是一种取之不尽、用之不竭的资源。[②]《高等教育资源的内涵阐释、配置过程、本质及实施》一文作者认为：资源为人类从事各种活动，谋求自身发展的基础。[③]《泛资源分析》的作者认为：“资源是一切对人类生存发展有用的事物。这里所说的资源不仅可以是物，也可以是事，可以是非物质形态的东西。资源广泛地存在于自然界和人类社会中，是所有可以用以创造物质财富和精神财富的具有一定量的积累的客观存在形态。有用性是资源最本质属性。”[④] 在这里，资源概念开始用“条件”“存在”“基础”“事物”等词汇进行界定，不再强调天然性、对立性、财富性。

（三）英语“resource”的词源与概念

在所有文献中，人们都是将汉语“资源”与英语“resource”对应起来，认为它们在意义表达上是等同的。笔者在词源在线网站（https：//www. etymonline. com/）上对英语“resource”一词进行检索后得到：resource 一词最早源于古拉丁语 resurgere（意为“再次攀升”），后被用于古法语 resourdre（意为“重新振作，再次升起”），到 17 世纪初，古法语 resourdre 的过去分词 resourse（意为“来源，之源”）演变为英语 resource，它表示“任何供给需求或不足的手段”，17 世纪 90 年代演变为“援助或帮助的可能性”的含义；17 世纪 90 年代开始为“权宜之计、手段、转移”的含义，从 1779 年开始，resources 一词为“一个国家的财富、筹集资金和物资的手段”之意。如此，从起源上看古代汉语资源与古代英语 resource 在语义上相差还是很大的，古代汉语资源表示的是物，而古代英语 resource 表示的是行为（手段）。

大英百科全书（Britannic）网站对“resource”的解释为：“一个国家拥有并且可以用来增加其财富的事物（something that a country has and

① 张宽政：《资源概念探析》，《学习论坛》2005 年第 11 期。

② 陈炎：《文化资源论》，《天津社会科学》2006 年第 1 期。

③ 段从宇等：《高等教育资源的内涵阐释、配置过程、本质及实施》，《黑龙江高教研究》2014 年第 9 期。

④ 赵曾贻：《泛资源分析》，南京大学出版社 2021 年版，第 16 页。

can use to increase its wealth)”。这一概念界定与汉语资源概念相差比较大，所以汉语资源与英语 resource 的语义对应确实存在一定问题，但是这已经超出了本书论述的范围。

（四）资源的概念界定与聚类

对事物的概念界定与对该事物的聚类从根本意义上讲是同一件事，界定概念其实就是通过阐述该事物的本质特征而从根本上将其与其他事物区分开，但站在不同角度区分不同事物的本质特征就是在做聚类。此处使用“聚类”而没有用“分类”，这是因为聚类（clustering）与分类（classification）不同，聚类是为未知类型的林林总总的事物进行崭新的类别划分，而分类是根据一个事物的本质属性将其放置到人们已经建立起来的类型框架中的恰当位置上去。当我们对资源概念进行重新界定时，资源也就开始被进行重新聚类，以前人们为资源建立起来类型框架对于新界定的资源概念已经不再适用。

前文讨论过，中国古代汉语“资源”一词表示河流、水利、水源。古代“资源”一词与现代“资源”一词的涵义是十分吻合的，自古人类就是依水而居，世界上几乎所有的城市都有河流经过就说明这一点，河流是人类赖以生存的重要天然条件，现代意义的资源则包括了水利这种自然资源。如果进行深入考证，现代汉语中许多词汇其实都是古已有之，虽然在语义上与现代汉语有些差异，但其主要的意思都被继承了下来，其中汉语“教育”一词就是如此，教育最早见于《孟子·尽心上》,[①] 与现代汉语“教育”语义基本相同。本节讨论的主题是教育资源，对于资源一词要有现代的解释，而且资源的涵义应该脱离经济学限定的领域，进入一个“泛资源”的语境中。笔者在此为资源下的定义为：资源是人类赖以生存的条件。这是对资源概念的语言界定。概念是人对事物本质的思维规定，而定义则是对事物概念的语言表达或语言界定。

聚类是对概念的范围边界界定，对资源概念进行聚类就是对资源概念进行边界界定。在一些关于资源的论著中除了对资源进行定义外也对

---

① 方勇、高正伟：《孟子鉴赏辞典》，上海辞书出版社 2017 年版，第 163 页。

资源类型进行了划分。《资源论》作者认为资源在客观上形成了一个如图6－3所示的系列。[①]《资源差异利益论》作者将资源分为广义资源与狭义资源，广义资源包括自然资源和社会资源，而狭义资源就是自然资源。[②]《信息资源管理》作者认为资源按照性质可分为自然资源、社会资源和技术资源（人文资源），而且还可以从资源的再生性角度、资源生成赋存的不同领域、资源利用的可控程度、资源涉及的主体、资源所属地理位置、资源可利用状况等对资源进行种类划分。[③]《泛资源分析》作者在他的这本专著中指出：可见，资源的来源及组成，不仅是自然资源，而且还包括劳动力因素，即人类劳动的社会、经济、技术等因素，还包括人力、人才、智力等。在这些资源类型划分的描述中可以看出三个特点：第一，它们都进行了自然资源与社会资源的划分；第二，根据对资源性质不同视角的解释而得出完全不同的类型划分；第三，在资源类型划分中存在着非物质的资源类型。

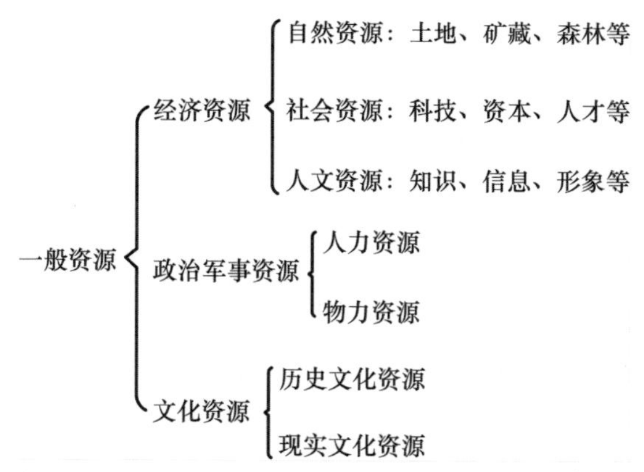

图6－3　《资源论》中的资源类型系列

笔者在此为资源进行聚类坚持两个基本原则：第一是主体性原则，既然定义资源是人类赖以生存的条件，则必须站在主体人类的角度或视

① 王子平、冯百侠、徐静珍：《资源论》，河北科学技术出版社2001年版，第7页。

② 邬璟璟：《资源差异利益论》，复旦大学出版社2018年版，第15页。

③ 安海忠、方伟：《资源信息管理》，地质出版社2009年版，第14页。

角进行聚类，即聚类是从主体人类生存需要出发的；第二是正交性与完备性原则，即资源的各个类型之间应该满足正交性与完备性。所谓正交性，是指各个类型之间应该具有独立性而不能相关（或不能相互包含、相互重叠），概念边界非常清晰；而完备性是指必要性和充分性（即完备性 = 必要性 + 充分性），必要性是说没有它不行，充分性是说少一个不行。在上述资源类型划分的实例中，从资源的再生性角度与资源所属地理位等进行划分的方法显然没有满足站在主体人类的角度或视角进行聚类的原则；经济资源中的人文资源与文化资源具有重叠性，社会资源中的人才与政治军事资源中的人力资源也具有重叠性，它们没有满足正交性原则；政治军事资源中除了人力资源和物力资源外，应该缺少智力资源，所以它没有满足完备性原则的充分性条件。

参考前面文献对资源定义时划定的内容，再根据主体性原则、正交性与完备性原则，笔者对资源进行的聚类如图 6 – 4 所示。首先，人类与其他生物一样属于自然界的产物，他对自然界具有本征的依赖性，自然界赋予了他绝大部分生存条件，这些条件对于主体人类来说即自然资源（如阳光、河流、动植物等）。其次，人类又与其他生物不同，人是先天缺失者，人并无固定的本质、本能，[①] 他甚至连其他动物所具有的天然御寒的皮毛都不具备，所以人类必须动手为自己创造生存条件，这些人类赖以生存的人工条件称为人工资源（如工具、衣物、语言文字等）。最后，人类具有群居性或社会性，即人与人之间具有相互依存性，当人类主体个体或主体群体将另一个个体或群体作为生存条件时，那个被依赖的个体或群体就称为人力资源。从主体人类角度出发，自然资源、人工资源与人力资源之间是相互独立的，它们之间没有包含或重叠关系，所以这三者之间具有正交性。与此同时，对于主体人类来说，这三者是缺一不可的，即它们分别满足必要性条件；同时，这三者已经涵盖了主体人类生存的全部条件，所以它们满足了充分性，于是这三者满足了完备性条件。根据主体性原则、正交性和完备性原则，自然资源、人工资源和人力资源还可以继续进行下一级的类型划分，本节仅对人工资源部分做了简单划分，将人工资源划分为人工物力

---

① 吴国盛：《什么是科学》，广东人民出版社 2016 年版，第 28—29 页。

资源与人工智力资源两类。

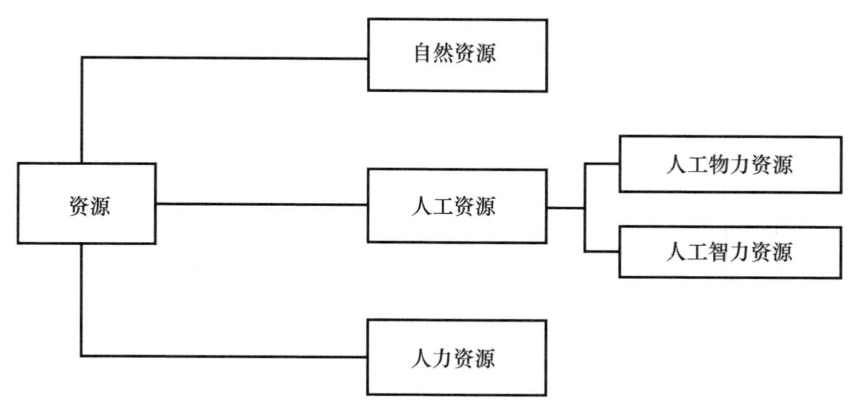

图 6－4　对资源聚类得到的类型划分

二　教育与资源

本节的中心论题是教育资源，在讨论了资源的概念之后就自然地进入对教育概念的讨论。但是教育作为一种社会现象，它的存在是否也属于人类赖以生存的一个条件呢？为此，本节的标题不是关于教育的概念，而是教育与资源的关系。

（一）教育是人类赖以生存的条件

说教育也是人类赖以生存的条件，这是与教育的起源有直接关系的。关于教育的起源目前有四种学说：第一是教育的生物起源说，认为教育起源于动物传授幼小动物生存技巧的行为；第二是教育的心理模仿起源说，认为教育起源于儿童对成人的无意识模仿；第三是教育的劳动起源说，认为教育起源于人类对劳动经验的传授；第四是教育的社会需求起源说，认为教育起源于社会文化传承和各体社会化。[①] 此处，笔者斗胆提出教育的第五个起源说，可称为“教育的人类生存条件起源说”。

教育的人类生存条件起源说认为：如果没有教育，人类从最开始就是无法生存的。《什么是科学》的作者吴国盛教授在他的这本专著中提

① 艾伦：《教育装备本体论》，《中国现代教育装备》2021 年第 16 期。

出“人是先天缺失者”，并解释道：人是先天缺失者是指，与其他生物不同，人并无固定的本质、本能，其后天教养在人性养成过程中占有绝对的优势。从生物学角度看，人的这种后天养成与人的普遍早产有关。……因此，人性并不是先天的，而是后天习得的，特别是，通过文化被构成的。作为先天缺失者，人类可以有多种发展的可能性，因此，对人来说，先天缺失不是缺点，而是优点。这里所说的“后天教养”就是教育，如果没有这种最本征的教育，人类就不能生存，无论人类开始存在多少种发展的可能性，没有教育，人类就无法延续，所以，教育是人类生存的必要条件，人类的教育也源于此。对教育价值的理解，存在两种不同的价值观：一种称为教育的本体价值观，人是教育主体也是教育价值主体；另一种称为教育的工具价值观，人是教育主体但社会是教育价值主体。[①] 教育的人类生存条件起源说与教育的本体价值观在本质上相当吻合的，即教育作为人类生存条件是对教育本体价值观最好的诠释、最佳的证明。

（二）教育在资源体系中的呈现

教育是人类赖以生存的条件，即属于资源，这一结论产生了一个新问题，就是教育作为资源在整个资源体系中它怎样呈现，或者说在图6－4的结构中是否应该给教育留出一个位置，增加一个称为“教育资源”的资源类型？回答是，不应该也没必要。一方面是因为如果在图6－4体系中建立了一个称为教育的资源分类，而教育同时还是一个行业，那么工业、商业、农业、军事、医疗等就都可以成为资源类型，资源体系的完备性将被破坏。另一方面是因为教育这一资源属于人工智力资源，它已经包含在图6－4的体系中，只是没有被细致地划分出，不必再重新来过。

于是“教育资源”就存在两种不同的涵义：一种是教育作为一类资源而存在，即教育本身就是资源，是人类赖以生存的条件；另一种是限定在教育领域内的资源问题，即教育作为一种社会现象（phenomenon），它也具有自己赖以生存的条件。本节讨论了前者，前者的提出是

① 艾伦：《教育装备的存在价值》，《中国现代教育装备》2020年第20期。

从更广义的角度对教育的一种认识，它很重要，但它不是本书的重点；本节讨论的重点是后者，以下的讨论将要对此详细展开。

三　教育资源及其构成

本书现在开始讨论的教育资源其涵义是教育领域内的资源问题，为此需要对教育资源的概念进行界定，界定仍然是从语言描述界定（定义）和范围边界界定（聚类）两个方面展开。

（一）教育资源概念的语言描述界定

对教育资源最为权威的解释当属《教育大辞典》。在《教育大辞典》中对教育资源的解释为：教育资源（educational resources）（1）亦称“教育经济条件”。教育过程所占用、使用和消耗的人力、物力和财力资源。即教育人力资源、物力资源和财力资源的总和。人力资源包括教育者人力资源和受教育者人力资源，即在校生数、班级生数、招生数、毕业生数、行政人员数、教学人员数、教学辅助人员数、工勤人员数和生产人员数等。物力资源包括学校中的固定资产、材料和低值易耗物品。财力资源为人力、物力的货币形式，包括人员消费部分和公用消费部分。充分利用教育资源，提高其经济效率，是教育经济学研究的基本问题。(2) 教育的历史经验或有关教育信息资料。① 在这段解释中，既有教育资源的语言描述界定也有范围便捷界定，对教育资源的语言描述界定是：教育经济条件，对教育资源的范围边界界定为：教育人力资源、物力资源和财力资源。从这一概念界定可以清楚地看出，它完全是从经济学角度出发的界定，在《教育大辞典》的分类词目表中，“教育资源”这一条目被放到了教育经济学学科的教育投资概念的栏目下。

正如同本节前面对资源概念进行界定时需要摆脱经济学范畴的约束一样，对教育资源概念的界定也要摆脱教育经济学的束缚。此处所讨论的教育应该是本征的教育（intrinsic education），而教育的本征性被定义为：“因该表述中一概不涉及教育的目的、功能、用途和作用等人的意

---

① 顾明远主编：《教育大辞典》（增订合编本上），上海教育出版社 1998 年版，第 799 页。

识、意愿、意志的主观内容，实为站在教育领域里，持客观教育观针对纯教育体进行探索而得出一个显现教育构成特征的关于教育内涵的本原征候性描述，简称为本征性描述，故称为教育本征定义。”① 当我们界定的教育不再涉及教育的目的、功能、用途和作用等人的意识、意愿、意志的主观内容时，教育的价值便回归教育的本体价值，教育仅仅在于使得人类脱离“先天缺失”的窘迫状态，而支撑这个本征教育的资源就是本书所定义的教育资源：教育资源是教育赖以生存的条件。对教育资源的这个定义，也就是教育资源概念的语言描述界定。

我们在这里给教育资源下了一个更广谱一些的定义，使其不局限于教育经济学的范畴，除了希望对此作更深入研究以外，还有一个本节引言部分所阐述的原因，那就是我国教育现代化发展对教育资源建设提出的新要求。

（二）教育资源概念的范围边界界定

对教育资源概念进行范围便捷界定就是对其做聚类。从教育本体价值观出发的教育资源聚类与资源聚类应该是相似的，所以，教育资源具有如图 6－5 所示的类型划分。

在图 6－5 所示的教育资源类型体系中，与《教育大辞典》对教育资源概念界定的最大区别是没有取消了财力资源一大类和出现了自然资源一大类。该体系中取消财力资源有三个原因：第一，财力资源具有明显的教育经济学分类特点，而该体系所表述的教育资源是从本证教育出发进行的范围边界概念界定。第二，相对于该体系中其他类型的资源，财力资源具有不稳定性或临时性，它最终是要在教育人力资源中以工资、劳务费等方式体现，在教育人工资源中以货款、服务费等方式体现，此处的财力资源与人力资源、人工资源具有强相关性，不能满足类型正交性原则。第三，财力资源不是教育赖以生存的必要条件，在许多情况下，没有财力也能办教育，财力资源不能满足类型完备性原则。在该体系中出现自然资源也有三个原因：第一，教育本身就产生于大自

① 邵波：《邵浩教育构成说及其教育本征定义——本征教育理论基本概念简介》，《湖北师范学院学报》（哲学社会科学版）2010 年第 4 期。

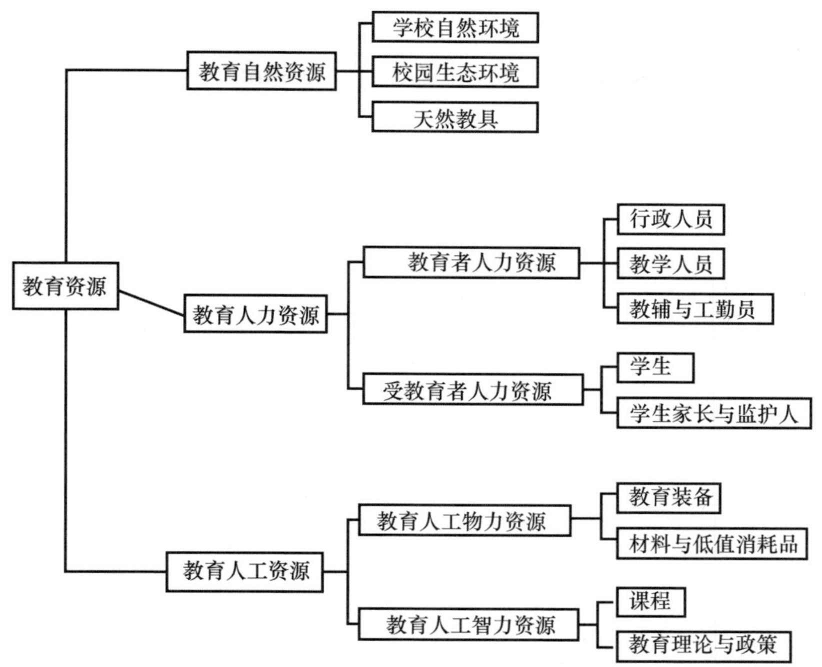

图 6-5 对教育资源聚类得到的类型划分

然，是为了解决人的先天缺失而诞生。第二，自然资源是教育赖以生存的必要条件，因为教育的三大基石为教师、教材、教具，[①]“基石”即为必要条件，天然教具无论是初始的教育还是现代教育都是必须的。[②]第三，现代教育对学校自然环境要求和校园生态建设尤为重视。[③]

图 6-5 教育人工物力资源包括教育装备与耗材，其中对教育装备再进行分解后可以得到更加细致的分类，它们是：教学设施设备（教室、黑板等）、学科设施设备（体育场、乐器等）、实验仪器设备（示波器、铁架台等）、信息化设施设备（校园网、计算机等）、图书资料设施设备（图书馆、图书等）、后勤设施设备（食堂、饮水机等）；除

① 艾伦、徐力：《教育装备理论与实践》，首都师范大学出版社 2015 年版，第 10 页。

② 艾伦：《关于教育装备概念的再讨论》，《中国现代教育装备》2013 年第 14 期。

③ 中华人民共和国住房和城乡建设部：《GB/T 51356—2019 绿色校园评价标准》，中国建筑工业出版社 2019 年版，第 13 页。

此之外，照明、通风、安全等设施设备也都包含在教育装备的范围之内。① 教育人工智力资源包括课程与教育理论，虽然《教育大辞典》对教育资源的解释中没有提及课程资源，但是课程作为教育资源已经在人们心目中达成共识②。将课程列为教育人工智力资源需要做一些解释，课程并不是指代教材、图书等物质形态的存在者，教材图书是课程内容的载体，属于人工物力资源即教育装备，课程是知识、信息、教学方法、教学经验与教学理论等思维形态的存在者，属于人类智力产品的范畴。

四 教育资源的研究意义

本书对教育资源从词源与概念出发进行了较为深入的分析，但仅是对其研究的开始，了解和掌握教育资源的本质，使它在教育的现代化发展中真正起到作用才是我们的最终目的。

（一）本质概念的定位

教育资源概念是人对教育资源本质的思维规定，也就是它本质概念的定位。这一定位必须准确与清晰，否则将不能起到它应有的功能作用。本书将教育资源定位为教育赖以生存的条件，这一定位是与我国教育现代化对教育资源发展的需求完全一致的。本书将教育资源概念清晰地界定为教育自然资源、教育人力资源、教育人工资源三个组成部分，这一区分也是与我国教育现代化对教育资源发展的需求完全一致的。

为了能够对我国政策文件中为教育资源赋予的内涵有比较清楚的理解，现截取《中国教育现代化2035》和《加快推进教育现代化实施方案（2018—2022年）》中部分关于教育资源的描述作一些说明。在《中国教育现代化2035》振兴西部高等教育部分指出："扩大中西部地区优质高等教育资源。完善国家重点建设、行业多方共建、学校对口支援等措施，持续改善中西部高等学校办学条件。"在提升义务教育均等化水平部分指出："建立健全城乡对口帮扶机制，鼓励各地通过多种有

① 艾伦：《教育装备功能分类》，《中国现代教育装备》2017年第4期。

② 吴刚平：《课程资源的理论构想》，《教育研究》2001年第9期。

效方式，持续扩大优质教育资源覆盖面。”在创新教育服务业态部分指出：“构建覆盖全国的数字教育资源公共服务体系，逐步使农村地区、边远地区、贫困地区、民族地区的学校都能共享优质教育资源。”在《加快推进教育现代化实施方案（2018—2022年）》中关于发展教育信息化部分指出：“完善国家数字教育资源公共服务体系，优化资源共享、教学支持等‘平台+教育’服务模式，融合众筹众创，推动多方参与开发优质教育数字资源。开展数字资源服务普及行动，加快优质资源共享，到2022年基本建成覆盖中小学各年级各学科的优质数字教育资源体系。”

从上述这些描述可以看出，政策文件中对教育资源概念的定位是办学条件、课程资源（数字化教育资源）等学校教育赖以生存和发展的人力、物力、智力条件，并不是从教育经济学出发的定位，不是仅限于《教育大辞典》中界定的“教育经济条件”。同时，在教育现代化发展中尤其关注的教育资源信息化与教育资源数字化问题，其本质是教育人工资源中教育装备的信息化与数字化。①

（二）功能作用的发挥

对教育资源概念界定清楚、定位准确能够使得教育资源在我国教育现代化发展中更能发挥其功能和作用。现以义务教育均衡发展与优质均衡发展为例做一些说明。义务教育的均衡性反映了教育的公平性，但教育公平在各个学段的表现形式不同。在学前教育学段，教育公平表现为学龄前儿童入托的普及性与普惠性；在高中教育与高等教育学段，教育公平表现为适龄青少年具有均等的接受教育的机会。而由于我国义务教育是一种强制性教育，② 即根据《中华人民共和国教育法》第十九条规定：“适龄儿童、少年的父母或者其他监护人以及有关社会组织和个人有义务使适龄儿童、少年接受并完成规定年限的义务教育。”义务教育学段的适龄儿童、少年必须为国家尽义务而进入学校学习，所以义务教

---

① 艾伦等：《教育信息化的本质》，《中国现代教育装备》2021年第6期。

② 艾伦：《义务教育学校教学装备配备标准的强制性特征》，《中国现代教育装备》2020年第12期。

育学段的公平性就不再是普及普惠、机会均等的问题，它表现为义务教育学段的学生必须享有同等的教育教学条件，也就是在教育资源的配备上要保证均衡性。所以，义务教育均衡本质上是义务教育阶段在教育资源配备上的均衡，或者更明确地说是小学和初中阶段学校办学条件均等。于是，我们就明确了义务教育均衡发展的内容其实就是使得教育资源配备向均等的方向发展，也就是在教育人力资源（师资）、教育人工物力资源（教育装备）、教育人工智力资源（课程）等方面在一个县的范围之内（县域）达到配置上的均等。

2012 年教育部制定了《县域义务教育均衡发展督导评估暂行办法》，该办法规定评估内容“主要包括对县域内义务教育校际间均衡状况评估和对县级人民政府推进义务教育均衡发展工作评估两个方面”，并称其为基本均衡。2017 年教育部又制定了《县域义务教育优质均衡发展督导评估办法》，提出了义务教育优质均衡发展的概念，规定评估内容“包括资源配置、政府保障程度、教育质量、社会认可度四个方面内容”，并称其为优质均衡。而且在 2021 年教育部等六部门制定的《义务教育质量评价指南》中强调“对质量评价结果不合格的，不能评优评先，不能认定为优质均衡发展县（市、区）”。优质均衡除了在评估涉及方面要多于基本均衡外，在义务教育学校教育人力资源（师资）、教育人工物力资源（教育装备）配备的指标上和均衡性差异系数指标上都有所提高，同时要求义务教育的均衡发展不能以降低教育质量为代价。而对教育质量的要求就包括对课程的要求，即对教育人工智力资源的要求。另外，《县域义务教育优质均衡发展督导评估办法》中“县域内义务教育学校规划布局合理，符合国家规定要求”和“所有小学、初中规模不超过 2000 人”的相关规定都反映了对教育自然资源合理利用的考虑。显然，义务教育优质均衡发展真实地体现在教育资源配备均衡性方面，是教育资源功能作用发挥的重要领域。

正是由于义务教育对教育资源配备的均衡性有这样本质上的需求，于是在我国义务教育阶段才出现了强调教育资源配备的标准化问题，而在其他学段，教育资源配备标准化的要求相对要弱得多。义务教育阶段的标准化包括：人力资源配置标准，如教育部等六部门发布《关于加强新时代乡村教师队伍建设的意见》（教师［2020］5 号）、人工物力资源配备标准，如教育部发布《初中物理教学装备配置标准》等六个学科教学装备配置标准、人工智力资源配备标准（如：国家课程方案、国家课程标准），而且义务教育阶段的教育信息化的作用也主要体现在为教育资源均衡化提供替代条件。

（三）理论研究的需要

从本书开始部分开列的政策文件可见，教育资源对于我国教育现代化的发展如此地重要，以至于这些政策文件中不断地强调着教育资源的作用以及教育资源的信息化、数字化发展，使得教育资源的研究被推上了一个必然的高度。对教育资源的研究不能够只停留在实践研究阶段，必须理性地进入理论研究层面。理论无实践则空，实践无理论则盲，教育资源的理论研究与实践研究都是非常重要的。“理在事先”还是“事在理先”一直是人们争论的问题，[①] 理就是理论，事就是实践，两者孰先孰后人们各持己见，但它们的重要性是得到共识的。教育领域教育资源的实践与实践研究已经积累了大量经验，但是教育资源理论研究的深度与广度还都远远不够，对教育资源理论研究的出发点（或逻辑起点）以及研究内容与方法需要做进一步的确认，这便涉及教育资源的本体论、本质论、起源论、概念论、价值论、目的论、道德论等一系列问题，还需要涉及研究方法和发展历史等相关问题。而且更重要的是从教育学的角度去进行研究，而不是仅仅停留在经济学与教育经济学的角度上。

教育资源是教育赖以生存的条件，对教育资源的研究始于对它概念的界定。本节从教育与资源的词源分析出发，在对资源和教育资源进行语言描述界定和范围边界界定的基础上，讨论了我国教育现代化对教育资源建设的定位、教育资源功能的发挥以及教育资源理论研究的相关问题。希望通过这一系列问题的讨论，厘清教育资源的概念，使它能够在我国教育现代化发展中发挥更大作用。

---

① 彭克宏主编：《社会科学大词典》，中国国际广播出版社 1989 年版，第 124 页。

参考文献

中文著作

［德］弗里德里希·拉普：《技术哲学导论》，刘武等译，辽宁科学技术出版社 1986 年版。

［德］黑格尔：《精神现象学》（上卷），贺麟等译，商务印书馆 1979 年版。

［德］黑格尔：《小逻辑》，贺麟译，商务印书馆 1980 版。

［德］黑格尔：《逻辑学》（上卷），杨一芝译，商务印书馆 1982 年版。

［德］康德：《实践理性批判》，韩水法译，商务印书馆 1999 年版。

［德］马丁·海德格尔：《存在与时间》，陈嘉映、王庆节译，生活读书新知三联书店 2006 年版。

［俄］列夫·舍斯托夫：《在约伯的天平上》，董友等译，商务印书馆 2019 年版。

［法］笛卡尔：《谈谈方法》，王太庆译，商务印书馆 2000 年版。

［法］让·伊夫·戈菲：《技术哲学》，董茂永译，商务印书馆 2000 年版。

［美］布莱恩·阿瑟：《技术的本质 技术是什么，它是如何进化的》，曹东溟、王健译，浙江人民出版社 2014 年版。

［美］费雷德里克·费雷：《技术哲学》，陈凡、朱春艳译，辽宁人民出版社 2015 年版。

［美］奈尔·诺丁斯：《教育哲学》，许立新译，北京师范大学出版社

2008 年版。
［美］盖瑞·祖卡夫：《像物理学家一样思考》，廖世德译，海南出版社 2016 年版。
［英］彼得·蒙德尔等：《经济学解说》，胡代光等译，经济科学出版社 2000 年版。
［英］凯伦·阿姆斯特朗：《轴心时代》，上海三联书店 2019 年版。
［英］李约瑟：《文明的滴定》，张卜天译，商务印书馆 2018 年版。
［英］罗素：《西方哲学史》，何兆武、李约瑟译，商务印书馆 1963 年版。
《柏拉图全集》（第一卷），王晓朝译，人民出版社 2002 年版。
《亚当·斯密全集（第 4 卷·哲学文集）》，石小竹、孙明丽译，商务印书馆 2017 年版。
《中国教育年鉴》编辑部：《中国教育年鉴（1982—1984）》，湖南教育出版社 1986 年版。
《爱因斯坦文集》（第一卷），许良英等编译，商务印书馆 2017 年版。
（西汉）司马迁：《史记》，北方文艺出版社 2019 年版。
艾伦：《教育装备研究方法》，首都师范大学出版社 2018 年版。
艾伦：《中国教育装备理论发展史》，首都师范大学出版社 2016 年版。
艾伦：《教育装备论》，首都师范大学出版社 2016 年版。
艾伦、徐力：《教育装备理论与实践》，首都师范大学出版社 2015 年版。
安海忠、方伟：《资源信息管理》，地质出版社 2009 年版。
蔡铁权、陈丽华：《渐摄与融构——中西文化交流中的中国近现代科学教育之滥觞与演进》，浙江大学出版社 2012 年版。
曹继东：《伊德技术哲学解析》，东北大学出版社 2013 年版。
陈吉庆：《教育美学》，湖南师范大学出版社 2013 年版。
陈建翔：《有一种美，叫教育：教育美学思想录》，四川教育出版社 2006 年版。
陈克守：《逻辑学》，山东人民出版社 2008 年版。
陈乐民：《欧洲文明十五讲》，北京大学出版社 2004 年版。

陈青之：《中国教育史》（上），福建教育出版社 2009 年版。
戴鞍钢：《发展与落差——近代中国东西部经济发展进程比较研究 1840—1949》，复旦大学出版社 2006 年版。
戴念祖、张蔚河：《中国古代物理学》，商务印书馆 1997 年版。
邓树增主编：《技术学导论》，上海科学技术文献出版社 1987 年版。
丁明刚：《高校图书馆学术期刊管理概论》，合肥工业大学出版社 2011 年版。
樊克政：《学校史话》，中国大百科全书出版社 2000 年版。
方勇、高正伟：《孟子鉴赏辞典》，上海辞书出版社 2017 年版。
冯契主编：《外国哲学大辞典》，上海辞书出版社 2008 年版。
宫淑红：《美国教育技术学的历史与范式》，山东画报出版社 2006 年版。
顾明远主编：《教育大辞典》（增订合编本上），上海教育出版社 1998 年版。
郭彩琴：《逻辑学教程》，北京大学出版社 2007 年版。
郭齐家：《中国古代学校》，商务印书馆 1998 年版。
郭齐家：《中国古代考试制度》，商务印书馆 1997 年版。
郭玉英主编：《物理比较教育》，广西教育出版社 2006 年版。
何齐宗：《教育美学》，重庆出版社 1995 年版。
何齐宗：《教育美学新论》，人民教育出版社 2017 年版。
胡德海：《教育学原理（简缩本）》，甘肃教育出版社 2008 年版。
胡金平主编：《中外教育史纲》，南京师范大学出版社 2001 年版。
黄济：《教育哲学通论》，山西教育出版社 1998 年版。
黄新宪：《基督教教育与中国社会变迁》，福建教育出版社 1996 年版。
金秋鹏：《中国古代科技史话》，商务印书馆 1997 年版。
李栋：《语词缘起大观》，黄山书社 2007 年版。
李富贵：《无与美——国画艺术虚白美研究》，西南交通大学出版社 2015 年版。
李建中：《科普指南》，科学普及出版社 2008 年版。
李双成、曹锡浩：《行政事业财务开支标准实用手册》，江苏人民出版社 1997 年版。
李万健：《中国古代印刷术》，大象出版社 1997 年版。
颜士刚：《技术的教育价值论》，教育科学出版社 2010 年版。
李毓佩：《圆规・三角板・算盘》，天津科技翻译出版公司 1999 年版。
林白、朱梅苏：《中国科举史话》，江西人民出版社 2002 年版。
林聚任、刘玉安编：《社会科学研究方法》，山东人民出版社 2004 年版。
林木：《笔墨论》，上海画报出版社 2002 年版。
江伟主编：《两大印书馆》，蓝天出版社 1998 年版。
刘道玉：《教育问题探津》，北京出版社 2019 年版。
刘济昌主编：《教具理论研究导论》，教育科学出版社 2011 年版。
刘继军：《爱因斯坦：想象颠覆世界》，北京联合出版公司 2018 年版。
刘小明：《跨越达尔文进化论陷阱：从生物演化基本规律到人类产生机制》，中山大学出版社 2018 年版。
骆炳贤、何汝鑫编著：《中国物理教育简史》，湖南教育出版社 1991 年版。
马佩：《辩证逻辑》，河南大学出版社 2006 年版。
牟宗三：《中国哲学十九讲》，贵州人民出版社 2020 年版。
倪钢：《技术哲学新论》，中国环境科学出版社 2009 年版。
潘洪建等：《中外小学科学课程标准比较研究》，甘肃教育出版社 2017 年版。
潘吉星：《中国的造纸术》，中国国际广播出版社 2010 年版。
彭克宏主编：《社会科学大词典》，中国国际广播出版社 1989 年版。
彭诗琅、廖隐邨主编：《校长全书》（上卷），中国检察出版社 1998 年版。
彭苇：《教育技术与网络教学资源整合》，光明日报出版社 2017 年版。
彭文晓：《教育美学散论》，华中科技大学出版社 2009 年版。
彭志新：《中小学实验室工作手册》，安徽教育出版社 2007 年版。
全民技术素质学习大纲课题组：《全民技术素质学习大纲》，中国科学技术出版社 2018 年版。

冉铁星：《贫困的教育美学》，湖北教育出版社 1999 年版。
石毓智：《中国教育与世界的距离》，江西教育出版社 2014 年版。
时明德主编：《普通逻辑概论》，河南人民出版社 1991 年版。
唐汉卫、魏薇主编：《教育学基础》，山东人民出版社 2010 年版。
佟立：《西方后现代主义哲学思潮研究》，天津人民出版社 2003 年版。
汪奠基：《新学制高级中学教科书科学方法》，商务印书馆 1927 年版。
汪刘生、黄新宪编：《中外教育史大事对照年表》，吉林教育出版社 1990 年版。
王炳照等编：《简明中国教育史（修订本）》，北京师范大学出版社 1994 年版。
王炳照：《中国古代书院》，商务印书馆 1998 年版。
王炳照等编：《简明中国教育史》，北京师范大学出版社 1985 年版。
王德成：《生产力经济学》，中国农业大学出版社 2005 年版。
王德峰：《哲学导论》，复旦大学出版社 2014 年版。
王桂山：《技术理性的认识论研究》，东北大学出版社 2006 年版。
王树松、李昊婷、昌春华主编：《自然辩证法概论》，哈尔滨工程大学出版社 2017 年版。
王晓华、叶富贵主编：《中外教育史》，首都师范大学出版社 2009 年版。
王子平、冯百侠、徐静珍：《资源论》，河北科学技术出版社 2001 年版。
魏礼群主编：《当代中国社会大事典（1978—2015）》（第二卷），商务印书馆、华文出版社 2017 年版。
邬璟璟：《资源差异利益论》，复旦大学出版社 2018 年版。
吴国盛：《什么是科学》，广东人民出版社 2016 年版。
吴坚、傅殿英：《实用逻辑学》，首都经济贸易大学出版社 2005 年版。
吴廷述、石永言：《永远的光芒——毛泽东与遵义会议》，贵州人民出版社 2005 年版。
吴炜、程本学、李珍编著：《自然辩证法概论》，中山大学出版社 2019 年版。

吴在扬:《中国电化教育简史》,高等教育出版社 1994 年版。
夏保华、赵磊:《哲学学术规范与方法论研究》,东南大学出版社 2016 年版。
熊承涤:《中国古代学校教材研究》,人民教育出版社 1996 年版。
徐恩恕主编:《〈论语〉伴我行》,吉林出版集团股份有限公司 2017 年版。
许良:《技术哲学》,复旦大学出版社 2004 年版。
杨斌:《教育美学十讲》,华东师范大学出版社 2015 年版。
杨水旸、石诚编著:《自然辩证法概论》,国防工业出版社 2017 年版。
叶学良:《教育美学》,四川人民出版社 1989 年版。
余自强主编:《综合科学课程研究》,浙江教育出版社 2011 年版。
俞启定:《书院北京》,旅游教育出版社 2005 年版。
俞宣孟:《本体论研究》,上海人民出版社 1999 年版。
袁利平:《比较教育本体引论》,陕西师范大学出版社 2018 年版。
远德玉、陈昌曙:《论技术》,辽宁科学技术出版社 1986 年版。
张岱年主编:《中国哲学大辞典》,上海辞书出版社 2014 年版。
张利民:《中国近代文化哲学研究》,知识产权出版社 2019 年版。
张宪文主编:《金陵大学史》,南京大学出版社 2002 年版。
张醒、原所秀编著:《形式逻辑》,辽宁科学技术出版社 2015 年版。
张羽琼:《贵州古代教育史》,贵州教育出版社 2003 年版。
赵曾贻:《泛资源分析》,南京大学出版社 2021 年版。
赵成文、顾坚男、徐旭开主编:《哲学概论》,北京理工大学出版社 2017 年版。
郑刚、杨新援:《教育美学论稿》,湖南教育出版社 1996 年版。
郑天挺等编:《中国历史大辞典》,上海辞书出版社 2007 年版。
众志主编:《万事源大辞典》,海洋出版社 1992 年版。
中国大百科全书编辑委员会:《中国大百科全书(物理学Ⅰ卷、Ⅱ卷)》,中国大百科全书出版社 1987 年版。
中华人民共和国住房和城乡建设部:《GB/T 51356—2019 绿色校园评价标准》,中国建筑工业出版社 2019 年版。

周义：《教育美学引论》，天津教育出版社 2010 年版。
周义、徐志红：《中西文化比较》，人民教育出版社 2004 年版。
中共中央马克思恩格斯列宁斯大林著作编译局编译：《马克思恩格斯全集》，人民出版社 1972 年版。

论文

[美] 托马斯·马格奈尔：《教育和价值的几个问题》，《教育研究》2004 年第 10 期。
艾伦：《教育装备本体论》，《中国现代教育装备》2021 年第 16 期。
艾伦：《教育装备的阶段性发展》，《中国现代教育装备》2018 年第 20 期。
艾伦：《技术的本体论意义》，《中国教育技术装备》2022 年第 12 期。
艾伦：《教育装备的阶段性发展》，《中国现代教育装备》2018 年第 20 期。
艾伦：《技术的本体论意义》，《中国教育技术装备》2022 年第 12 期。
艾伦：《变量因果关系成立的条件》，《中国现代教育装备》2020 年第 8 期。
艾伦：《教育装备的存在价值》，《中国现代教育装备》2020 年第 20 期。
艾伦：《关于教育装备概念的再讨论》，《中国现代教育装备》2013 年第 14 期。
艾伦：《教育装备功能分类》，《中国现代教育装备》2017 年第 4 期。
艾伦：《义务教育学校教学装备配备标准的强制性特征》，《中国现代教育装备》2020 年第 12 期。
艾伦等：《教育装备与一般装备制品差异分析》，《中国教育技术装备》，2006 年第 2 期。
艾伦等：《教育信息化的本质》，《中国现代教育装备》2021 年第 6 期。
艾伦等：《课程的教育资源说》，《中国现代教育装备》2019 年第 22 期。
白韶璞：《西方古典哲学“本质”概念研究》，《西昌学院学报》（社会科学版）2015 年第 3 期。

包庆德、李春娟：《从“工具价值”到“内在价值”自然价值论进展》，《南京林业大学学报》（人文社会科学版）2009 年第 3 期。

蔡曙山：《论技术行为、科学理性与人文精神——哈贝马斯的意识形态理论批判》，《中国社会科学》2002 年第 2 期。

曾繁仁：《生态美学 后现代语境下崭新的生态存在论美学观》，《陕西师范大学学报》（哲学社会科学版）2002 年第 3 期。

曾繁仁：《试论生态美学》，《文艺研究》2002 年第 5 期。

陈望衡：《生态美学及其哲学基础》，《陕西师范大学学报》（哲学社会科学版）2001 年第 2 期。

陈新夏：《康德的目的论与“人类中心主义”问题》，《首都师范大学学报》（社会科学版）2003 年第 1 期。

陈炎：《文化资源论》，《天津社会科学》2006 年第 1 期。

程功：《技术——伦理悖论的形成及其控制研究》，《产业与科技论坛》2008 年第 3 期。

邓小泉、杜成宪：《教育生态学研究二十年》，《教育理论与实践》2009 年第 5 期。

董绍武：《建国至 1989 年教学仪器设备的生产与发展回顾（上）》，《中国教育技术装备》2010 年第 35 期。

段从宇等：《高等教育资源的内涵阐释、配置过程、本质及实施》，《黑龙江高教研究》2014 年第 9 期。

傅小凡：《康德的“Appearance”与“Phenomenon”的异同辨——兼论“Phenomenon”与“象”的哲学意义》，《学术月刊》1997 年第 12 期。

桂起权：《目的论自然哲学至复活》，《自然辩证法研究》1995 年第 7 期。

何克抗：《我国教育信息化理论研究新进展》，《中国电化教育》2011 年第 1 期。

胡德海：《论教育起源于人类社会生活的需要》，《西北师大学报》（社会科学版）1995 年第 5 期。

黄欣荣：《卡普技术哲学的三个基本问题》，《自然辩证法研究》2012年第8期。
计海庆：《亚里士多德技术观与两种技术伦理悖论的解析》，《自然辩证法研究》2008年第4期。
李金：《生态道德论》，《前沿》2008年第9期。
李磊：《科技伦理道德论析》，《理论月刊》2011年第11期。
李如密：《国内外教学美学研究状况及存在问题》，《教育学术月刊》2008年第1期。
李欣复：《论生态美学》，《南京社会科学》1994年第12期。
刘复兴：《教育的本体价值与工具价值关系管窥》，《山东师大学报》（社会科学版）1991年第6期。
刘恒健：《论生态美学的本源性——生态美学一种新视域》，《陕西师范大学学报》（哲学社会科学版）2001年第2期。
刘济昌：《教具的历史与启示》，《教学仪器与实验》2011年第1期。
刘永振等：《潜科学——中国人关于科学发现模式的新见解》，《辽宁师范大学学报》1990年第1期。
马步云、陈其荣：《自然的内在价值及其意义》，《理论界》2006年第S2期。
邵波：《邵浩教育构成说及其教育本征定义——本征教育理论基本概念简介》，《湖北师范学院学报》（哲学社会科学版）2010年第4期。
孙守领：《技术概念的历史与逻辑——基于技术的词源学分析》，《淮北师范大学学报》（哲学社会科学版）2021年第2期。
唐熙然：《大数据的伦理问题及其道德哲学——第一届全国赛博伦理学研讨会综述》，《伦理学研究》2015年第2期。
王利华：《“资源”作为一个历史的概念》，《中国历史地理论丛》2018年第4期。
王全宾：《教育功能、教育价值、教育目的论》，《山东师大学报》（人文社会科学版）2001年第5期。
韦毅：《教育起源析论》，《南京晓庄学院学报》2002年第3期。
吴刚平：《课程资源的理论构想》，《教育研究》2001年第9期。

谢江平、王晓红：《试论亚里士多德的技术观》，《自然辩证法研究》2007 年第 7 期。

熊国勇：《美国“下一代科学标准”核心内容与特征分析》，《基础教育》2016 年第 2 期。

许良英：《关于爱因斯坦致斯威策信的翻译问题——兼答何凯文君》，《自然辩证法通讯》2005 年第 5 期。

杨春时：《论生态美学的主体间性》，《贵州师范大学学报》（社会科学版）2004 年第 1 期。

杨名甲：《谈谈静电演示仪器的绝缘问题》，《物理》1964 年第 7 期。

杨名甲：《自由落体运动演示器》，《物理通报》1965 年第 5 期。

张华夏：《广义价值论》，《中国社会科学》1998 年第 4 期。

张华夏、张志林：《从科学与技术的划界来看技术哲学的研究纲领》，《自然辩证法研究》2001 年第 2 期。

张开焱、李也青：《工具本体论实践美学哲学基础的阿基里腱——兼析李泽厚实践哲学种群论视角的缺失与问题》，《湖北大学学报》（哲学社会科学版）2013 年第 1 期。

张宽政：《资源概念探析》，《学习论坛》2005 年第 11 期。

周发财、李小平：《自然法中的目的论》，《理论界》2007 年第 8 期。

朱高峰：《论科学与技术的区别——建立创新型国家中的一个重要问题》，《高等工程教育研究》2010 年第 2 期。

祝智庭：《教育信息化教育技术的新高地》，《中国电化教育》2001 年第 2 期。

窦玉珍等：《论人与自然关系的道德调节》，《2001 年环境资源法学国际研讨会论文集》（下册），福州，2001 年 11 月。

邵南征：《社会道德论》，博士学位论文，华中科技大学，2011 年。

施展霞：《美国、英国、新加坡、中国小学科学课程标准比较研究》，博士学位论文，南京师范大学，2018 年。

徐碧辉：《从工具本体到情本体——从人类学实践论美学到个体生存论美学》，美学、文艺学基本理论建设全国学术研讨会，厦门，2006 年 11 月。

张舟：《目的论、功能和意识》，博士学位论文，华中师范大学，2012 年。

报纸

陈凯：《百年前的教育品制造所》，《天津日报》2009 年 10 月 18 日。

王晓红：《可能实在世界康德的技术实践指向》，《中国社会科学报》2021 年 11 月 30 日。

外文著作

AECT Task Force on Definition and Terminology, *The Definition of Educational Technology*, Washington DC: Association for Educational Communications and Technology, 1977.

Arthur W. B. , " The Nature of Technology: What it is and How it Evolves", Penguin, 2010.

Arthur W. B. , Polak W. , "The Evolution of Technology within a Simple Computer Model", *Wiley Subscription Services*, 2006.

Association for Educational Communications and Technology, *The Field of Educational Technology: A Statement of Definition*, Audiovisual Instruction, 1972.

Department for Education, *The National Curriculum in England Framework Document*, 2014.

Ely, D. P. , "The Changing Role of the Audiovisual Process in Education: A Definition and a Glossary of Related Terms", *Audiovisual Communication Review*, 1963.

Januszewski A. , "Stasis and Change in the Definition of Educational Technology: The Rationale and Decision Making Process", *Tech Trends*, 2005.

National Research Council, *National Science Education Standards*, Washington DC: The National Academies Press, 1996.

National Research Council, *Designing Mathematics or Science Curriculum Programs: A Guide for Using Mathematics and Science Education Standards*,

Washington DC: The National Academies Press, 1999.

National Research Council, *Selecting Instructional Materials: A Guide for K – 12 Science*, Washington DC: The National Academies Press, 1999.

National Research Council, *Inquiry and the National Science Education Standards: A Guide for Teaching and Learning*, Washington DC: The National Academies Press, 2000.

National Research Council, *Classroom Assessment and the National Science Education Standards*, Washington DC: The National Academies Press, 2001.

National Research Council, *A Framework for K – 12 Science Education: Practices, Crosscutting Concepts, and Core Ideas*, Washington DC: The National Academies Press, 2012.

National Research Council, *Next Generation Science Standards: For States, By States*, Washington DC: The National Academies Press, 2013.

National Research Council, *Guide to Implementing the Next Generation Science Standards*, Washington DC: The National Academies Press, 2015.

Seels & Richey, *Instructional Technology: The Definition and Domains of the Field*, 1994.